高校思想政治工作研究文库

教育部思想政治工作司　组编

基于互联网云平台的高职思想
政治课教学改革与创新

唐召云　胡 华　胡 梅◎著

人民出版社

目　录

前　言

　　本书是 2018 年教育部思政司高校思想政治工作文库立项项目的结项成果。今年 3 月 18 日，习近平总书记在主持召开的学校思想政治理论课教师座谈会上强调"要理直气壮开好思想政治理论课"，"推动思想政治理论课改革创新，要不断增强思想政治理论课的思想性、理论性和亲和力、针对性。"这一论述鲜明指出了推动思想政治理论课改革创新的重要目标与重要原则，为推动高校思想政治理论课改革创新指明了方向和路径。

　　我国高校思想政治教育在长期的实践中取得了不俗成绩，形成了规律性认识，也总结了丰富经验。立足新时代新要求，解决好为谁培养人、培养什么人、怎样培养人这几个根本问题，必须遵循思想政治工作规律、教书育人规律、学生成长规律，推动思想政治理论课改革创新。那么，对于高职思想政治理论课而言，新的生长点在哪里？如何实现创新性发展？办法之一，就是要坚持"八个相统一"，不断探究新的教学理念、教学平台、教学方法，不断积淀理论成果，推进高职思想政治理论课的发展完善和持续创新。尤其是在互联网技术突飞猛进的当下，这种诉求更加强烈。基于此，我们策划了本书。

　　本书以习近平总书记系列重要讲话精神为指引，深刻把握与贯彻、落实全国高校思想政治工作会议精神，根据《中共中央、国务院关于加强和改进新形势下高校思想政治工作的意见》的精神和要求，以马克思主义理论学科建设为支撑，以思想政治理论课课程建设为依托，将教学创新与课程建设融为一体并互为促进，研究成果聚焦于提升高校思想政治理论课的亲和力和针对性为切入点，以促进立德铸魂信念的形成为目标，通过探索新型教学方法及现代信息化教学手段来持续优化思想政治理论课教学效果。本书包括三个部分，也是我们关注的三个维度。

一是在思想政治理论课的内涵、外延与范式及教学方法研究层面（第一至四章）。思想政治理论与思想政治教育学科需要探究的基本问题，是开展该学科研究的基本前提。三者既有所区分又彼此联系：思想政治理论课的外延决定于思想政治理论课的内涵，思想政治理论课的内涵与外延又决定着思想政治理论课的范式。深入探讨三者之间的内在关联，有助于推动思政理论课程与思想政治教育学科向纵深发展。情境学习理论是继行为主义"刺激—反应"学习理论与认知心理学的"信息加工"学习理论后于20世纪90年代出现的又一重要学习理论。其核心要义在于为学习者提供一种意义学习样态并将这一学习样态向真实生活境域转换，实现教育双方共建共享、教育意义有效生成、教育目标有机达成，是对人的学习本质的再认识、再深化。情境学习理论应用于高校思想政治理论课新教材教学设计既有其适切性，也有其局限性。应在有效规避其局限性的同时，充分发挥其适切性的优势，以情景化创设为主线，以情境化教学目标制定、情境化教学内容生成、情境化教学方式优化、情境化教学过程评价为主轴来开展思想政治理论课新教材教学设计，实现教学过程中师生之间的良性互动。对于充分发挥高校思想政治理论课新教材教学中主体因素及作用，不断提升高校思想政治理论课新教材的针对性和亲和力具有重要指引价值。

二是在思想政治理论课空间教学研究层面（第五至六章）。思想政治理论课空间教学以基于互联网云平台为载体，以增强思想政治理论课的吸引力、感染力、亲和力为出发点，以推进习近平新时代中国特色社会主义思想"三进"为着力点，以提高学生学习积极性为切入点，以提高思想政治理论课教学效果为落脚点，以推动现代信息技术与思想政治理论课教学深度融合为创新点，有效整合教学资源构建思想政治理论课教学体系。空间思想政治理论课教学包括空间课堂教学、空间交流互动、空间批改作业及考试三项主要内容。空间课堂教学是指教师在空间上按照概念库、原理库、方法库、案例库、视频库、教案库、课件库等框架建立空间资源课程，利用空间资源课程进行授课；空间交流互动是指师生之间通过留言、私信、微博、群组交流、跟帖回复等方式就教学内容及社会热点问题进行广泛讨论；空间批改作业及考试是指学生在空间上提交作业，在空间上进行考试，教师就学生的作业考试在空间上进行批改及指导的一种教学过程和活动。空间思想政治理论课教学方法创新是指依托世界大学城空间（含大学慕课、职教智慧云平台），思想政治理论课教师灵活运用现代信息技术，整合教学资源，开展ISAS、PBL、研练式、情景式等多种教学方法，提高学生课堂参与度，激发学生对课程学习的兴趣，从而提高教学效果。

　　三是在思想政治理论课实践教学评价研究层面（第七章）。当前高职院校思想政治理论课实践教学体系研究主要集中于思想政治理论课实践实训教学基地建设、实践教学问题梳理与对策研究、实践教学课程设置与开发、思想政治理论课实践教学发展历程阐述及经验启示等层面，关于高职院校思想政治理论课实践教学评价体系的相关研究则相对滞后，代表性的研究成果更少。《国家中长期教育改革和发展规划纲要（2010—2020年）》明确指出，要通过"改进教育教学评价""探索促进学生发展的多种评价方式"来构建"教育质量评价和人才评价制度"。这对于高职院校思想政治理论课实践教学评价体系构建具有重要指导意义。从高职院校思想政治理论课实践教学现实来看，通过构建行之有效的思想政治理论课实践教学评价体系，既可及时调整高职院校思想政治理论课实践教学课程的设置、实践教学内容的完善，也可以推进高职院校准确把握思想政治理论课实践教学人才培养的供给合理度、实践教学资源的预期吻合度及实践教学效果的学生满意度，并可针对上述内容进行有效诊断改进，不断提升高职院校思想政治理论课实践教学质量和水平。基于此，研究成果结合高职院校思想政治理论课实践教学实际，引入 CIPP 评价模式，在论证 CIPP 评价模式有效契合高职院校思想政治理论课实践教学体系构建的基础上，探究 CIPP 评价模式下的高职院校思想政治理论课实践教学评价体系，助推高职院校思想政治理论课实践教学质量不断提升。

总体来看，本书注重并努力创新，提出了一些观点和见解。在书稿内容的选择过程中，尽量顾及基于"互联网+"高职思想政治理论课特点的基本内容、深层阐释和现实价值。如果说本书编选的篇章有共同特点的话，那就是坚持马克思主义基本立场观点方法不动摇；坚持高校立德树人根本任务不动摇；坚持"八个相统一"不动摇。

当然，在共同特点的前提下，本书的三个部分也各有侧重。为便于读者阅读，现做如下简介：第一部分是关于思想政治理论课的内涵、外延与范式及教学方法的相关研究。思想政治理论与思想政治教育学科需要探究的基本问题，是开展学科研究的基本前提。三者既有所区分又彼此联系：思想政治理论课的外延决定于思想政治理论课的内涵，思想政治理论课的内涵与外延又决定着思想政治理论课的范式。深入探讨三者之间的内在关联，有助于推动思想政治理论课程与思想政治教育学科向纵深发展。第二部分是关于思想政治理论课空间教学的相关研究。思想政治理论课空间教学以基于互联网云平台为载体，以增强思想政治理论课的吸引力、感染力、亲和力为出发点，以推进习近平新时代中国特色社会主义思想"三进"为着力点，以提高学生学习积极性为切入点，以提高思想政治理论课教学效果为落脚点，以推动现代信息技术与思想政治理论课教学深度融合为创新点，有效整合教学资源构建思想政治理论课教学体系。第三部分是关于思想政治理论课实践教学评价的相关研究。当前高职思想政治理论课实践教学体系研究主要集中于思想政治理论课实践实训教学基地建设、实践教学问题梳理与对策研究、实践教学课程设置与开发、思想政治理论课实践教学发展历程阐述及经验启示等层面，关于高职院校思想政治理论课实践教学评价体系的相关研究则相对滞后，代表性的研究成果更少。《国家中长期教育改革和发展规划纲要

（2010—2020 年）》明确指出，要通过"改进教育教学评价""探索促进学生发展的多种评价方式"来构建"教育质量评价和人才评价制度"。这对于高职院校思想政治理论课实践教学评价体系构建具有重要指导意义。

著　者

2019 年 10 月

第一章

高校思政课理论教学改革背景

党的十九大召开后，在党中央的统一部署下，中宣部、教育部联合组织对已出版的马克思主义理论研究和建设工程重点教材进行全面化、系统化的整体修订。目前，4种高校思想政治理论课教材已完成修订并投入使用。相较于2015年高校思想政治理论课修订版教材，2018年版高校思想政治理论课新教材（以下称"思想政治理论课"新教材）无论从逻辑主线还是整体架构、无论从章节内容还是话语表达都有较大程度的调整和创新。在此背景下，如何驾驭新版教材、提升教学能力是高校思想政治理论课教师面对的重要现实问题。为此，本书尝试运用情境教学法来探索思想政治理论课新教材教学的基本思路、基本路径，以期对增强思想政治理论课新教材教学针对性和亲和力，提升思想政治理论课教师教学熟稔度和驾驭力提供借鉴和参考。

第一节　思想政治理论课的
内涵、外延与范式

思想政治理论课作为高校思想政治工作的主渠道，对其内涵、外延、范式的梳理与探究，是不断提升思想政治理论课实效性的前提条件和理论基础。思想政治理论课的内涵是开展不同类型思想政治理论课教学活动的依据所在；思想政治理论课的外延是思想政治理论课教学活动开展及拓延的限制边界；思想政治理论课的范式是思想政治理论课教学活动遵循的规律和标准。研究和探讨三者之间相互关联，对于深化思想政治理论课程体系建设、深入思想政治教育学科研究大有裨益。

一、思想政治理论课的内涵

"内涵"这一概念从逻辑学角度看，是指某一逻辑术语蕴含的用概念表达的性质，是对概念的内容的集中概括。它不是表层性的外在彰显，而是现实性的高级状态及其依赖的较低级状态间的深层次的内在关联，如精神与物质间的关系。简言之，作为深层次关联内容的内涵，不是人的感官直接感触的直接对象，而是思维意识层面深度把握的了解对象。

思想政治理论课的内涵，是不同类型的思想政治理论课教学活动开展的依据所在。思想政治理论课在不同时期，尽管使用的名称不同、表现的样态有别、实现的目标别样，但思想政治理论课的内涵却是始终未变并被人们从感官层面加以认知与把握。新中国成立以来，高校思想政治理论课的名称先后有公共必修课、政治理论课、共同政治理论课、马列主义课、马克思主义理论课、共产主义思想品德课程、"两课"、思想政治理论课8种之多，思想政治理论课的重大调整变革也有9次之多。思想政治理论课为什么会经历这么多次调整变革，这正是需要运用理性思维意识去把握和探索的重要问题。事实上，这就是思想政治理论课与社会发展、时代境域、历史环境间交织融合后建构出的思想政治理论课的复杂现象的外在表现，探究这些现象背后的逻辑脉络，而这个探究过程就是一个运用作为本质的"内涵"的基本思路与基本方法的过程。

（一）思想政治理论课的育人目的性

思想政治理论课是我国高等教育课程体系的重要组成部分，其对高等教育的从属性决定着思想政治理论课应承载促进个体成长、引导价值实现的教育使命，这就是思想政治理论课育人目的性的基本内涵。在这个过程中，作为教育主体的教育者与作为教育客体的受教育者构成了思想政治理论课教学活动的基本要素与主要关系。思想政治理论课是以人为主体和对象的实践活动，这就要求思想政治理论课教师始终坚持"围绕学生、关照学生、服务学生"的育人目的，以学生为出发点和落脚点开展教育教学和科研工作。当前作为教育客体的大学生群体，身处网络技术高速发展、社会转型不断深化、价值诉求日趋多样的新媒体时代，较之于以往的大学生群体，其参与意识、个性意识、创新意识与全球化视野更加强烈与广阔，与之相伴而生的是价值追求自我化、交流话语碎片化、精神世界空虚化的不良倾向，这种复杂境域的存在往往会促使大学生群体无所适从，更加需要通过发挥思想政治理论课的育人功效，把握高校大学生新的价值需求与心理特点，针对大学生群体成长过程中遇到的问题困惑，从实际出发加强对"大学生实际"的实证研究，并"将其上升到理论层面，作为思想政治理论课教育教学的重要参照"①，满足大学生的发展需要，促进大学生的健康成长，给予大学生思想启迪和人生智慧，增强大学生适应社会、全面发展的综合素养，充分体现思想政治理论课作为大学生思想政治教育"主渠道"的重要指引作用。

（二）思想政治理论课的意识形态性

马克思在《德意志意识形态》中指出："统治阶级的思想在每一时代都是社会上占统治地位的思想。"② 由此可以看出，作为统治阶级的意识形态，

---

① 骆郁廷：《着力提高思想政治理论课的实效性》，《中国教育报》2017年3月23日。
② 《马克思恩格斯文集》第1卷，人民出版社2009年版，第550页。

首要目标就是引导社会成员形成共同的价值认知体系、是非判断体系、国家认同体系，进而发挥其凝聚人心、团结共进的重大作用。为了充分体现这一目标和作用，作为意识形态重要载体的思想政治理论课，要主动参与到系统建构、科学规范符合统治阶级现实需要的社会公民的重大历程中来。从当前我国意识形态战略来看，思想政治理论课承载着比以往任何时候都重要和艰巨的意识形态使命；从高校大学生思想政治教育来看，思想政治理论课作为开展思想政治教育的主渠道，不仅体现了中国特色社会主义大学的本质特征，也反映党的教育方针在高校的"落地生根"，更是肩负着培养全面发展的当代大学生的重大使命。上述意识形态的内涵决定着思想政治理论课必须将社会政治生活与主流意识形态放在首位，作为思想政治理论课要具备敏锐的政治眼光，具有善于把握意识形态及其运行规律的思维方式，"克服自身具有的某种书生气和学校知识分子政治上的幼稚性"[①]，站在国家民族的历史高度去思考现实问题，把握现象本质内涵，而决不能深陷"去意识形态化"与"价值中立"的囹圄之中而迷失方向。

（三）思想政治理论课的内容规定性

思想政治理论课内容的规定性是作为思想政治理论课本质的内涵性的外在体现。从课程设置和教学内容来看，就是要坚持马克思主义作为党和国家的根本指导思想，以及社会大众认知和改造客观世界的科学世界观和方法论。具体表现为：《马克思基本原理》要引导学生从整体上把握马克思主义哲学、政治经济学、科学社会主义的基本范畴、基本方法和基本研究对象；《毛泽东思想和中国特色社会主义理论体系概论》要引导学生全面掌握马克思主义中国化的发展脉络和最新理论成果；《思想道德修养与法律基础》要引导学生提升思想道德修养、强化法治观念和法治意识；《中国近代史纲

---

① 刘建军：《全面把握思想政治理论课建设的基本规律》，《思想教育研究》2017 年第 4 期。

要》要引导学生认清近代中国发展的历史走向和必然趋势。对于思想政治理论课而言，"思想教育是根本，政治教育是主导，道德教育是基础"①。三个层面既相互独立，也密切关联。思想政治理论课的基本内容会随着社会发展、时代的进步而有所调整，但其本身固有的思想性、政治性、道德性的内涵却不会改变。深刻把握思想政治理论课内容的规定性，才能将中国特色社会主义理论体系与党的最新理论成果有效转化为各门课程的科学方法论，转化为思想政治理论课教师的主流话语体系，使思想政治理论课的教学内容"从天上回到人间、从空中回到地上、从文本进入学生心中"②，形成铸魂育人合力。需要指出的是，马克思主义视角下的"灵魂"，并非宗教意义上的灵魂概念，而是具有自我主体性的社会意识，"在精神领域处于主宰地位，统摄思想和行为的决定性要素"③。

二、思想政治理论课的外延

外延与内涵是一对平衡范畴，来源于语义学但也适用于其他领域。在逻辑学视阈下，它是指反映在概念之中、具备概念所映照的事物的范畴。思想政治理论课的外延是指思想政治理论课教学活动涉及的边际范畴，并受到思想政治理论课内涵的约束和调节。

（一）思想政治理论课的全员性

思想政治理论课的全员性，是指高校内的所有教职员工，而不仅仅包括思想政治理论课专任教师、哲学社会科学专业教师、双肩挑或校外兼职教师等非专任教师及组织、党务、宣传、学工等部门的管理人员，都要参与到思

---

① 王玄武、骆郁廷：《思想教育政治教育道德教育比较研究》，武汉大学出版社 2002 年版，第 10 页。

② 陈宝生：《让思想政治理论课的内容方法从天上回到人间》，2016 年 12 月 5 日，见 http://edu.people.com.cn/n1/2016/1205/c367001-28926618.html。

③ 李忠军：《当代中国铸魂育人问题探析》，《新华文摘》2017 年第 16 期。

想政治教育教学活动以及人才培养方案制定的过程中，肩负起思想引领、理想培育、价值塑造的重大育人使命与职责。这既是思想政治理论课全员育人的基本内容，也是协同育人的重要基础。为此，高校各职能部门、二级学院之间，广大教职员工之间要积极协调、通力合作，立足本职工作，挖掘工作过程中的思想政治教育要素，借助微课、慕课等课程教育载体，探索线上线下混合教学模式，形成全员育人合力，惠及全体学生。如近些年各大高校积极开展的"书记校长开学第一课"活动，通过寄语嘱托新生、畅谈大学生活，引导新生转变角色、尽快适应大学节奏，便是思想政治理论课全员性的集中体现，有力彰显了思想政治理论课全员性育人的整体效应与带动作用，深受广大高校学子喜爱。

（二）思想政治理论课的全过程性

思想政治理论课的全过程性，是指思想政治理论课各类形式的教学活动过程中的持续性与各教学环节的对接性，以及将思想政治理论课教学内容内化为广大学子学习、生活、工作的全过程，从而营造良好育人环境。为此，高校各职能部门要各司其职、各负其责，马克思主义学院或思政部是开展思想政治理论课教学的主要承担部门，担负着思想政治理论课教学方案制定、教学设计确定、课程教材征订、思想政治理论学科建设的主体责任；宣传、信息中心、通识中心等部门要担负起坚守正确舆论导向，为思想政治理论课提供精神资源的重要责任；校内新媒体平台要严格遵守网络新媒体运行规则，恪守网络德育边际，广泛开展丰富多彩、健康积极、品位高雅的网络思想政治理论教学活动；思想政治理论课教师要坚持在思想政治理论课教学活动中，主动运用移动云教学技术丰富教学载体，推动思想政治理论课传统优势与互联网技术高度融合，增强思想政治理论课的时代感和感染力，同时更加注重以文化人、以文育人，将理想信念教育、社会主义核心价值观教育有机融入思想政治理论课教学活动，开展师生国情、社情考察实践活动，切身感受国家、社会的新气象、新成就，探索实行社会主义核心价值观"全课程"计划，推进全过程育人新体系。

（三）思想政治理论课的全方位性

思想政治理论课的全方位性，是指思想政治理论课各个层面、各个方向及其相关外部要素的有机结合与全面发展。为此，高校应充分调动各部门多方力量，立足思想政治理论课建设实际，坚持上下结合，统筹协调教育主管部门与高校党委、高校党委与校内各职能部门、二级学院与教师之间、教师与学生之间的相应关系，尤其是要将教学建设、教师培养、教材内容作为思想政治理论课实现全方位性的重要抓手与重点环节，整体布局、协同推进，争取在这三个层面取得突破，构建思想政治理论课大格局，为思想政治理论课提供机制保障；坚持内外结合，挖掘汲取课堂内外、学院内外、学校内外各方面优质资源，特别是要围绕中国特色社会主义最新理论成果，在强化"四个意识"、提升"四个自信"、践行"新发展理念"方面狠下功夫，将理论资源、教学资源、教师资源、实践资源、网络资源深度融合，不断完善高校思想政治理论课程体系，提升大学生对思想政治理论课的满足感、获得感。

三、思想政治理论课的范式

"范式"这一概念本属科学学与科技哲学的范畴，在世界范围内有广泛影响。它指的是"某一成熟的科学共同体所认可的问题领域、解决标准和研究方法的本源"[1]。其内涵在于"表达特定学科推进科学研究的方法论体系"[2]，它体现了科学共同体所共同坚守的本体论、认识论和方法论。所谓思想政治理论课的范式，是指思想政治理论课在目标设定、方法选择、理论

---

[1] ［美］托马斯·库恩：《科学革命的结构》，金吾伦、胡新和译，北京大学出版社 2003 年版，第 67 页。

[2] 张耀灿、钱广荣：《思想政治教育研究论纲》，《思想教育研究》2014 年第 7 期。

研究、实践探索等层面应遵循的规则、标准。思想政治理论课作为集理论性与实践性于一体的哲学社会科学领域的重要课程，既具有政治属性的一般属性，又兼具人本与实践的特殊属性。明确并遵循思想政治理论课的范式属性，是高校有效开展思想政治教育的逻辑前提。

（一）思想政治理论课的属性范式

思想政治理论课的属性范式也即是思想政治理论课质的规定性。思想政治理论课的内容涉及广泛，包括历史、道德、法律、政策、马克思主义基本原理等各个层面，是各个高校都在开设的重要课程，如前文所述，思想政治理论课调整历经多次变革，这也决定了思想政治理论课既有价值取向、服务主体等一般意义的属性范式，也有不同发展阶段、不同时期的特殊意义上的属性范式。思想政治理论课的属性范式，是思想政治理论课最为重要的范式。

1. 思想政治理论课的政治属性

马克思认为："占统治地位的思想不过是占统治地位的物质关系在观念上的表现。"[①] 而占统治地位的思想就是指由政治思想、法律思想、经济思想、文化思想、道德思想组成的"思想体系"或意识形态。为维护思想上的主导地位，统治阶级就要进行"思想的生产和分配"[②]。换言之，只要统治阶级与国家存续，就要发挥政治教育、思想教育、文化教育的作用来维护占统治地位的思想，而不管这种教育采取何种规则与标准。在我国高校，思想政治理论课涵盖了政治教育、思想教育、文化教育、法律教育、道德教育等诸多内容，是进行"思想的生产和分配"的重要载体，这一点从"思想政治理论课"的课程名称上就可体现。事实上，从思想政治理论课的设立来看，开设伊始就具备了政治层面的一般属性范式。我国是社会主义国家，

---

① 《马克思恩格斯选集》第 1 卷，人民出版社 1995 年版，第 98 页。
② 《马克思恩格斯选集》第 1 卷，人民出版社 1995 年版，第 99 页。

我国的大学是具有社会主义鲜明特征的大学，我国的大学教育是中国特色社会主义的高等教育事业，办学目标是为中国特色社会主义事业培养合格建设者和接班人。高校设立思想政治理论课，是国家着眼于高校思想政治工作"为谁培养人、培养什么样的人、怎样培养人"的育人目标而作出的战略指引与部署，是我国社会主义政治属性的生动写照与集中体现。

思想政治理论课既然具备政治属性，它本身坚持政治目标就是应有之义。这一政治目标就是根据大学生的主体性特征及时调整政治属性目标实现的规则和标准、载体与方式，增强大学生的政治意识，增强大学生的政治情感，坚定大学生的政治立场。在此过程中需要把握好两个原则：一是需求性原则。传统思想政治理论课在彰显政治属性方面时常出现后劲乏力的情况，其关键问题在于并未充分考量大学生的政治情感、政治认同等要素，这就要求思想政治理论课教师结合大学生在大学校园里生活、学习过程中的"成长烦恼"，改变以往意识形态教育教学内容"简单粗暴"式的单向灌输，从大学生内心需求作为出发点来重新梳理思想政治理论课政治属性的实现载体和实现方式。二是规范性原则。思想政治理论课应该且必须准确把握马克思主义理论与经典著作的精神实质，积极引导高校师生运用马克思主义的基本立场、基本观点、基本方法分析问题、解决问题，提升大学生看待政治事件和政治人物的辩证思维能力。同时，思修课建设既然内在地具备政治属性，所以也必然遵循政治运行的客观规律。思想政治理论课所遵循的政治运行规律，体现的是其作为我国社会政治生态与社会主义主流意识形态重要构成的运行特点。既然是重要构成，也就必然在一定范围、标准或规则体系下遵循政治运行的规律。这一规律并非站在专家学者或是教师的角度来分析问题，而是从国家宏观战略层面、从社会经济发展常态层面谋篇布局，只有站在这样的高度，才能深刻领会我国作为社会主义国家在高校开设思想政治理论课的价值与意义，才能真正理解思想政治理论课的内涵与性质。这就要求思想政治理论课教师要具备政治思维，向马克思主义政治家学习、向马克思主义经典著作学习，从中总结历史经验、汲取历史养分，从而更好地引导大学生宏观地把握问题本质，辩证地看待问题存在，科学地解决现实问题。

2. 思想政治理论课的人本属性

所谓人本性，是指以马克思主义基本理论为指导，依据人的全面发展需求及其与社会、自然之间的联系，明确人的作用、价值、地位的属性范式。思想政治理论课的人本性，是指思想政治理论课的内容设置、教学原则、方法手段要以现实的人、也就是当代大学生为研究对象与价值皈依，具有开放性、主体性、情感性的属性特征。以马克思主义基本理论为指导并非牵强附会的引用与拼凑，而是有其深刻的理论渊源与清晰的逻辑脉络。马克思在批判黑格尔唯心主义哲学与费尔巴哈机械唯物主义哲学的基础上，尤其是超越了费尔巴哈"抽象的宗教意义上的人"的思想藩篱后，创立了以"现实的实践的人"为逻辑基点、发展脉络和价值向度的历史唯物主义。在他看来，"现实的实践的人"本质上是一种社会关系总和的存在范式，人的存在是一个"包括了一个广阔范围的多样性活动和对世界的实际关系"[1]。从马克思主义历史唯物主义出发，人本性真正实现了"从抽象的宗教意义上的人"向"现实的实践的人"的转变，从而开启了以现实的、实践的人为出发点、以研究人"是什么""怎样是"的马克思人学理论的科学研究范式。

从这个意义上讲，思想政治理论课作为马克思主义基本理论一级学科下的思想政治教育二级学科的重要构成，其本质上也应是以"现实的、实践的人"为研究对象的实践活动，本身具有突出的人本属性，而马克思主义特别是马克思主义人学理论为思想政治理论课人本属性的界定奠定了坚实的理论基石，同时也进一步明确了高校思想政治教育研究者和思想政治理论课教师坚持以立德树人的目标追求和价值导向。这也就要思想政治教育研究者和思想政治理论课教师要摒弃"重规矩轻关怀、重理论轻实践、重专业轻通识、重知识轻思想、重实证轻价值"的传统教学范式，转向"尊重大学生的思想意识与行为特征、关照大学生的个性生成和价值诉求、服务大学生

---

[1] 《马克思恩格斯选集》第 3 卷，人民出版社 1960 年版，第 296 页。

的全面发展和人格养成"的人文关怀视角，积极引入以教学重点、难点与大学生关心的热点、焦点问题为切入，构建基于问题导向的课程内容，提升思想政治理论课教学的亲和力、针对性与时代性。同时，思想政治理论课在坚守意识形态属性的前提下，要积极探索以问题逻辑为出发点开展思想政治理论课教学与研究工作，马克思曾鲜明指出："问题是时代的格言，是表现时代自己内心状态的最实际的呼声。"① 其本质就是要超越表象认知而实现返本溯源，回到当前社会发展和思想政治学科理论的现实这一"事情本身"，使得"受教育者的受教是自觉的而非强制的"②，实现思想政治理论课教材体系向教学体系转化，教学体系向人学体系转化的育人目标，使大学生的学习真正成为探索新知和全面发展的"人的自我觉醒"历程。

（二）思想政治理论课的范围范式

"范围"一词出自《易·系辞上》："范围天地之化而不过。"意指一定的时间空间限定。思想政治理论课的范围范式意指思想政治理论课教学活动与科学研究的边际限定。如果说思想政治理论课的属性范式决定于思想政治理论课的内涵，那么思想政治理论课的范围范式则由思想政治理论课的外延所限定。思想政治理论课的范围范式依据思想政治理论课的属性、目标、内容而定，进一步说是由思想政治理论课的内涵而定。如上文所述，思想政治理论课是以"现实的人"为主体对象的实践活动，其教育对象是"处在现实的、可以通过经验观察而得、在特定条件下的发展过程中的人"，而不是"从口头说的、思考出来的、设想出来的、想象出来的人出发，去理解有血有肉的人"③。也就是说，思想政治理论课是具备特定主体、特定目标、特定内容的实践性活动。但这绝不意味着关乎人的一切活动类型和活动关系

---

① 《马克思恩格斯全集》第 40 卷，人民出版社 1995 年版，第 203 页。

② 白显良：《论隐性思想政治教育的受教特性》，《学校党建与思想教育》2013 年第 10 期。

③ 《马克思恩格斯文集》第 1 卷，人民出版社 2009 年版，第 525 页。

都可以归入思想政治理论课的范围范式，如人的心理问题、生理问题、专业学习问题等。

在讨论思想政治理论课范围范式的过程中，需要注意两类问题：一是指某些思想政治理论研究者、思想政治理论课教师以思想政治理论课具有广泛性、交叉性为由，试图超越思想政治理论课的教学、科研范围开展泛化研究，往往习惯于直接运用西方国家的课程教学内容和教学方法简单嫁接到我国高校思想政治理论课的教学活动与科学研究中，或有意避开思想政治理论课中的大学生理想信念教育、爱国主义教育、核心价值观教育等内容，而讲授一些所谓的"中立客观""边缘性"甚至处在灰色地带、缺乏理论支撑的内容，并将其认作为思想政治理论课的教学指向和研究领域；二是指某些思想政治理论研究者、思想政治理论课教师不从思想政治教育学科范围本身作为教学与科研的出发点，而从事一些与思想政治理论教学、科研完全无关的工作，甚至跳入其他领域开展所谓的"学术研究"，比如有些教师乐于以"揭露历史真相""重评历史人物"的方式在课堂上讲解一些似是而非的历史事件和观点，看似结合史料、客观评述，实则断章取义、自说自话，陷入历史虚无主义泥淖而不自知。毋庸置疑，思想政治理论课与其他学科，确实存在交叉现象，且随着高校大学生思想政治教育的不断推进和创新，这种交叉的广度和深度还会进一步增强。无论是课程建设还是学科建设都需要借鉴其他学科乃至国外相关领域的经验、成果，但作为思想政治理论研究者、思想政治理论课教师必须首先立足于本课程、本学科，自觉遵守课程与学科的范围范式，才能在秉持交叉研究的同时，坚守主业意识与宏观视角，实现跨学科研究的"以我为主、为我所用"①。否则，就会有损思想政治理论课程体系建设乃至思想政治教育领域的整体形象，也不利于个人专业研究的精细与深耕。

---

① 中共中央宣传部编：《习近平新时代中国特色社会主义思想学习纲要》，学习出版社、人民出版社 2019 年版，第 100 页。

（三）思想政治理论课的学科范式

学科主要有两个层面的分类，一是学术层面，指的是某一科学领域或其分支；二是功能层面，指的是对高校人才培养、教育教学、科研业务的隶属范围界定。思想政治理论课的学科范式中"学科"含义侧重前者，但与后者也有关联。思想政治理论课学科知识的性质，是思想政治理论课学科的内涵与外延的统一，其标志是思想政治理论课学术思维的形成与学科话语体系的明确。

1. 思想政治理论课学术思维的形成

思想政治理论课虽具备鲜明的政治属性与意识形态属性，但这并不意味着其只是对政策文件与领导讲话的宣传和解释，而同样具备自身特有的学术内涵。思想政治理论课是价值性与科学性有机统一的课程体系，其价值性聚焦反映在政治属性与意识形态属性之中，而科学性则集中体现在学术思维及学理研究之中。思想政治理论课是向当代大学生传授科学真理的课程，这也决定着它应遵循科学研究的基本规律。高校思想政治理论课教师在教书育人过程中，教学与科研同样重要。没有坚实的学术研究作根基，教学工作也很难达到较高水准，专业课程与思想政治理论课程莫不如此。这就要求思想政治理论课教师要具备学术思维，这里所讲的学术思维指的并非教育教学方面的研究思维，而是指比较规范的具有专业性研究视角的学术思维，因为思想政治理论课虽然从教学内容上广涉哲学、政治学、社会学、伦理学等学科，但其本身也具备专业学术性特点，包括对思想政治理论学科理论框架、逻辑范式、目标定位的学术问题，也需要专业理论知识与学术研究思维作基石。因而，作为思想政治理论课教师不仅要开展教育教学层面的科学研究，也要向专业学者那样形成专业研究的学术思维，着眼于揭示思想政治理论课的学理内涵、完善思想政治理论课的理论框架、整合思想政治理论课的学科背景、廓清思想政治理论课的方法体系，以科学的研究思维及成果为思想政治理论课教育教学工作提供学术支撑。

2. 思想政治理论课学科话语体系的明确

话语体系是指在一定语境背景下运用语言开展事实阐述与意义构建的实践活动的过程及其文本的集合。明确思想政治理论课的学科话语体系的意义在于，通过整合思想政治理论课的学科背景，把握思想政治理论课的学科范式，挖掘思想政治理论课话语体系的引导、德育和维护功能，借鉴国外思政教育话语体系构建的有益经验，推进我国高校思想政治理论课发展。思想政治理论课的学科话语体系内涵比较丰富，需要厘清三个层面的学术议题。

一是基于思想政治理论课学理层次的话语体系。也就是指"思想""政治""理论课"三个子概念的学理内涵。思想政治理论课当中的"思想"应涵盖唯物史观的"思想"、基于社会关系与实践交往而形成的"思想"、马克思主义理论的"思想"及其作为二级学科的思想政治教育的"思想"等等①；思想政治理论课当中的"政治"也不能仅仅归结为政治属性和意识形态属性，其指向应该是通过思想体现出的政治价值、政治意义、政治目标及政治态度；思想政治理论课当中的"理论课"不应简单理解为单一的理论灌输与传导，而应是集理论与实践于一体的课程理论与实践体系。二是作为反映思想政治理论课内涵、属性和目标的话语体系。思想政治理论课的话语体系应是立足于中国特色社会主义事业的伟大实践，既具有意识形态属性又兼具育人目的的中国化的马克思主义话语体系，是坚持运用马克思主义的世界观和方法论作为思想政治理论课构建基石的话语体系。为此，对已经形成的思想政治理论课学科话语体系进行改进、提升与创新，使之更具中国风格、中国气象，符合中国国情社情乃是当务之急。三是作为建构思想政治理论课教学内容的话语体系。就层次而言，通过梳理大体可将思想政治理论课的话语体系划分为三种，即政治话语、学术话语和生活话语，集中体现着"国家民族的价值诉求、学界理性反思的价值诉求和个体根本利益的价值诉

---

① 钱广荣：《思想政治教育之"思想"析论：关涉思想政治教育学科核心范畴的一种学理分析》，2013年全国思想政治教育高端论坛。

求"①。这就需要推进思想政治理论课学科话语体系理论与实践两个层面的不断创新，在理论层面要用发展着的马克思主义理论指导新的思想政治理论课学科话语体系，为思想政治理论课学科话语体系提供新建构范式、新解释框架，在实践层面要鼓励、支持思想政治理论课教师讲授大学生喜闻乐见而非刻意躲避、不愿倾听的话语风格，有效契合大学生的现实诉求与表达方式，使大学生真心诚意地接受思想政治理论课的基本内容，最终实现"不同主体间的对话达成汇聚主流话语的效果"②。

第二节　高校思想政治理论课新教材
情境教学法探微

思想政治理论课新教材教学对于情境教学法的有效运用，不能仅局限于一种教学要素，而应将其作为一种教学模式来重新审视与思索。情境教学法既可以作为教师在教学过程中运用的某一讲课方法，也可以作为教师在长期教学实践中形成的一套较为稳定的教学模式。就前者而言，情境教学法是教师"自觉或不自觉的一种教学方式"③。就后者而言，大概只有在具备丰富教学经验与较强教学情境反思能力和理论思维能力的少数教师身上才能集中体现。近些年来，高校思想政治理论课教学改革力度不断加大，出现了丰富多样的教学方法、教学模式和教学理论，但从情境学习理论出发，提出以教学情境创设为中心环节的系统化教学法的研究成果还不多。基于此，将情境学习理论引入高校思想政治理论课新教材教学，以情境教学法推进高校思想政治理论课新教材教学，对于提升高校思想政治理论课新教材教学针对性和

---

① 赵士发：《当代中国话语体系的双重构建》，《中国社会科学报》2006 年 3 月 31 日。

② 李小红：《思想政治教育话语的内涵与功能》，《理论学习》2017 年第 4 期。

③ 高旭等：《以"教学情境"提升高校思想政治理论课教学有效性探究》，《广西社会科学》2016 年第 1 期。

亲和力、"培养担当民族复兴大任的时代新人"① 具有重要意义。

一、情境学习理论基本观点及其教学借鉴

（一）情境学习理论的基本观点

近代以来在学习理论领域先后出现了行为主义"刺激—反应"学习理论、认知心理学"信息加工"学习理论、建构主义"主体意义建构"学习理论，这些研究取向对人们的学习理念、学习过程产生了重要影响，从注重个体思维的知识文本描述向强调认知过程和意义建构的社会价值转变。情境学习理论在扬弃这些学习理论的基础上，提出了真实情境学习与个体意义学习的社会建构的重要观点，是一种新的以本体论和知识论为建构基础的学习理论，并成为 20 世纪 90 年代以来学习理论领域的最新成果。与传统学习理论相比，情境学习理论将知识的建构过程和传递过程不仅仅看作是对外部世界的客观性描述和符号化表达，文本知识不仅具有确定意义和传递价值，而且会受到外部环境的影响制约和过程塑造，对传统意义上基于实在论的学习观和知识观提出了重大挑战。

情境学习理论认为，文本知识是一种紧贴情境脉络的实践性认知，其文本意义源自学习者的积极建构；学习过程不是孤立静止、被动接受文本信息的闭环过程，而是发生在特定社会情境中、学习者与环境有效互动并积极建构意义的动态过程；文本知识和学习过程借助语言哲学解读其建构意义，语言哲学的存在价值在于参与者依靠社会性适应活动进行平等协商、对话交流，进而参与实践过程、理解认知规则，获得知识真谛。正如布朗、可吉斯、杜吉德等人指出的那样，"知与行是交互的——知识是情境化的知识，

① 习近平：《决胜全面建成小康社会　夺取新时代中国特色社会主义伟大胜利——在中国共产党第十九次全国代表大会上的报告》，人民出版社 2017 年版，第 42 页。

通过活动不断发展，参与实践促成了学习和理解"①。

（二）情境学习理论的教学借鉴

当前，情境学习理论已被广泛运用于高校思想政治教育领域，在高校思想政治理论课教学过程和教学方法之中也有所体现，并尝试发展为"包容行为主义、认知主义、建构主义等各种观点的整合性框架"②，在这一视角下，情境概念逐渐"由原来单纯强调客观物质环境而向认知、意识、动力等主观理念因素转变"③，并被广泛应用到教育教学领域。就目前关于思想政治教育情境的研究进展来看，学界尚未对其概念和内涵形成共识。比较有代表性的观点主要有以下几种：沈壮海认为"思想政治教育情境是作为思想政治教育要素为思想政治教育活动开展而创设、对思想政治教育活动发生作用的精神氛围与物质条件的统一体"④；李辉认为"思想政治教育情境是思想政治教育主体为实现一定教育目标而有计划创设的教育条件"⑤；董杰认为"思想政治教育情境是教育者与受教育者均可把握且能优化双方心理精神氛围，有利于一定思想政治教育目标实现并内化于思想政治教育系统中主客体有机统一的特定而微观的自觉环境"⑥。综合上述观点可以看出，思想政治教育情境具备以下特征：思想政治教育情境是主体与客体的互动统一体；是教育者和被教育者可共同把握并对思想政治教育活动产生作用的精神氛围与物质条件的有机结合体；是基于思想政治教育环境产生又超越了思想政治教育环境的共生综合体，对作为高校思想政治教育主渠道的思想政治理

---

① ［美］乔纳森：《学习环境的理论基础》，郑太年等译，华东师范大学出版社 2002 年版，第 27 页。

② 李晓梅等：《基于情境学习理论的高校思想政治理论课实践教学设计》，《思想政治教育研究》2014 年第 4 期。

③ 苏敬勤等：《情境内涵、分类与情境化研究现状》，《管理学报》2016 年第 4 期。

④ 沈壮海：《思想政治教育有效性研究》，武汉大学出版社 2001 年版，第 106 页。

⑤ 李辉：《现代思想政治教育环境研究》，广东人民出版社 2005 年版，第 21 页。

⑥ 董杰：《思想政治教育情境的概念界定与内涵分析》，《学校党建与思想教育》2009 年第 12 期。

论课有重要借鉴。

本书认为，思想政治理论课情境教学法是指思想政治理论课教学主体为实现思想政治理论课教学目标，通过创设和运用特定思想政治教育情境，对教学对象（这里特指高校大学生）采取的方式手段。这一界定对于高校思想政治理论课新教材具有两个层面的指引价值。一是教学对象在教育主体的指导下充分发挥自身主动性和积极性，在思想政治理论课教学情境中共享高校思想政治教育资源，增强教育对象理论知识与真实社会生活、生活阅历的衔接能力，并构建更为丰富多元的高校思想政治理论课新教材教学资源实习场；二是通过将思想政治理论课教学情境内置于大学生思想政治教育活动过程中，通过教育主体和教育对象的共同把握、互动融合，将"教师的教与学生的学有机联系起来"①，使高校师生紧紧围绕思想政治理论课新教材教学目标，在和谐融洽的教学氛围中平等对话、互动交流，创设一个能够有效克服固有知识呆板性和滞后性、良性循环的高校思想政治理论课新教材教学生态环境系统。

二、高校思想政治理论课新教材情境教学法的理论依据及适用原则

（一）高校思想政治理论课新教材情境教学法的理论依据

马克思主义人学理论和环境理论是高校思想政治理论课新教材情境教学法的基本理论依据。从马克思主义人学理论出发，我国高校思想政治理论课教育目标的定位，"人的自由全面发展是价值取向，现实性原则是基本原则，促进和谐的社会主体生成是现实定位"②。从马克思主义关于人与环境

---

① ［美］恰瑞罗特：《情境中的课程——课程与教学设计》，杨明全译，中国轻工业出版社 2007 年版，第 6 页。
② 张耀灿等：《论我国思想政治教育目的的定位——基于马克思主义人学的视角》，《江汉论坛》2008 年第 1 期。

的辩证论述看，"人对自然以及个人之间历史地形成的关系，都遇到前一代传给后一代的大量生产力、资金和环境，尽管一方面这些生产力、资金和环境为新的一代所改变，但另一方面，它们也预先规定新的一代本身的生活条件，使它得到一定的发展和具有特殊的性质"①。由此推之，高校思想政治理论课新教材情境教学法是将思想政治理论课的知识框架和内容体系还原或内置于其生成的历史与现实的特定情境之中，进而引导教育对象的思想观念、价值取向和道德素养寓于日常生活学习交往过程中，与教育对象的生活情境、学习情境、工作情境深度契合，以提升教育对象在教学情境中的感受力。具体表现在两个层面：一是在改变并创设新情境层面，从马克思人学理论和环境理论的基本观点看，人的实践活动是可以积极改变并创造环境的。"环境是由人来改变的，而教育者本人一定是受教育的"②。即是说，人在自然界和社会环境面前并不是消极被动的服从外部环境，而是通过自身主观能动性的充分发挥来认识环境、改变环境、创造环境。"动物仅仅利用外部自然界，简单地通过自身的存在在自然界中引起变化，而人通过他所作出的改变来使自然界为自己的目的服务"③。这对高校思想政治理论课新教材教学的启示在于，要提升新教材教学的针对性，高校思想政治理论课教师"必须使环境成为合乎人性的环境"④，并成为师生可以共同把握并对教学效果产生积极影响的崭新教学情境。二是适应和融入环境层面，马克思主义认为，人可以创造环境，环境同样也可以创造人，"人们的意识，随着人们的生活条件人们的社会存在的改变而改变"⑤。换言之，环境的质量和性质会在很大程度上影响和制约着人的思维意识和思想观念的变化以及实践活动的进展和成效。这就要求作为教育者的思想政治理论课教师在运用新教材教学的过程中，善于根据客观环境主动运用并积极融入具体化的教学情

---

① 《马克思恩格斯选集》第 1 卷，人民出版社 1995 年版，第 92 页。
② 《马克思恩格斯选集》第 1 卷，人民出版社 1995 年版，第 55 页。
③ 《马克思恩格斯选集》第 4 卷，人民出版社 1995 年版，第 383 页。
④ 《马克思恩格斯全集》第 2 卷，人民出版社 1957 年版，第 167 页。
⑤ 《马克思恩格斯选集》第 1 卷，人民出版社 1995 年版，第 291 页。

境，引导作为教育对象的大学生既与自身知识结构、思想状况深度关联，又与外部社会现实积极沟通，以知识学习的内化过程契合社会实践的外化过程。

（二）高校思想政治理论课新教材情境教学法的适用原则

一是情理互动融洽原则。习近平总书记强调："思想政治理论课要坚持在改进中加强，提升思想政治教育亲和力和针对性"①，明确指出了思想政治理论课教学在大学生思想政治教育活动中的主渠道功能。作为"主渠道"的思想政治理论课是理论知识与价值塑造兼而有之的课程体系，蕴含了很多情感化与情境性的知识内容，对这些知识内容的学习不能单纯依靠客观性知识的传授和灌输来实现，而要努力做到"既晓之以理、以理服人，又动之以情、以情感人"②。这意味着，高校思想政治理论课新教材教学不应是讲解、传授工具性知识的单向性教学，而应是感知式、体验式、省悟式的情境化教学。情境化教学法正是基于情境化体验并将思想政治理论课新教材教学要素与教学内容进行情感化处理、说理化浸润的实习场，做到情理互融，通过情感真挚、说理透彻的鲜明情境引导大学生在和谐交融的氛围中实现思维的碰撞和思想的升华。

二是认知特征契合原则。高校思想政治理论课新教材教学活动应坚持以契合大学生的认知特征为要旨并持续变化发展的动态生成过程。正如有学者指出的那样，思想政治教育情境是一种"特定微观、人为可控与支配的自觉环境与优化环境"③。从这个角度看，思想政治理论课新教材教学情境也应是一种大学生发挥主观能动性并积极建构知识的场域与环境。由此，思想政治理论课新教材教学情境必然要以尊重和理解"认知导向的价值性、思

---

① 《习近平在全国高校思想政治工作会议上强调：把思想政治工作贯穿教育教学全过程 开创我国高等教育事业发展新局面》，《人民日报》2016 年 12 月 9 日。
② 谢树平：《思想政治课的理念与实践范式》，黑龙江人民出版社 2004 年版，第 162 页。
③ 董杰：《思想政治教育情境的四重解读》，《学校党建与思想教育》2009 年第 10 期。

维发展的理智性、记忆活动的意义性、认知过程的灵活性和认知风格的多元性"[1] 等大学生认知特征为出发点和落脚点，创设符合大学生认知发展规律和认知学习特征的思想政治理论课新教材教学情境，构筑激发大学生自我教育积极性和品德建构自主性的主体间性教学情境，不断提升高校思想政治理论课新教材教学的针对性和亲和力。

三是趣味渗透适度原则。运用情景教学法的根本目标在于通过将学生引入特定情境进而调动学生学习的主动性和自觉性。由于思想政治理论课新教材涉及的理论知识具有高度抽象性与较强理论性，要使这种高度抽象性与较强理论性的内容转变为学生可以理解领悟的形象化、感知性内容，还应该遵循趣味渗透的基本原则，情景教学法就为这一基本原则提供了现实应用场景。情境学习理论认为，知识是情境化的知识而不是"呆滞性的知识"[2]。对于高校思想政治理论课新教材教学而言，应通过将思想政治理论课新教材的教学目标、教学内容、教学评价等放置于具体情境中，借助情境化的亲和性、趣味性、渗透性等引导大学生实现知识学习与情感融合的有机统一。当然，也要避免一味追求趣味性的趋向，使情境化教学变成娱乐化活动，这就要求教师要把握好情境化教学法的趣味"渗透量"及其效果"边界线"。

三、高校思想政治理论课新教材情境教学法的现实价值及路径遵循

（一）高校思想政治理论课新教材情境教学法的现实价值

一是有利于增强学生的学习动力。学习动力即直接推动学生主动学习的

---

[1] 徐建军等：《大学生认知特征与思想政治工作创新》，《思想教育研究》2007 年第 12 期。

[2] ［美］怀特海：《教育的目的》，庄莲平、王立中译，上海文汇出版社 2012 年版，第 60 页。

一种内部动力与激励和指引学生进行学习的一种需要。人是"自由的有意识的活动"① 的存在物，正因如此，作为社会存在的人能将自身需要和满足需要的方式作为对象来观照。从高校思想政治理论课新教材教学的需求来看，教学情境的巧妙运用是满足学生学习需要，增强学生学习动力的有效路径。当前部分高校思想政治理论课教学过程中存在一个比较普遍的现象，教师在教学过程中只注重知识讲授和理论灌输而无法有效激发学生学习兴趣和动力，以致师生间无法进行深层次的思想探讨和情感共鸣，严重影响了高校思想政治理论课思想育人功能的有效实现。无法增强学习动力的原因并非抽象的理论内容，而是未能完全"情境化"的书本知识。理论性是思想政治理论课的重要属性而非全部属性，因为思想政治理论课的教学内容大多来源于作为一级学科的马克思主义理论与作为二级学科的思想政治教育，二者均是经过长期实践形成的系统化科学理论，正是具备了理论性的显著特性，使思想政治理论课具备了恒久的理论张力，但这并不意味着在思想政治理论课教学过程中，只是将这种"理论性"原封不动地灌输给学生，那样无异于刻舟求剑，使教学目的付之阙如。理论虽具有高度抽象性，但"理论只要彻底，就能说服人。所谓彻底，就是抓住事物的根本"②。对于高校思想政治理论课教师而言，在运用新教材教学的过程中，要努力将抽象的理论经过深入思考和形象解说，赋予理论知识以形象化的阐述和情境化的表达，充分调动学生学习情感，并在轻松活泼的课堂氛围中互动交流，"这既是衡量教学效果的重要标准，也是促进思想品德知行转化的重要环节"③，积极运用和发挥情景教学法的功效，对于增强思想政治理论课新教材教学实效不失为一种有益尝试。

二是有利于增强教师的人文关怀与情感浸润。高校思想政治理论课属于

---

① 马克思：《1844 年经济学哲学手稿》，人民出版社 1985 年版，第 53 页。

② 《马克思恩格斯选集》第 1 卷，人民出版社 1995 年版，第 9 页。

③ 杨兰英等：《"情感"调动法是提高思政教育实效性的重要途径》，《重庆邮电大学学报（社会科学版）》2008 年第 4 期。

哲学社会科学的范畴，本质上仍具有显著的人文特性。这就意味着高校思想政治理论课教师在运用新教材教学的过程中应注重整合多学科的人文知识充实思想政治理论课教学内容，创设哲学、心理学、社会学、人类学、教育学、政治学等多学科交叉的教学情境，使这些情景化的知识成为人文价值、人文情感的纽带并"内化为现实的人文精神"①。情景教学法的引入，有助于教师摆脱平铺直叙式的知识传授与冷淡贫乏式的内容表达，"要让马克思讲中国话，让大专家讲家常话，让基本原理变成生动道理，让根本方法变成管用方法"②，更加注重这些理论知识生成及发展的社会情境，并渗透出一种深厚而真挚的人文情感和与人文价值。比如在讲解党的光荣历史的相关内容时，要努力将我们党在各个历史时期思想理论的产生发展创新的历史脉络寓于思想理论内容本身来源的真实或仿真情境之中，引导学生感受思想政治理论课新教材独有的教学情结和理论魅力，在潜移默化的学习过程中生发对思想政治理论课新教材教学和思想政治理论课教师的情感认同。由此，思想政治理论课新教材教学情境就从具体场景来关照学生的精神状态和情感诉求，以一种人文关怀的现实立场，将教学活动和情感浸润有机结合，在和谐共生的教学情境中引导学生习得理论知识，锻造人格品质，提升思想境界。

（二）高校思想政治理论课新教材情境教学法的路径遵循

一是充分发挥教师主导作用。高校思想政治理论课新教材教学过程从根本上讲是师生之间的思想交流与价值传递过程，而不仅仅是知识传授和理论灌输的过程。这种过程能否形成有效性对接，归根结底决定于师生双方能否处于共生互动的教学情境并将这一教学情境作为彼此思想碰撞和沟通交流的有效沟通载体。在这个场域中，由于知识传授过程的不对等性决定了思想政治理论课教师主导性地位的存在，决定了学生必然要受到思想政治理论课教

① 杨彬：《思想政治教育学科的人文精神内蕴》，《思想政治教育研究》2007年第2期。

② 中共中央文献研究室编：《习近平关于社会主义文化建设论述摘编》，中央文献出版社2017年版，第100页。

师的理论影响，如通过教育引导学生正确认知世情国情党情社情，可以有效增强学生牢牢树立为远大理想而奋斗奉献的信念和定力；教育引导学生正确理解习近平中国特色特色社会主义思想，可以有效增强学生坚定"四个自信"、激扬青春梦想的信心和动力。在这个过程中，教师教学主导作用的充分发挥是决定情境教学法得以实现的关键要素。这意味着高校思想政治理论课教师应切实遵循思想政治工作、教书育人和学生成长"三大规律"，认真落实以文化人以文育人、运用新媒体新技术使工作活起来等要求，努力做到因事而化、因时而进、因势而新，持续增强高校思想政治理论课新教材教学的时代感与引领力，努力成为新时代中国特色社会主义思想的传播者与践行者。这也对高校思想政治理论课教师的教学经验和综合素养提出了更高要求。

二是积极调动学生主体意识。高校思想政治理论课新教材教学工作"从根本上说是做人的工作"①。思想政治理论课新教材教学必须围绕、关照、服务好大学生，做到以人为本、立德树人。从现实来看，虽然教师在教学过程中处在主导地位，但并不能忽略学生的主体意识，学生在教学过程中依然具有主体化的"拒绝权"。学生虽是教学情境的接受者，但若教师在教学活动中无法营造具有感染力和针对性的教学情境，学生即使进入教学状态，也有可能以缄默态度拒绝对话交流。思想政治理论课教师在运用情境教学法开展新教材教学的过程中，必须充分尊重学生的主体意识和主体作用。当然，学生对于情境教学法并非完全被动适应或接受，而是具有相当程度的积极参与性。学生可通过发挥自身影响力来对教师创设和运用的情境教学法进行选择和鉴别，从而判断甚至决定这一方法实现的程度及效果。从这个层面看，思想政治理论课新教材教学能否有效营造和运用情境教学法，应以学生主体作用发挥的程度作为重要前提。这就要求高校思想政治理论课教师自身首先要明道信道，而后以身载道，才能在授业解惑、凝聚共识的过程中引

---

① 张智：《思想政治工作从根本上说是做人的工作》，《思想教育研究》2017 年第 5 期。

导学生"以德立身、以德立学"①，培育具有德才并举、全面发展的时代新人。

三是合理运用师生互动方式。"任何正常经验都是两种条件（两种条件指客观条件和内部条件）相互作用的结果。两者合在一起或在交互作用中，便形成了我们所说的情境"②。这里所说的"内部条件"即是指主观条件。在对情境教学法的运用过程中，对主观化教学条件的依赖程度要远甚于客观化的教学条件，这也是情境教学法与其他侧重借助客观物质条件的教学方法的不同之处。从思想政治理论课教学实践来看，主观化条件与客观化条件有机融合是情境教学法得以顺利实现的重要保障。这意味着教师在开展思想政治理论课新教材教学的过程中，师生之间的互动方式并非纯粹依赖客观化的教学条件，更大程度上是受师生之间主体作用的影响和制约。在情境学习理论的实习场视阈中，师生互动并不局限于教师对学生学习内容的指导和帮助，更注重从学习思路和学习方法上加以引导，而且是一种"启发学生自我提问、自我反思来实现对学生学习和问题解决的引导"③，除此之外，师生之间的互动方式还有分组讨论、模拟辩论等，这些互动方式的合理运用有助于营造活泼融洽的教学氛围，有助于学生尽快融入教师根据教学目标创设的教学情境之中。

四是有效协调教学辅助手段。如果说师生间多样化互动方式反映的是教学情境教学法对主观教学条件的依赖，那么多样化的辅助手段反映的则是情境教学法对客观教学条件的需求。对于高校思想政治理论课新教材教学而言，多样化的教学条件是创设和运用情境教学法的重要辅助手段。在这些辅助手段中，新媒体技术的有效应用至关重要。现代化教学手段离不开新媒体

---

① 《立德树人，为民族复兴提供人才支撑——学习贯彻习近平总书记在全国高校思想政治工作会议重要讲话》，《新华每日电讯》2016 年 12 月 9 日。

② ［美］约翰·杜威：《我们怎样思维·经验与教育》，姜文闵译，人民教育出版社 2005 年版，第 260 页。

③ 钟昱等：《情境学习理论视野下的教学设计》，《中国成人教育》2013 年第 15 期。

技术，高校思想政治理论课新教材教学也不例外，新媒体技术通过发挥"信息资源传递与共享机制的集成性、信息表征与加工方式的灵活性、人际沟通交流与互动方式的无限延展性"① 等优势将多种信息技术手段深度融合思想政治理论课新教材教学过程来创设和营造一种信息化教学情境，赋予了教学情境法更为丰富的内涵，对于实现既集中展现思想政治理论课教师主导地位又充分发挥学生主体作用的自主探究合作式教学模式具有重要价值。可以说，新媒体技术的适当使用是创设和营造高校思想政治理论课教学情境的必要条件。需要注意的是，这里强调的是适当使用，而非无条件使用。对于新媒体技术的使用取决于思想政治理论课教师对教学情境创设和营造的实际需要，只有根据实际需求适度运用新媒体技术，才能最大限度地体现教学情境法在思想政治理论课新教材教学中的作用，"发挥出精神塑造和做人育人的积极作用"②，从而确保学生学习兴趣始终处在高校思想政治教育领域内。

第三节　高校思想政治理论课建设
"时"的三重维度释义

做好高校思想政治工作要"因事而化、因时而进、因势而新"③，这意味着思想政治理论课建设应以"时、势、事"为切入点和突破口，切实发挥思想政治理论课思想政治教育主渠道、意识形态主阵地的突出作用。在"时、势、事"三者相互作用的逻辑关系中，"时"是"势"和"事"的逻辑前提，深刻把握"时"的基本内涵，是领会新时代中国特色社会主义发

---

① 姚奇富等：《网络环境下基于情境学习理论的教学实践与创新》，《中国高教研究》2014 年第 2 期。

② 李超等：《思想政治理论课教学改革中贯彻"做人教育"的路径探索》，《扬州大学学报（高教研究版）》2015 年第 3 期。

③ 《习近平在全国高校思想政治工作会议上强调：把思想政治工作贯穿教育教学全过程 开创我国高等教育事业发展新局面》，《人民日报》2016 年 12 月 9 日。

展这一国家大势、创新思想政治教育融合发展这一高校大事的首要前提。为此，需要从时代、时期、时段三个维度探究高校思想政治理论课建设"时"的丰富意蕴。

一、高校思想政治理论课建设"时"的基本内涵

思想政治理论课"时""势""事"是一个互相联系而又各具内涵的完整体系。在这个体系中，"时"是首要前提，是加强和改进高校思想政治理论课建设的基础，指明了思想政治理论课的使命和特征并对"势"和"事"起到引领作用；"势"是关键，是"时"和"事"的桥梁，为思想政治理论课建设提供了路径和载体，内含了思想政治理论课的属性和任务并对"时"和"事"起到了穿针引线的纽带作用；"事"是归宿，把握"时"和"事"最终都要落实到抓好"事"的层面，它是衡量思想政治理论课建设成效的标准与依据并对"时"和"势"起到目标评价作用。"时""势""事"三者有机统一于思想政治理论课建设的全过程，相辅相成、互促互进。高校思想政治理论课建设深刻把握"时"的基本内涵，坚持因时而进，才能更好推进"势"和"事"的顺利发展。因而，"时"作为高校思想政治理论课建设的首要前提，对于提升思想政治理论课亲和力和针对性，使思想政治理论课成为大学生真心喜欢、毕生难忘的课程具有重要指引意义。

把握高校思想政治理论课建设"时"的基本内涵可从三个层面解析。一是在宏观层面，"时"指时代，关键在于彰显思想政治理论课的时代主题，把握思想政治理论课与历史发展和时代特征的关系。从高校思想政治理论课建设的发展脉络来看，从"78方案""85方案""05方案"到"17方案"，这些方案从学科建设、教学体系、教材编定、师资队伍、教学模式、教学方法等层面做了全面而系统的阐述，形成了比较完备的课程教学体系。从这个维度看，思想政治理论课是处在时代背景下的反映时代发展、见证时代发展的课程。二是中观层面，"时"指时期，关键在于突出思想政治理论

课的阶段性，突出阶段性就要把握好思想政治理论课与一定阶段的社会发展状况及教育客体不同发展阶段及其身心特征的关系。要充分考量社会发展阶段的基本特征、战略任务等要素，如新时代的历史方位、"两个一百年"奋斗目标、"四个全面"战略布局、"五位一体"总体布局、"八个明确""十四个坚持"等要素。高校思想政治理论课建设只有基于这样阶段性重点任务之上，才真正体现出"不同时期规定思想政治理论课不同阶段重点任务"这一与时俱进的优质品格。三是微观层面，"时"指时机。关键在于抓准时间节点，抓准时间节点就要把握好思想政治理论课教学过程中的有机时机。准确把握高校全方位培育大学生社会主义核心价值观的时间节点，发挥马克思主义中国化与新时代中国特色社会主义思想的价值引导作用，帮助高校大学生树立共同理想信念，把握互联网引入高效思想政治理论课建设的时间节点，充分运用移动互联技术创新思想政治理论课教学内容、方法、平台等，掌握高校大学生的所思所想、所感所悟，主动接触和关切学生、倾听学生心声与困惑等层面。对重要时间节点和有利时机的创设和运用有利于增强思想政治理论课的实效性和感染力大有裨益，对高校思想政治理论课教师也提出了更高要求。

二、明确时代使命，把握高校思想政治理论课建设的历史方位

每个时代有每个时代的历史使命。历史使命"只有转化为个体的价值追求和理想信念，才可能融入现实的社会发展进程中"①。从这个意义上讲，思想政治理论课的时代使命就是在深刻把握思想政治理论课建设所处的新时代中国特色社会主义的历史方位下，为"培养担当民族复兴大任的时代新

---

① 戴木才：《培养担当民族复兴大任的时代新人——党的十九大报告关于社会主义核心价值观的重要论述》，《道德与文明》2017 年第 6 期。

人"提供理论指引和实践路径。这是指引我国高等教育发展方向和高校大学生思想政治工作的根本遵循，也决定了高校只能加强而不能削弱思想政治理论课建设，决定了改进思想政治理论课建设要把握新时代思想政治教育的历史使命、明确实现"中国梦"的价值取向、理清意识形态教育的实践要求。

（一）把握新时代思想政治教育的历史使命

思想政治教育是一个"具有社会主义性质与中华民族特色的专门概念"①。党的十九大提出了习近平新时代中国特色社会主义思想，正如有学者指出的那样，这一重大思想是"对中国特色社会主义的全新判断与全新思索，写出了中国特色社会主义理论体系的'新篇章'"②，这也标志着我国发展进入了新的历史方位，从这个层次说也是思想政治教育发展的历史方位。推进高校思想政治理论课建设，必须深刻领会这一时代命题，真切把握这一时代使命。

理论联系实践是马克思主义的基本观点和显著特征。从这个意义上讲，新时代作为建设和推进中国特色社会主义现代化的崭新时代，既是经济社会、国家治理体系、社会民生工程、生态环境保护等的现代化，也是哲学意义上的"人的现代化"。习近平新时代中国特色社会主义思想提出了"以人民为中心"的发展思想，强调要不断促进人的全面发展，满足广大人民群众的发展需要，正是马克思主义"需要即本性"这一论断的现实写照，与"人的现代化"有着内在价值属性的高度一致性，也彰显了党和国家的奋斗目标与人的全面发展需要的本质一致性。延伸到高校大学生思想政治教育领域，就是要紧紧围绕学生、关照学生、服务学生。处在新的历史方位的高校思想政治理论课建设，必须要树立以学生为中心的价值导向，坚持学生主体地位，

① 郑永廷：《论社会意识形态与思想政治教育的内在联系》，《中国高校社会科学》2015年第 6 期。

② 韩庆祥：《准确理解新时代中国特色社会主义思想》，《党政视野》2017 年第 11 期。

着力提升大学生的思想道德水平。既要引领高校大学生关注个人全面发展需求以及满足这种需求的路径选择，又要引导高校大学生辩证看待个体发展与时代发展、个人需要与社会需要相辅相成的关系；既要充分尊重高校大学生价值诉求的丰富性以及个体性格的差异性，又要最大限度地规避"人的物化倾向"①，将提升个体思想价值水平与促进社会全面进步有机结合起来。

（二）明确实现"中国梦"的价值取向

自习近平总书记参观《复兴之路》展览时强调"实现中华民族伟大复兴，就是中华民族近代以来最伟大的梦想"后，"中国梦"一词成为社会各界关注的焦点，集中体现了我国社会发展的主脉与中国民族共同的愿景。加强和改进高校思想政治理论课建设，提升高校大学生的思想政治素质，将其培养成德智体美全面发展的社会主义建设者与接班人，是确保社会主义事业源源不断、后继有人的重要保障，对于实现"中国梦"意义重大。

当前，以历史虚无主义思潮为代表的西方社会思潮鱼龙混杂、甚嚣尘上，对高校师生身心产生了一定程度的影响。基于此，党和国家高度重视高校思想政治工作，在高校思想政治理论课建设层面，中宣部、教育部联合印发的《普通高校思想政治理论课建设体系创新计划》指出："整体推进教材、教师、教学等方面的改革创新，以不断深化中国特色社会主义和中国梦的教育，推动中国特色社会主义理论体系进教材、进课堂、进头脑。"② 教育部印发的《高校思想政治工作质量提升工程实施纲要》中强调，要深入推动习近平新时代中国特色社会主义思想进教材、进课堂、进头脑，创新高校思想政治理论课建设体系。同时强调要深入实施"高校思想政治教育名师支持计划"，开展高校思想政治理论课教师队伍建设年专项工作，持续提

---

① 刘宏达：《新时代思政教育使命、理论基础与实践要求》，《学校党建与思想教育》2017 年第 23 期。

② 中华人民共和国教育部网、中共中央宣传部教育部关于印发《普通高校思想政治理论课建设体系创新计划》的通知，2015 年 8 月 11 日，见 http://www.moe.gov.cn/srcsite/A13/moe_ 772/201508/t20150811_ 199379.html。

升思想政治理论课建设质量。这意味着高校思想政治理论课建设要紧跟时代发展步伐，思想政治理论课教师要以习近平新时代中国特色社会主义思想为指引，以增强政治意识、大局意识、核心意识、看齐意识为基调，引导大学生从中国特色社会主义建设实践中明确人类社会演进的历史必然性和中国特色社会主义的时代必然性，理性认知我国社会发展大势的时代进程，理解"今天我们比历史上任何时期都更接近、更有信心和能力实现中华民族伟大复兴的目标"①，提振高校大学生为中华民族伟大复兴中国梦奋斗终生的精神与士气。从这个角度来看，思想政治理论课建设就是要引领大学生正确认知历史责任与时代使命，用伟大中国梦激扬青春奋斗梦，"积极弘扬中国精神"，引导高校大学生做新时代使命的亲历者、参与者、开拓者，将坚定中国特色社会主义道路的信念外化为勇立时代潮头、服务社会发展的实际行动中。

（三）理清意识形态教育的实践要求

理清意识形态教育的实践要求是加强和改进高校思想政治理论课建设的价值导向。近年来党和国家高度重视高校意识形态教育，高校思想政治教育工作和思想政治理论课建设也取得了重大进展。但仍有个别高校在大学生思想政治教育领域存在着淡化意识形态教育的情况，导致以历史虚无主义为代表的西方社会思潮不断涌现并呈逐步蔓延之势。据调查，个别高校以"一切工作应以教学为中心"为由，片面认为思想政治理论课是专业课的辅助和陪衬，甚至认为开展大学生马克思主义和意识形态教育是一项虚无缥缈、可有可无的教学活动，这一现象值得警惕。对此，高校思想政治理论课建设"必须以马克思主义为指导，传播马克思主义科学理论，抓好马克思主义理论教育，为学生一生成长奠定科学思想基础"②。这既是对加强思想政治理

---

① 习近平：《决胜全面建成小康社会 夺取新时代中国特色社会主义伟大胜利——在中国共产党第十九次全国代表大会上的报告》，人民出版社2017年版，第15页。
② 杨晓慧：《探寻中国马克思主义理论教育的文化语境》，《马克思主义研究》2015年第6期。

论课建设的政治要求，也是改进思想政治理论课建设的目标导向。

时代发展反复证明，意识形态工作关系人心向背，事关国家长治久安。邓小平同志对此曾有深刻论述："凡是闹得起来的地方，都是因为那里的领导旗帜不鲜明，态度不坚决。"① 改革开放以来，部分高校有意或无意弱化党委领导，学习马列主义、毛泽东思想和中国特色社会主义理论体系的态度不严谨、方法不得当、效果不明显，导致西方各种不良社会思潮泛滥大学校园，侵蚀高校师生思想观念。基于此，党和国家从战略层面提出了"党委要保证高校正确办学方向，掌握高校思想政治工作领导权"的要求，其要义就在于明确意识形态教育在高校思想政治工作体系中的关键地位。这就要求高校应将思想政治理论课建设摆在高校教育教学工作的显要位置，将思想政治理论课意识形态教育的价值取向形成共识，在思想政治理论课教学过程中要"深入开展中国特色社会主义的宣传，加强意识形态的引导和管理，巩固马克思主义在意识形态的指导地位"②；强化对新媒体技术的运用，创新传播方式、更新教育载体、转变话语表达；关注"思想政治理论课课程体系内各课程间的内在联系与衔接问题，推进科学完备的教学机制形成"③，将思想政治理论课的思想政治教育功能发挥到最大，牢牢掌握思想政治理论课对高校意识形态教育的话语权和传播权，增强思想政治理论课意识形态教育的吸引力和凝聚力。

三、明确不同时期的建设任务，把握高校思想政治理论课建设的阶段特征

高校思想政治理论课作为大学生在大学阶段学习的必修公共课程，肩负着促进大学生形成科学世界观、人生观和价值观的重要责任。明确思想政治

---

① 《邓小平文选》第三卷，人民出版社 1993 年版，第 194 页。
② 顾明远：《教育大词典》第一卷，上海教育出版社 1990 年版，第 21 页。
③ 陈锡敏：《思想政治理论课与大学生国家认同》，《教学与研究》2017 年第 2 期。

理论课的时期任务是指思想政治理论课建设满足受教育者（这里主要是指高校大学生）在社会发展的不同阶段需要形成的价值观念、思想意识、政治共识与道德规范等。要明确任务，就要梳理高校思想政治理论课建设的历史沿革，把握思想政治理论课建设的阶段性特征。

（一）探索—发展—成熟—整合—提升是高校思想政治理论课历史沿革时期的基本脉络

通过对四十多年来思想政治理论课建设和改革内容的梳理分析，可以看出我国进行了多次高校思想政治理论课内容改革，分别是：1978—1984 年期间的"78 方案"、1985—1987 年期间的"85 方案"、1998—2004 年期间的"98 方案"、2005—2011 年期间的"05 方案"、2012—至今的"17 方案"。不同时期的高校思想政治理论课改革紧紧契合了我国社会不同发展时期阶段性特征，并呈现"探索—发展—成熟—整合—提升"的发展脉络，凸显出高校教育管理部门、思政专家学者、思想政治理论课教师为此做出的不懈探索与努力尝试。

结合已有研究基础，文章将高校思想政治理论课建设历程划分为五个阶段，分别是：第一个阶段从 1978 年到 1984 年，为高校思想政治理论课建设的探索期，这个阶段高校思想政治理论课课程体系内的各门课程之间联系较为松散，但已见雏形，设有辩证唯物主义和历史唯物主义、政治经济学、中共党史、国际共产主义运动史等四门课程。第二个阶段从 1985 年到 1997 年，为高校思想政治理论课建设的发展期，思想政治理论课课程体系还处在不完全统一的状态，但课程之间的联系已相对紧密，设有马克思主义原理、世界政治经济与国际关系、中国革命史、中国社会主义教学等四门课程。第三个阶段从 1998 年到 2004 年，为高校思想政治理论课建设的成熟期，这个阶段全国范围内的思想政治理论课课程体系已基本统一，设有马克思主义哲学原理、毛泽东思想概论等八门课程。第四个阶段从 2005 年到 2011 年，为高校思想政治理论课建设的整合期，设有马克思主义基本原理、中国近现代史纲要、毛泽东思想邓小平理论和"三个代表"重要思想概论、思想道德修养与法律基础等四门课程。在探索期的四门课程中，前两门课程侧重于思政学科基本原理内容的介绍，后两门课程是一种史论结合式的课程编写范式，旨在引导教育学生辩证地看待国家发展历史与人类发展历史，教育大学生正确认知国家发展历史与人类发展历史"不仅是知识之分支，更是一种理解世界的思维方式"①，"政治教育功能是隐含其中的"②；在这个阶段，思想政治理论课由原来的四门课程调整为新的四门课程，表现在保留原有基本原理和"史论"部分的基础上，大幅增加大学生爱国主义和共产主义教育内容及国际政治经济形势的相关内容。其中本科院校思想政治理论课由八门减为四门，分别是"马克思主义基本原理"课、"毛泽东思想与中国特色社会主义理论体系概论"课、"思想道德修养与法律基础"课、"形势与政策"课，高职高专开设"毛泽东思想与中国特色社会主义理论体系概论"课、"思想道德修养与法律基础"课、"形势与政策"课。第五个阶段为2012年至今，为高校思想政治理论课建设的提质期，党的十八大以来，以习近平同志为核心的党中央高度重视高校思想政治理论课建设，关心关注高校大学生思想政治教育和全面健康成长，作出了系列重大决策部署，通过实施高校思想政治理论课创新计划全面深化思想政治理论课建设综合改革，为全面提升思想政治理论课建设质量和水平、深入推进高校思想政治理论课程成为大学生真学、真懂、真信、真用的优质课程指明了方向。

（二）服务社会、服务学生是高校思想政治理论课调整改革时期的基本特征

高校思想政治理论课建设的每一次改革都以社会发展与大学生成长需要

① ［法］雅克·勒高夫：《历史与记忆》，方仁杰、倪复生译，中国人民大学出版社 2010 年版，第 136 页。

② 白夜昕、王鹤：《从高校思想政治理论课历史沿革看其功能的新变化》，《黑龙江高教研究》2008 年第 2 期。

为价值基点，彰显了思想政治理论课只有符合社会发展和大学生不同发展时期的特征才能取得实效的目标特征。第一阶段高校思想政治理论课改革的基本特征是"拨乱反正、知识传授"，注重基础知识和基本原理的传授和讲解，并加强了思想政治理论课教学方法的指导和研究工作。第二阶段高校思想政治理论课改革的基本特征是"学科本位、启发教学"，在此期间实施的"85方案"标志着"高校思想政治理论课教学改革和学科化教学的全面启动"①，并强调"要改变注入式的教学方法，尽量实行启发式的教学方法"②。思想政治理论课的教育功能发生了一定程度的变化，即由强调基本理论知识传授向爱国主义理想教育转变。第三阶段高校思想政治理论课改革的基本特征是"体系细化、方法多元"，思想政治理论课课程体系得到进一步丰富和细化，教育引导功能得到进一步彰显，多样化的教学手段得到充分运用。但也存在同一知识体系在不同学科间的交叉及重复讲解，使下一阶段思想政治理论课的深度整合成为必然。第四阶段高校思想政治理论课改革的基本特征是"系统思维、整体建构"，这一阶段思想政治理论课改革目标不但指向对已有理论的有效整合，使思想政治理论课理论体系更具系统系和完备性，更加重要的是将改革重心放在思想政治理论课所承载的思想育人功能上，并将这一功能优先摆在思想政治理论课整体建构中的核心地位，更加注重教学内容和教学方法的运用要"针对学生不同年龄阶段的身心特点和理解能力的不同，由浅入深，由感性到理性，逐步提高"③。第五个阶段高校思想政治理论课改革的基本特征是"全面改革、提质升级"，这一阶段的标志性事件是2016年12月召开全国高校思想政治工作会议，这次会议对加强和改进高校思想政治理论课建设的目的意义、内容方法、特点规律、队伍保障以及政治要求等作了全面系统的阐述，会议内容具有很强的思想

---

① 丁国浩：《改革开放以来高校思想政治理论课教学方法改革的基本经验与趋势》，《前沿》2013年第1期。

② 《普通高校思想政治理论课文献选编（1949—2008）》，中国人民大学出版社2008年版，第107页。

③ 孙孔懿：《教育时间学》，江苏教育出版社1998年版，第253页。

性、科学性和针对性，是指导高校思想政治理论课建设的纲领性文件；2017年6月，教育部根据会议精神审议通过的《2017年高校思想政治理论课教学质量年专项工作总体方案》中，将2017年确定为高校思想政治理论课教学质量年，旨在"整合优质资源，提升思想政治理论课质量和水平，增强大学生获得感"①。由此，我国高校思想政治理论课建设迈入提质升级的新阶段。

综上所述，在40年的建设改革发展中，尽管各个时期高校思想政治理论课的课程门类有所不同，但始终围绕马克思主义基本理论和中国特色社会主义理论开展有关世情国情、党史国史、社会主义、爱国主义的教育引导，其价值取向都是为了更好引导高校大学生认同中国特色社会主义理论、道路、制度和文化，通过这种"认同"来准确"区分异同、辨识真伪，在时间的链条上寻找同一性东西"②，增强高校大学生肩负国家发展和民族复兴的使命感和责任感。

（三）以新时代中国特色社会主义思想为引领是高校思想政治理论课创新发展时期的基本遵循

党的十九大报告中提出了习近平新时代中国特色社会主义思想，这为新时代引领高校思想政治理论课建设提供了基本遵循。创新高校思想政治理论课建设，就是要紧紧围绕新时代中国特色社会主义思想探究"为谁教""教什么""怎么教"的现实问题。一是紧密结合课堂内外教育教学活动。将新时代中国特色社会主义思想蕴含的治国理政新战略新理念内化到高校思想政治理论教育与日常思想政治教育过程中，充分发挥思想政治理论课建设的"蒲公英效应"，确保党和国家的新理论、新部署、新思想在高校大学生群

① 《教育部确定2017年为高校思想政治理论课教学质量年》，2017年5月12日，见 http://www.xinhuanet.com/politics/2017-05/12/c_129602210.htm。

② ［法］保罗·利科：《承认的过程》，汪家堂、李之喆译，中国人民大学出版社2011年版，第30页。

体中代代传承，开枝散叶，解决"为谁教"的问题。二是协同推进主阵地和主渠道建设。要在思想政治理论课教学过程中以新时代中国特色社会主义思想蕴含的丰富资源滋养高校思想政治理论课建设，将"培养担当民族复兴大任的时代新人"的理念融入社会主义核心价值观培育和践行，增强社会主义核心价值观对高校大学生凝气聚魂的引领作用，将"四个正确认识""八个明确""十四个坚持"的基本方略根植于大学生内心深处，将党的十八大以来党和国家所取得的历史性变革和划时代成就熔铸于高校思想政治理论课"教育教学、社会实践、文化育人等各环节，在落细落小落实上求实效"①，将实现"两个一百年"奋斗目标的满腔热情转化为高校大学生潜心向学、服务社会、报效国家的实际行动，解决"教什么"的问题。三是不断创新思想政治理论课话语体系和传播方式。通过以思想政治理论课教研室为单位开展集体备课活动，集体研讨新时代中国特色社会主义思想涵养高校大学生的理论养分和话语表达体系，将其转化为与时代发展同步、大学生喜闻乐见的思想政治理论课话语体系，通过更新思想政治理论课传播方式，采用符合大学生身心特点、价值需求和表达方式的线上线下相结合的教学方式，增强思想政治理论课的亲和力、说服力、时代感，提升思想政治理论课的实效性和针对性，解决"怎么教"的问题。

通过发挥新时代中国特色社会主义思想对高校思想政治理论课建设的引领作用，引导高校大学生深刻认识习近平新时代中国特色社会主义思想同马列主义、毛泽东思想、邓小平理论、"三个代表"重要思想、科学发展观既一脉相承又与时俱进的辩证统一关系，深刻认识新时代坚守"四个自信"的时代责任和历史使命，深刻认识高校"立德树人"办学使命和中心任务在思想政治理论课建设过程中的集中展现。

---

① 孙立军等：《以习近平新时代中国特色社会主义思想为指导 扎实推进大学生思想政治工作改革创新》，《思想理论教育导刊》2017 年第 11 期。

四、明确关键时段，把握高校思想政治理论课建设的最佳时机

高校思想政治理论课的关键时段是指在思想政治理论课教育教学过程中存续的一种利于实现思想政治理论课教育价值、提升思想政治理论课教学有效性的最佳时机和重要时刻。高校思想政治理论课是开展大学生思想政治教育的主渠道和主阵地的有机结合，"主渠道"着重强调讲道理，而且要把道理讲清、讲透；"主阵地"着重强调体验，善于借助日常思想政治教育教学实践活动，将"理论具体化、形象化、生活化"①。要把握思想政治理论课建设的最佳时机，提升思想政治理论课关键时段的时效性，就要全面贯彻新时代中国特色社会主义思想，落实立德树人根本任务，明确目标引领、方法运用、共享共用、人文关怀的关键时段，助力高校大学生坚定共同理想信念，引导高校大学生形成科学价值观，筑牢高校大学生线上线下教育阵地，契合高校大学生全面发展需求。

（一）明确目标引领的关键时段，助力高校大学生坚定共同理想信念

思想政治理论课自设立以来就具有明确的意识形态特性。我国高校思想政治理论课建设既能站在我国高等教育事业服务社会发展承载"顶天"的重大使命，又能站在高校大学生角度做好"立地"的具体之事。对于传播马克思主义和中国特色社会主义理论、引领大学生坚定共同理想信念起到了重要引领作用。特别是党的十八大以来，以习近平同志为核心的党中央高度重视高校思想政治工作，针对高校思想政治工作发表了系列重要讲话，为加

---

① 杨晓慧：《"四个服务"：高校思想政治工作新理念》，《中国青年社会科学》2017 年第 3 期。

强和改进高校思想政治理论课建设提供了目标遵循，这意味着在新时代背景下只能加强而不能削弱思想政治理论课建设。

在这个关键时段加强和改进高校思想政治理论课建设，必须将坚定大学生共同理想信念放在首要位置，将"从思想上培养中国特色社会主义合格的建设者和可靠的接班人是思想政治教育必须始终坚守的主旨"①。高校要善于挖掘发挥思想政治理论课在大学生思想引领层面的价值作用。一是要用"活"理论。要将新时代中国特色社会主义思想作为高校思想政治理论课教学的核心内容，帮助大学生牢固树立"四个正确认识"，不断增强"四个自信"，使"八个明确""十四个坚持"等关乎中国道路、中国制度、中国文化、中国价值的思想理论内容通过思想政治理论课课堂教学这个主渠道，通过项目化、启发式、体验法教学，强化思想政治理论课教学效果，及时为大学生释义传道，使这些具有鲜活生命力的思想理论在大学生内心深处落地生根，开花结果。二是要用"活"载体。要充分运用传统文化经典、重大事件纪念活动、重要民族节庆日开展具有鲜明特色、寓教于乐的主题教育活动，丰富思想政治理论课第二课堂，加强对高校大学生中华传统优秀文化、传统美德以及民族文化精神教育，通过挖掘红色资源开展马克思主义中国化理论以及革命传统文化教育，将马克思主义的基本原理、理论品质与中国特色社会主义理论最新成果的核心要义、价值立场、精神内涵通过第一课堂和第二课堂及时讲授给高校大学生，提升高校大学生的政治、价值、信仰及情感认同。

（二）明确方法运用的关键时段，引导高校大学生形成科学价值观

我国高校是党领导下的中国特色社会主义高校，坚持社会主义办学方

---

① 《新时代中国特色社会主义思想是全党全国人民为实现中华民族伟大复兴而奋斗的行动指南》，《人民日报》2017 年 10 月 19 日。

向，聚焦人才培养办学职能，秉承立德树人办学理念，将思想政治理论课建设作为坚持方向、聚焦职能、秉承理念的重要环节，大力加强思想政治理论课的学科体系、理论体系、教材体系和话语体系建设，全面系统从理论与实践两个层面强化大学生世界观和方法论的教育引导。

从具体教学实践来看，要充分发挥思想政治理论课思想教育教学功能，需要不断强化引导大学生运用唯物史观的观点和方法的能力，特别是要教会学生联系社会现实有针对性地分析和解决现实问题的能力，避免教师在台上"自说自话"，学生在台下"自娱自乐"现象的出现。同时要善于运用辩证思维教育引导广大学子化解生活和学习中遇到的各类问题，坚持做到运用"两点论"和"重点论"有机统一的方法论处理日常生活学习遇到的问题，比如实与虚的辩证统一关系，我们常说思想政治教育工作要"虚功实做"，就是既要进行"四个自信"（理论自信、制度自信、道路自信、文化自信）、"四个伟大"思想（伟大斗争、建设伟大工程、推进伟大事业、实现伟大梦想）、"四个全面"战略布局思想（全面建成小康社会、全面深化改革、全面依法治国、全面从严治党）、"新发展理念"思想（创新、协调、绿色、开放、共享）等党和国家重要战略部署层面的宣传教育，又要开展"三观"（人生观、世界观、价值观）、"四德"（社会公德、职业道德、家庭美德、个人品德）等层面的教育引导，既要具备发现问题、正视问题的理性认知，又要具备处理问题、解决问题的自觉担当，真正体现思想政治理论课建设在引导高校大学生形成科学价值观层面"目的性指向与方法性指导的有机统一"①。

（三）明确共享共用的关键时段，筑牢高校大学生线上线下教育阵地

党的十九大报告提出了"培养担当民族复兴大任的时代新人"的重要

---

① 宋雪霞：《高校思想政治教育应把握好"时、度、效"》，《中国高等教育》2013 年第 19 期。

论断，这是对高校立德树人根本任务的进一步深化，也是高校加强和改进思想政治理论课建设的理念指引。高校要切实履行这一任务，就必须发挥思想政治理论课的主阵地作用，牢牢构筑大学生线上线下教育阵地。

从线上角度来看，当前高校思想政治理论课建设过程中出现的新问题、新情况，"在很大程度上是因网而生、因网而兴、因网而增"①。这就要求高校在思想政治理论课建设过程中，遵循"内容为王、话语转换"的价值指向，引导思想政治理论课教师将体系严密的思想理论用接地气的话语加以阐释和讲授，"要让马克思讲中国话，让大专家讲家常话，让基本原理变成生动道理，让根本方法变成管用方法"②，将高校大学生关心关注的社会热点以喜闻乐见的表达方式和传播方式进行"工艺重塑"，如果思想政治理论课教师能学习李培根院士那样善于运用网络话语与大学生交流，无疑会提升大学生思想政治理论课思想政治教育的实际效果。当然，网络话语的表达要以准确规范的思想话语为前提，在这方面习近平总书记的话语表达风格是绝佳典范。这就要求思想政治理论课教师不断提升网络素养，在讲授基本理论的同时结合优质网络思想政治理论课程，推进教材体系向教学体系转化，提升大学生网络思想政治理论课的教育实效。从线下角度来看，要按照一体化、分阶段、协同推进的建设原则，在发挥思想政治理论课主渠道的同时，打破思想政治理论课"单兵作战"和"信息孤岛"的局面，深度挖掘各类课程的育人功效，构建思想政治理论课、通识课程、专业课程的全课程式的大思政教育阵地体系，推进中华文化、革命文化、民族文化、核心价值观文化全过程全方位融入思想价值教育、道德素养教育、人文精神教育、社会实践教育等各个层面，牢牢坚守理论阵地、积极打造文化阵地、善于抢占舆论阵地，持续加强科学规范、行之有效的理论阵地、舆论阵地和文化阵地建设。

---

① 张宝强：《发挥哲学社会科学思想政治教育功能应把握的六个关键》，《思想教育研究》2017 年第 7 期。

② 中共中央文献研究室编：《习近平关于社会主义文化建设论述摘编》，中央文献出版社 2017 年版，第 100 页。

在此基础上，坚持传统优势与新媒体技术深度融合，注重网上交流与网下体验有机结合，提升思想政治理论课的亲和力和针对性，增强大学生的参与度和关注度。

（四）明确人文关怀的关键时段，契合高校大学生全面发展需求

高校思想政治理论课从根本上讲是一项"做人的工作"①。加强和改进思想政治理论课建设必须坚持以学生为中心的工作导向，以契合高校大学生全面发展需求为根本着力，不断提高其政治觉悟、思想观念、文化素质，促进其不断成长、全面发展。这既是马克思主义思想政治工作的逻辑起点和价值诉求，也为新时代加强和改进思想政治理论课建设提供了理论引领和实践遵循。

要实现这一建设目标，必须抓住思想政治理论课彰显人文关怀的关键时段。这要求思想政治理论课教师在教育教学过程中，坚持贴近大学生、贴近实际、贴近实践的"三贴近"原则，主动走进学生、亲近学生。在教学观念上由"漫灌"向"滴灌"转变，了解学生的兴趣需求和学习生活困惑，引导高校大学生珍惜当下、打牢根基、扎实做事、踏实做人，将理想抱负内化到日常学习工作之中；在教学内容上，思想政治理论课教师自己首先要将思想政治教育的新理论、新观点学深吃透，特别是将新时代中国特色社会主义思想蕴含的丰富教育资源弄懂学会做实，向高校大学生播撒共产主义远大理想和中国特色社会主义共同理想的种子，坚信"理论只要说服人，就能掌握群众；而理论只要彻底，就能说服人"②；在教学方式上，要善于换位思考，站在学生立场考虑问题，对于关涉大学生成长成才的教学内容要多听听他们反馈的意见建议。只有教师愿意主动走进学生，关切学生现实需求与

---

① 张智：《思想政治工作从根本上说是做人的工作》，《思想教育研究》2017 年第 5 期。
② 《马克思恩格斯选集》第 1 卷，人民出版社 1995 年版，第 9 页。

心理变化，才能在思想政治理论课教学中做到具体问题具体分析，激发学生青春激扬的精神状态、积极健康的生活态度、奋发有为的人生信念，抓住思想政治理论课建设的最佳时机，增强思想政治理论课教学的问题导向、现实指向和实践趋向，在"润物无声、教化无痕并富有亲和力"① 的教学过程中彰显人文关怀。从思想上引导高校大学生养成为实现"两个一百年"奋斗目标的共同理想信念与价值追求，使高校大学生做新时代中国特色社会主义的坚定信仰者、忠诚拥护者与切实践行者。

---

① 白显良：《论高校思想政治理论课教学亲和力的逻辑生成》，《思想理论教育导刊》2017 年第 5 期。

第二章

高校思政课教材与教学设计与应用

为深入推进高校思想政治理论课的教材体系向教学体系转化、知识体系向价值体系转化，2018 年 5 月 14—19 日，在中宣部指导下，教育部依托高等教育出版社网络培训平台组织实施全国高校思想政治理论课 2018 版教材使用培训班。培训期间，由教材编写修订组首席专家和主要成员组成的培训专家组采取现场培训和视频同步直播相结合方式对 2018 版教材进行集中培训，全国共有 66365 名教师参加。此次培训对于运用中国特色社会主义最新理论成果武装大学生头脑，"培养担当民族复兴大任的时代新人"① 具有重要现实意义。

第一节　高校思想政治理论课新教材
"3+3"教学模式探微

从历史上看，党和国家在理论建设层面每有新成果，都会提出"进教

---

① 习近平：《决胜全面建成小康社会　夺取新时代中国特色社会主义伟大胜利——在中国共产党第十九次全国代表大会上的报告》，人民出版社 2017 年版，第 42 页。

材、进课堂、进头脑"的"三进"任务，要完成这一重大任务，既要熟悉马克思主义基本立场观点方法，又要注重创新话语体系和教学体系，使教材真正活起来，做到模式创新与教学效果深度契合。目前，在高校思想政治理论课教学改革领域，很多研究者将目光聚焦于"案例教学法""探讨教学法""参与教学法"等，并对传统"填鸭式"教学法进行了批判。在此背景下，笔者尝试运用"3+3"教学模式在 2018 年新版思想道德修养与法律基础课教材中开展教学实践探索。该模式在遵循高校思想政治理论课教学规律的基础上，着重强调学生主体、教师主导，通过引导学生主动思考、平等对话、构建认知等层面的价值体系。

一、高校思想政治理论课新教材"3+3"教学模式的建构思路

文章以思想道德修养与法律基础课 2018 年新版教材（简称"基础课新教材"）为例探索运用"3+3"教学模式来强化高校思想政治理论课新教材教学的实效性，在深刻认知该模式的基本含义、建构方式、反馈机制、评价主体等的基础上，梳理逻辑理路，把握运行规律，为高校思想政治理论课新教材教学工作提供一定借鉴参考。

（一）"3+3"教学模式的基本含义

"3+3"教学模式是在深刻把握思想政治教育规律和高校基础课新教材编写特点的基础上而提出的一种教学改革模式。它立足于尊重学生主体地位，发挥教师主导作用，考量网络课堂育人环境，以思想政治教育学科的基本观点、基本立场与基本方法为依据，将基础课新教材教学模式细化为"思想道德修养—人物模拟法""法律基础—辩论研讨法""德与法—案例关联分析法"三大版块（即"3+3"教学模式），有机协调课程教材、课堂教学、实践调查三者之间的关系，激发学生的参与意识、探求意识和互动意识，将教材优势转化为教学优势，可有效增强基础课新教材教学的针对性和实效性。

（二）"3+3"教学模式的建构方式

从课程建构来看，由于"需要立足大学生学习生活实际来促进其思想道德修养提升，需要结合大学生法治思维培养实际来实施和推进依法治国战略，才设置了思想道德修养与法律基础这门课程"①。根据基础课新教材设置目标和"大班制"教学特点，要从教材体系、课程大纲、网络环境、学生参与、教学过程、效果评价等层面探讨基础课新教材教学模式以及教学方法改进和提升的可能性，通过运用"3+3"教学模式将理论性较强的课本内容，解构为学生感兴趣、愿意主动参与的认知内容，将知识体系转化为价值体系，实现认知目标、实践目标与价值目标三者有机统一的教学目标。

（三）"3+3"教学模式的反馈机制

基础课新教材教学的有效开展处在学生学习主动性、教师教学主导性、教材框架规范性、教学内容统一性等多重关系的交织过程中，而"3+3"教学模式的反馈机制就集中展现在这些关系之中，它依据教学载体的交互性、教学方法的实操性、学生需求的多样性，将课程内容通过方法和载体的创新，主动分解原有教学环节、教学要素，推进教材内容向教学内容转换，引导学生参与教育过程。探索建立"分组式学习团队"，课堂教学引入无领导小组讨论式教学方法，及时跟进各小组成员的学习交流动态，分阶段总结教学活动开展过程中的问题与经验，反馈到"3+3"教学模式的运用序列，提升基础课新教材教学效果，实现基础课新教材教学质量的螺旋强化。

（四）"3+3"教学模式的评价主体

基础课新教材要准确反映教学对象的全员化、教学活动的全程化和学生

---

① 刘建军：《全面把握思想政治理论课建设的基本规律》，《思想教育研究》2017 年第 4 期。

参与的涵盖性，就要注重对课程教学的评价指向。就评价主体而言，主要有学生、听课教师、督导人员、教务部门人员等，这些人员会在教师课程教学任务完成之后，依据已经制定并在运行的教学评价体系，对教师的教学情况进行检验、反馈、总结，同时对"3+3"教学模式开展过程中存在的问题和不足，协同评价主体及时进行调整完善，持续优化"3+3"教学模式的运行机制，通过动态化评价方式对基础课新教材教学内容进行整体性衡量，持续增强高校思想政治理论课新教材教学的针对性和亲和力。

二、高校基础课新教材"3+3"教学模式的价值取向

课程价值取向是指课程满足主体一定需要的属性[①]，课程的主体是谁，就意味着课程为谁服务，课程实现谁的价值[②]。探讨高校基础课新教材"3+3"教学模式的价值取向，对于进一步深化高校思想政治理论课新教材的教学目标、教学价值具有重要现实意义。

（一）有利于转变教师教学观念

基础课新教材教学是一项系统化、体系化的活动过程，在此过程中，需要教师重点考量学生主体地位、课程教材内容、教学环境氛围等诸多要素对课堂教学施加的各类影响。如何有效把基础课新教材的价值取向、立场观点、手段方法渗透到教育教学实际场景中，首要一点，就是转换教师的教学观念。基于此，"3+3"教学模式重点关注基础课新教材教学活动的体系组织化和运行动态化，而不局限于课本的固有知识板块，打破传统"填鸭式"的沉闷教法，突出基础课新教材教学活动的价值引领性和实践可操作性。围绕

---

① 靳玉乐：《试论文化传统与课程价值取向》，《西南师范大学学报（哲学社会科学版）》1997年第6期。

② 张铜：《课程价值转变研究：从三维目标到核心素养》，《教育科学论坛》2017年第2期。

学生主体地位，通过引入"世界咖啡屋""无领导小组讨论"等讨论形式有机融入教学过程中，打破学生之间、师生之间的互动限制，以一种开放式姿态将理论教学与实践教学紧密结合，引导学生主动参与课堂互动交流，培养学生的沟通意识、组织能力和合作精神。

（二）有利于强化教学活动实效

从现实情况看，由于受到教学场所、学生规模、课程设置等方面的影响，大部分高校基础课新教材采取的都是"大班制"教学形式，这种形式往往对教师自主选择教学方法产生消极作用，导致教学方式缺乏灵活性和多样性。"3+3"教学模式围绕基础课新教材教学大纲和课程设置要求，根据教师教学活动实际需要，有效整合案例教学法、实践教学法等诸多行之有效的教学方法，将教学方法融入"思想道德修养""法律基础""法律与道德"三大框架中，对照三大类型，区分九大教学分类方法，根据主题内容不同对学生进行分组指导、分类讨论，理顺"授"与"受"的关系，激发学生主动参与课堂教学的动力，引导学生从被动接收者向主动参与者的角色转换。

（三）有利于提升学生综合能力

核心素养是每个人发展和完善自我、融入社会及胜任工作所必备的基础性素养。[①] 对于基础课新教材中的理论问题和实践问题，要重点研究学生的接受特点，"3+3"教学模式以学生的内在需求为着力点，以探索和掌握符合规律的教学思维为立足点，以提供针对性的教学方法为支撑点，通过案例教学、课堂互动，引导学生主动思考，使其掌握分析问题、解决问题的科学方法，通过社会调研，引导学生强化动手能力，使其掌握学以致用的本领，通过小组辩论、专题讲座，引导学生掌握辩证思维，提升学生理论修养与思辨能力。

---

① 石欧：《核心素养的课程与教学价值》，《华东师范大学学报（教育科学版）》2016 年第 1 期。

三、高校基础课新教材"3+3"教学模式的实践探索

（一）更新教学理念，引导教师做到因事而化、因时而进、因势而新

"3+3"教学模式是一种由开放式的教学理念、多元化的教学载体等基本要素构建，体现出学生主体与教师主导融合、教学理念与教学载体、教学方式贯通的课堂教学模式，它与传统教学模式相比，具有充分挖掘学生思维潜能和主动探求新知的强大优势。教学理念是教育者在开展教学活动过程中的基本态度和价值旨趣，对于教学工作的顺利运行至关重要。当前，对于基础课新教材教师而言，要深刻把握教育对象的价值需求，及时更新教学理念，将"学生为主体、教师为主导"的教学理念贯彻落实到课堂教学中[①]。一方面要及时关注学生成长，坚持贴近实际、贴近生活、贴近学生，引导学生善于发问，独立思考；另一方面要有反思意识，将其反馈到实际课堂教学过程中，主动思考"我的教学方式学生是否喜欢、教学效果是否达到预期目标"等问题，在教学实践中做到因事而化、因时而进、因势而新。

"因事而化"要求基础课新教材教学必须立足世情、国情、社情的变化，特别是互联网技术广泛应用的背景下，基础课新教材教师如何将国家最新的理论方针、政策法规及时在课堂教学中加以阐释解读，做到"因事而化"。以"3+3"教学模式为例，在讲到基础课新教材第五章明大德守公德严私德相关内容时，可向同学们提出"选择做有道德的人和事会有风险，我们是否会选择放弃道德？""如果以君子之道的信条构建一个道德社会是否可行？"等一系列"因事而化"的问题来引导学生的思考和关注，使学生理解道德并非"高大上"的空中楼阁，而是与你我他紧密关联。"因时而

---

① 侯继虎：《"互联网+"背景下提升高校思想政治教育理论课教学实效性探析》，《学校党建与思想教育》2017 年第 2 期。

进"要求基础课新教材教学具备因时制宜、因时而动的实践品质。教师应是实践品质的传承者与守护者，切实认清时代发展的大趋势，牢固把握思政教学的大方向。如在讲到基础课新教材第一章"人生的青春之问"有关内容时，可从"00 后"大学生价值诉求为切入点，从哲学的英文"value"本意（价值）出发，继而解读其词源内涵、学科概念、演进脉络以及中国精神、社会主义核心价值观与新时代大学生理想信念培育的内在逻辑关系等方面进行解读，引导学生认识到理想信念为其提供方向指引，社会主义核心价值观为其提供价值指引，二者共同汇聚于中国精神，为新时代大学生提供精神指引。"因势而新"要求基础课新教材教学必须根据社会政治、经济、文化、生态等各层面的新趋向、新形势作为优化基础课新教材堂教学的重要契机。教师要善于挖掘中华优秀传统文化和改革开放 40 多年来伟大实践中蕴含的优质思想政治教育资源和理论养分，增强基础课新教材教学的感染力、解释力与引导力。在讲到基础课新教材第六章"尊法学法守法用法"的相关内容时，可尝试运用"关联讲解为导向"教学法，以"法治让生活更美好"为话题，组织学生开展"法治在我身边"课堂辩论会，探讨法治与大学生生活学习的密切关系，认识建设社会主义法治社会的重要意义，然后关联到 2018 年宪法修正案的颁布实施，引导学生深刻认识到宪法修正案是党中央从新时代推进全面依法治国、国家治理体系和治理能力现代化的重大决策部署，是实现"两个一百年"奋斗目标和中华民族伟大复兴中国梦的有力宪法保障等相关内容的讲解与阐释，帮助学生树立宪法至上、法律面前人人平等的法治观念。

（二）优化教学设计，引导教师努力做到守好一段渠，种好责任田

传统意义上的教案设计往往局限于看教材、写教案、做课件，偏重于大量相对抽象的理论知识，而忽略了教学设计的真正价值，进而制约了基础课新教材课堂教学的预期效果。从系统论角度来看，教学设计是指凭借教学

要素整合、教学资源统筹、教学观点引导、教学载体互融而形成的解决实际教学问题一种最优理论方案。对于基础课新教材而言，科学合理的教学设计是提升其教学实效性的前置条件。优化教学设计必须从课程设置和学生需求出发，切实把握好教学目标、讲授内容与授课方法等教育设计的各个环节。

在讲授内容的甄别层面，必须坚持理论性与前瞻性有机结合，及时传递理论创新成果；坚持普遍性和特殊性有机结合，遵循教书育人规律和学生成长规律，有的放矢地安排教学内容①。如在讲授基础课新教材第五章"社会主义道德"的有关内容时，应注重汲取前瞻性理论成果的丰富内涵，充分学习吸收习近平总书记关于道德问题的重要论述，体现党中央站在战略的高度来思考和筹划社会主义道德建设问题以及新时代背景下我国道德建设的最新理论成果与实践成就。在这个高站位上，选择与当代大学生价值需求密切相关的教学内容，同时搭配简约得体、图文并茂的教学课件，吸引学生注意力、提高学生"抬头率"，增强教学实效性。同时在教学活动开始之前，可通过蓝墨云班课征询学生对本课程对应章节学习的建议，了解他们对各章节的学习需求，将这些反馈到教学设计和课堂教学过程。正如习近平总书记在全国高校思想政治工作会议上强调的那样，"思想政治理论课要守好一段渠，种好责任田"②。基于"3+3"教学模式的教学设计，就是将理论创新成果为主要载体的基础课新教材程重新激活，努力实现三个层面的融通：基础课新教材程与生活实践、意义世界相融通，与学生价值诉求、成长需求相融通，与教书育人使命、发现社会新知相融通。在厘清逻辑框架、推进整体教学、攻克教学难题、回应现实关切的过程中，"不只是教会学生'应当'如何，而且给这种'应当'以理论说明，指出隐藏在'应

① 柳礼泉：《论思想政治教育理论课教学设计的基本环节与着力点》，《思想理论教育导刊》2009 年第 4 期。

② 《习近平在全国高校思想政治工作会议上强调：把思想政治工作贯穿教育教学全过程开创我国高等教育事业发展新局面》，《人民日报》2016 年 12 月 9 日。

当'背后的客观必然性,使这种规范不再是异己、外加的,而是通过对它的认识,成为自己内心的信念"①,从而助推思想政治理论课主渠道作用的发挥。

(三)创新教学方法,引导教师提升课堂教学亲和力和针对性

新媒体背景下,教师必须摒弃"满堂灌"的教学方法,探索和运用符合教学规律、教学对象需求及教学目标的新型教学方式。毛泽东同志曾对方法的性质和地位进行过精要论述,"不解决方法问题,任务也只是瞎说一顿"②。基础课新教材通过创新教学方法、提升课堂教学亲和力,对于提升新教材教学实效性意义重大。习近平总书记强调,教师传播的知识、思想、真理,教师职业是一项塑造灵魂、生命、人的伟大工程。这是在更广意义上引导教师要回归教育本质,既要做学生的"经师",更要做学生的"人师"。基础课新教材教师不仅要熟练掌握基本理论知识,还要深刻解读为人处世的道理,并用灵活而有效的教学方法进行转换,"以高尚的人格魅力赢得学生敬仰,把真善美的种子播撒到学生心中,用人格演绎课堂,用魅力注解理论,体现信仰与德性的魅力③。如目前国内多所高校思想政治理论课教师不断创新教学方法",用说唱介绍马克思,表演真人秀,充满了时代气息,多名教师变"网红"④,充分展示了思想政治理论课教师的人格魅力与深厚学养,有力增强了思想政治理论课的吸引力和感染力。

"3+3"教学模式包含了多种教学方法,笔者尝试选择案例教学法加以说明。该教学法由美国哈佛大学法学院前院长克里斯托弗·哥伦布·朗代尔于1870年首创,其后风靡全球。美国属于欧美法系,崇尚案例判案。案例教学是学习法律条文的首选方法,持续该方法逐渐扩展到大学课堂,成为最

---

① 罗国杰:《罗国杰自选》,中国人民大学出版社2007年版,第10页。

② 《毛泽东选集》第一卷,人民出版社1991年版,第139页。

③ 白显良:《论高校思想政治理论课教学亲和力的逻辑生成》,《思想理论教育导刊》2017年第4期。

④ 《思想政治理论课教学不妨多些"网红"教师》,《中国教育报》2017年6月23日。

受美国大学生欢迎的教学方法之一。就高校思想政治理论课的 4 门课程而言，基础课新教材最适合运用案例教学法，尤其是法律部分。但与此同时，案例教学法对于教师的要求也非常高，需要教师花费很多的时间和精力在大量纷繁复杂的案例当中选择最契合学生学习需求的案例。如在讲到教材第六章有关法律正当程序的相关内容时，可运用案例教学法提出"一个案件的审理过程是程序正义为先还是实质正义为先"的问题时，学生们思维十分活跃，争先发言表达观点。然后顺着学生回答的思路，逐步引出实质正义与程序正义的重要内涵，使学生在宽松愉快的课堂教学过程中畅所欲言，分析问题，掌握实质正义和程序正义对案件审理的重要作用。将基本理论与案例演练相结合，宣讲方式与启发方式相结合，情理融合与人格示范相结合，把案例教学法的意识与思维贯穿于基础课新教材教学全过程，并与教学内容的选择、教学设计的运用有机融通。

第二节　高校思想政治理论课教学针对性的逻辑生成

习近平总书记在全国高校思想政治工作会议上强调："思想政治理论课要在加强中改进，提升思想政治教育亲和力和针对性，满足学生成长发展需求和期待。"① 指出了提升高校思想政治理论课教学针对性的重要命题。在加强和改进思想政治理论课过程中，教学针对性如何生成，是提升高校思想政治理论课教学针对性面临的首要问题。本书认为，要提升高校思想政治理论课教学针对性，应以把握教学目标与学生需求为基本前提，以加强学科发展与课程建设为关键环节，以坚定中国立场和发展大势为重要基础，以提升

---

① 《习近平在全国高校思想政治工作会议上强调：把思想政治工作贯穿教育教学全过程 开创我国高等教育事业发展新局面》，《人民日报》2016 年 12 月 9 日。

文化育人和结构供给为有力保障，以掌握基本规律与教学方法为路径遵循，这几个层面包含着思想政治理论课教学针对性生成的内在逻辑。

一、把握教学目标与学生利益需求是教学针对性生成的基本前提

马克思指出："'思想'一旦离开'利益'，就一定会使自己出丑。"① 思想本质上是由物质利益决定的，思想要成为现实，就要关注好人的利益和需求。同样，作为思想政治教育主渠道的思想政治理论课教学如果忽视大学生的发展成长需要，也会影响到思想政治理论课的吸引力、亲和力与针对性。因而，关照好学生的成长发展需求是提升思想政治理论课教学针对性的重要内容。思想政治理论课的教学对象是处在现实的、在一定条件下进行的发展过程中的"有血有肉的人"②。对于有血有肉的个体来说，必然会有全面发展和成长成才的合理需求。思想政治理论课从根本上说是做人的工作，需要解决好人的实际问题。而人的实际问题，大多关乎人的需要和利益，"任何人如果不同时为了自己的某种需要和为了这种需要的器官而做事，他就什么也不能做"③。人的需要和利益是做好思想政治教育工作、提升思想政治理论课教学针对性的基本前提。思想政治理论课教学必须正视大学生这一教育对象的利益需求，将其作为契合思想政治教育目标、提升思想政治理论课教学针对性的出发点。

思想政治理论课教学应正确认知学生的成长发展需求。人不是单个存在的抽象物，而是一种社会关系总体性的客观存在，个体的存在、发展和需求须在其所处的社会关系中才能加以体现。个人是国家和社会发展的基本构成，国家和社会发展是个人得以全面发展的前提依据。改革开放 40 多年来，

---

① 《马克思恩格斯文集》第 1 卷，人民出版社 2009 年版，第 286 页。
② 《马克思恩格斯文集》第 1 卷，人民出版社 2009 年版，第 525 页。
③ 《马克思恩格斯全集》第 3 卷，人民出版社 1960 年版，第 286 页。

我国在社会结构、就业方式、利益关系和分配方式日益多样化，"人们思想活动的独立性、选择性、多变性和差异性日益增强"①。这些新情况的出现使大学生所处的社会环境与人际关系也随之改变，并使之日益呈现出特有的群体特征。较之以往，当代大学生的个性意识、成长需求、主体价值、全面发展意识更为强烈。在这些成长发展需求的驱动下，当代大学生的价值诉求和利益关切显得更为直接与迫切。由此，思想政治理论课教学应通过"融合价值导向、需求指向、发展去向的教育模式"②，引导学生将个人成长成才发展需求与国家社会发展需要有机结合，积极回应学生的价值诉求和利益关切，引导学生树立正确成才观和发展观，使思想政治理论课成为强化大学生价值选择和行为外化的主阵地，这是提升思想政治理论课教学针对性的重要前提。

大学生的成长发展需求与思想政治理论课教学的基本目标具有同向性。习近平总书记在全国高校思想政治工作会议上提出教育引导学生的"四个正确认识"和高等教育的"四个服务"。前者体现的是大学生成长成才、全面发展的需求，后者从现实层面看也是为了实现"人"的需求和利益。如果说前者着重强调的是狭义层面的青年学生的"人"的利益和需求，那么后者着重强调的就是广义层面的人民大众的"人"的利益和需求。二者从整体上都是为了满足和实现人的利益和诉求而展开。对思想政治理论课而言，其教学目标与大学生成长发展目标是有机契合、相辅相成的关系。在教学实践中深刻把握二者的同向关系，有助于提升大学生对思想政治理论课教学的理解与认同，拉近思想政治理论课教学与大学生学习的距离，明确大学生成长发展的优良品格和精神追求。因而，正确理解二者间的同向性，是提升思想政治理论课教学针对性的基本前提。

① 《十六大以来重要文献选编》（上），中央文献出版社 2006 年版，第 530 页。
② 杨晓慧、张泽强：《"四个服务"：高校思想政治工作新理念》，《中国青年社会科学》2017 年第 6 期。

二、加强学科发展与课程建设是教学针对性生成的关键环节

高校设置思想政治理论课的主要目的是在马克思主义理论一级学科和思想政治教育二级学科的指引下，将马克思主义基本理论及中国特色社会主义理论的最新研究成果融合、应用于大学生思想政治教育，为加强和改进高校思想政治理论课教学提供重要支撑。马克思主义理论一级学科和思想政治教育二级学科结合时代特征、实现融合发展的广度和深度直接决定着新时代高校思想政治理论课教学针对性提升的效度。马克思主义理论学科及其思想政治教育二级学科作为中国特色社会科学体系的重要构成，对思想政治理论课课程体系建设起着重要的指引作用。基于此，高校应将马克思主义理论一级学科与思想政治教育二级学科建设作为推进思想政治理论课建设的重中之重，不断提升马克思主义理论学科体系的建设力度和水平，为加强和改进高校思想政治理论课提供坚实的学科支撑，以学科体系、话语体系创新的最新研究成果服务思想政治理论课教学需要。

提升思想政治理论课针对性需要不断强化马克思主义理论学科的整体布局和建设质量。具体而言，要把握好几个关键环节：一是增强"马克思主义理论大学科思维"①，突破学科藩篱，推进学科交叉融合，促进思想政治教育、哲学、社会学、教育学为基本构成的马克思主义理论大学科群，通过不同学科间的相互支撑、取长补短、创新协同与竞合发展，巩固马克思主义理论学科对思想政治理论课教学的引领作用；二是注重发挥马克思主义学院在马克思主义理论一级学科与思想政治教育二级学科建设中的主体作用，顶层设计和深度整合马克思主义理论学科建设中涉及的各个环节、构成要素及校内外资源，并牵头制定、部署实施马克思主义理论特长学科扶持计划，为

---

① 杨晓慧：《找准破解思想政治理论课实效性难题的关键着力点》，《思想理论教育导刊》2017 年第 3 期。

强化马克思主义理论学科在思想政治理论课教学中的领航作用提供全方位支撑；三是明确马克思主义理论学科的领域环节，坚持把思想政治理论课的基本原理、核心要义、现实诉求作为学科建设和研究的领域环节，提升思想政治理论课教学的学科自觉性，引导思想政治理论课教师将思想政治理论课作为一门学问、一项事业来研究和追求，为提升思想政治理论课教学针对性提供深厚坚实的学理基础；四是将马克思主义理论学科的最新研究成果应用于思想政治理论课教学，实现研究成果向教学成果转化、学术探索向教学实践转化，毛泽东曾强调："对于马克思主义的理论，要能精通它、应用它，精通的目的全在于应用"①；邓小平也倡导"学马列要精，要管用的"②。从这个角度出发，只有提升学科建设回应思想政治理论课教学实践的能力，才能有效提升思想政治理论课教学的针对性，进而强化思想政治理论课铸魂育人的成效。

三、坚定中国立场和发展大势是教学针对性生成的重要基础

思想政治理论课教学工作是我国高等教育事业与高校思想政治工作的重要组成部分，提升思想政治理论课教学针对性必须坚定中国立场，顺应时代发展大势，坚持用马克思主义中国化的最新理论成果作为推进高校思想政治理论课教学的持续精神动力，以新时代中国特色社会主义思想作为提升高校思想政治理论课教学针对性的滋养土壤。

提升高校思想政治理论课教学针对性，要牢牢把握以德树人理念的价值取向。实践证明，思想政治理论课教学关系到高校"培养什么人、如何培养人、为谁培养人"的根本问题，在这一育人体系中，立德树人是中心环节和重要使命，也是教育教学的价值所在。提升高校思想政治理论课教学针

---

① 《毛泽东选集》第三卷，人民出版社 1991 年版，第 815 页。
② 《邓小平文选》第三卷，人民出版社 1993 年版，第 382 页。

对性的意义在于：它不仅是为了加强和改进思想政治教育工作，更为重要的是在加强和改进的过程中，教育和引导大学生深刻认知新时代思想政治教育的历史方位、历史使命、发展愿景与实践诉求。"不能身体已经进入21世纪，而脑袋却还停留在过去"①。所以，在加强和改进高校思想政治理论课教学过程中，必须坚持马克思主义的根本指导地位，贯彻落实党的教育方针政策，引导高校思想政治理论课建设始终围绕学生、关照学生、服务学生，主动教育大学生正确认知"中国特色社会主义的必然性、坚定树立中国特色社会主义共同理想"②，在合理规划成长发展目标和提升个人思想政治素养的进程中"顺势而为、乘势而上、借势而胜"③。这是提升高校思想政治理论课教学针对性的重要基础。

提升思想政治理论课教学针对性，要根植于我国改革开放伟大实践。今天的中国，正经历"400年来未有之大变局"，尤其是改革开放40多年来的伟大实践是我国高校思想政治理论课教学理论与实践的重要源泉。亚里士多德曾说："我们如果对任何事物，对政治或其他问题追溯其端，我们就可获得最明朗的认识。"④ 理解改革开放以来的高校思想政治理论课建设历程同样需要这种认知态度和实践探索，40多年来我国高校思想政治理论课建设得到了迅猛发展，这种发展态势的出现与改革开放的伟大实践密不可分。提升高校思想政治理论课教学的针对性，要立足于中国特色社会主义伟大实践，从探索中国特色社会主义实践的伟大征程中，深刻把握提升高校思想政治理论课教学针对性的基本规律。在此过程中，既要避免走老路、回头路，也不能抛弃传统，一味地追求另辟蹊径。要坚定马克思主义理论的根本指导，坚定中国特色社会主义"四个自信"，汲取改革开放的理论与实践成果

① 习近平：《积极树立亚洲安全观　共创安全合作新局面——在亚洲相互协作与信任措施会议第四次峰会上的讲话》，《人民日报》2014年5月22日。
② 白显良：《高校思想政治理论课加强马克思主义指导的几个原则》，《思想理论教育导刊》2013年第5期。
③ 张智：《思想政治工作从根本上说是做人的工作》，《思想教育研究》2017年第9期。
④ ［古希腊］亚里士多德：《政治学》，吴寿彭译，商务印书馆2009年版，第4页。

为思想政治理论课教学提供丰富滋养，通过理论宣讲、专题学习、实践考察等教学方式，引导高校大学生树立正确历史观、价值观和人生观，帮助大学生辩证看待中国梦与个人梦的统一关系，准确把握实现"两个一百年"奋斗目标与大学生在此伟大进程中肩负的时代责任和历史使命，激励高校大学生自觉将个人远大抱负融入新时代中国特色社会主义伟大事业，勇立潮头、久久为功，助力中华民族伟大复兴。

四、提升文化育人和结构供给是教学针对性生成的有力保障

提升思想政治理论课教学针对性既不是因循守旧、推倒重来，也不是乱抓一通、无的放矢，而是突出重点，激发动力，持续推进，夯实保障。当前提升高校思想政治理论课教学的针对性，推进思想政治理论课建设持续健康发展，应重点关注文化育人和结构供给两个层面。

传统优秀文化是中华民族的根基与灵魂，是加强和改进高校思想政治理论课建设的重要思想资源，更是提升思想政治理论课教学针对性的有力保障。在思想政治理论课教学过程中，引导开展大学生中华优秀传统文化教育，应坚持唯物史观的方法、原理、观点，发挥文化育人的影响力、感染力，将中华优秀传统文化当中正义、和合、仁爱、民本、孝悌、诚信、厚德等宝贵文化资源，通过创造性转化、创新性发展，以大学生喜闻乐见的方式和载体广泛传播；加强文化育人与社会主义核心价值观教育有机结合。社会主义核心价值观是中国特色社会主义本质的价值体现，全面反映了我国社会主义先进文化的内涵、特征与价值，集中彰显了中华民族和中国人民的精神境域，深刻影响着高校师生的思想观念和价值需求。要将社会主义核心价值观深度融合到高校思想政治理论课教学过程中，通过思想渗透、文化浸润，将传统优秀文化与现代核心价值观有效融合在教学实践中，实现润物无声、春风化雨、久而自芳的文化育人效果。

供给与需求是经济学中研究市场经济理论的一对基本范畴。从实践来

看，高校思想政治理论课教学过程也应保持供需结构的平衡，这既是提升大学生思想政治教育实效的基本要求，也是提升思想政治理论课教学针对性的重要保障。要深刻理解思想政治理论课教学供给结构当中"育人主体多样化、育人平台多元化、育人方式多态化"① 的现实变化，完善与学生全面发展需求相适应的思想政治理论课教学供给结构：一是依据时代发展优化供给方式。传统意义上的思想政治理论课教学主要集中于第一课堂的传授和宣讲，而随着移动互联时代的到来，要求思想政治理论课教师善于运用信息化教学平台，开展线上与线下、网内与网外相结合的教学方式，使思想政治理论课的教学内容既有趣又有料。二是依据不同需求优化主体结构。思想政治理论课教学在具体需求上主要涉及理论教学和实践教学两个方面，在提升思想政治理论课理论教学针对性方面，要发挥哲学社会科学课教师、通识教育课教师和思想政治理论课专业教师等多个教育主体的共同力量和理论优势，在提升思想政治理论课实践教学针对性方面，要发挥实践指导教师、专业课教师和社会企事业单位等不同群体的互补优势和实践特长，通过优化主体结构满足思想政治理论课教学两个层面的不同需求。三是根据教学实际优化资源配置。从现实情况来看，由于各高校思想政治理论课教学工作开展的程度和方式不同，教学资源的配置也应有所区分。如有些高校思想政治理论课实践教学所需的场所、平台等硬件无法满足大学生实践教学的要求，部分高校思想政治理论课专业教师的足额配备还有困难，有些高校思想政治理论课在文化育人方面作用发挥还不明显，使得思想政治理论课教学针对性的提升还存在障碍，这要求高校在思想政治理论课建设过程中，注重资源的优化组合与互补配给，善于盘活教学资源"存量"，挖掘教学资源"增量"，推进思想政治理论课教学资源整体优化，为提升思想政治理论课教学针对性提供有力保障。

---

① 冯刚：《提升高校思想政治教育持续发展的内生动力》，《中国高等教育》2017 年第16 期。

五、掌握基本规律与教学方法是教学针对性生成的路径遵循

高校思想政治工作要遵循思想政治工作、教书育人、学生成长三大规律，这对思想政治理论课教学工作的启示在于：提升高校思想政治理论课教学针对性不仅具有教学内容层面的指引作用，还具有教学思维与方法层面的指导价值，集中体现为思想政治理论课教学基本规律与思想方法的路径遵循。

思想政治理论课作为高校思想政治工作的重要环节，加强和改进其建设和实施的过程，尤其是教育教学过程也应遵循三大规律，这是提升教学针对性的路径依据。这里所讲的基本规律包含三个层面：一是政治运行规律。思想政治理论课作为我国社会政治生活的主流意识形态建设的重要构成，具有突出的意识形态属性和政治属性，因而思想政治理论课教学本身必然遵循政治运行的基本规律，这一运行规律的存在，要站在中国共产党治国理政的战略部署和社会主义政治生活的现实需求的高度，才能准确把握高校开设思想政治理论课的重大意义，克服思想政治理论课教师身上的某些书生气与政治幼稚性，把握社会现象的实质和导向，正确树立"思想政治理论课的问题意识"[1]，进而在把握思想政治理论课政治属性及其运动规律的基础上，深刻认知提升思想政治理论课教学针对性的价值和功能。二是思想教育基本规律。思想政治理论课教学工作是我国高校教育事业的重要组成部分，在高校思想政治工作育人体系中居于重要地位。其思想教育属性更为直接与根本，"是其政治属性和学术属性的载体和落脚点"[2]。思想政治理论课教学的这一属性决定其必然遵循思想教育的基本规律。所谓思想教育基本规律主要是指

---

[1]　顾海良：《高校思想政治理论课"要坚持在改进中加强"》，《思想理论教育导刊》2017年第6期。

[2]　刘建军：《全面把握思想政治理论课建设的基本规律》，《思想教育研究》2017年第6期。

教书育人和学生成长发展的规律，侧重于师生两个层面的具体实践探索，是在师生间的相互关系中得以集中体现，蕴含在思想政治理论课教学过程的各个环节和阶段中，深刻影响教学过程的正常运行与教学针对性的最终生成。思想政治理论课教师应努力掌握思想教育特别是课堂教学和实践教学的基本规律，在把握规律性的过程中逐渐提升思想政治理论课教学针对性。三是学术研究规律。思想政治理论课本质上是一门科学理论，而且是一门务求彻底的科学理论，马克思指出，理论只有彻底才能说服人，所谓彻底就是能抓住事物之根本。富有针对性和彻底性的思想政治理论课一定是蕴含着丰富学术意涵的课程体系，而非一味追求对政治口号和政策文件的解读与阐释。作为思想政治理论课教师，只有对讲解的理论知识真懂真信，才能在教学过程中感染学生，绝不能像"某高校一位政治课教师，为迎合部分学生模糊认识，在讲台上说：'这节课是讲马克思主义理论，但首先声明我对这个理论是持异议的。'请问他本身对这个理论持怀疑态度，又怎能让学生相信。"① 这样的教师开展的教学活动不可能是有针对性和科学性的教学活动。思想政治理论课教学具备的政治属性决定着思想政治理论课教学必然遵循学术研究的基本规律。所谓学术研究基本规律主要是指科学发展和科学研究的规律，侧重于学理层面的探究，着眼于揭示思想政治理论课教学的学理支撑与学理内涵。这要求思想政治理论课教师不仅要做好教育教学工作，也要进行专业化学术研究工作，以专业化的学术思维和学理性的研究成果为提升教学针对性提供学术支撑。

思想政治理论课要真正成为大学生真心喜爱、终身受益、毕生难忘的课程，必须在教学方法创新上狠下功夫，这是提升思想政治理论课教学针对性的应有之义。具体而言：一是突出以人为本，注重理论讲授和人文关切相结合。高校思想政治理论课的教学对象不是毫无感情的一般事物，而是朝气蓬勃、充满活力的新时代大学生。思想政治理论课教学的开展过程实质是锻造

---

① 张国祚：《关于理论创新的几点思考》，《马克思主义研究》2012 年第 2 期。

人的思想动态与思维方式的发展过程，它既是科学理论的讲授工程，更是形塑灵魂的育人工程。这要求思想政治理论课教师开展教学活动的过程时，必须牢牢坚持以人为本的教学理念，既要注重理论讲解，晓之以理；也要注重人文关切，动之以情，引导学生形成自信自强、理性平和、健康向上的积极心态，不断提升学生思想境界、政治觉悟和道德修养，促进学生全面自由发展。二是突出问题意识，强调探究项目化教学，注重理论与实践相结合。思想政治理论课教师对教学内容的深刻透彻的理解和把握是赢得学生信服和尊重的基础和前提。这要求思想政治理论课教师应坚持问题导向，善于将课程知识弄懂学通吃透，引导学生正确提出问题并准确回答问题。一方面采取探究式教学。根据新时代大学生的兴趣爱好与学习需求，深挖教材、精讲课程，凝练教学重点难点如正确价值观导向作用、历史人物时代影响、历史虚无主义错误思潮等问题，聚焦社会焦点与学生关注的热点焦点如互联网思想政治教育话语、科学技术社会作用、新时代法治思维培育等问题，开展探究式项目化讲授和阐释方式，激发学生自主学习的兴趣和动力，提升学生问题意识与自学能力；另一方面注重理论联系实践。理论的最大价值在于其内容的科学化、观点的解释力和方法的指导性。思想政治理论课教学不仅要阐明思想政治教育理论的基本立场、基本观点、基本方法，更要揭示思想政治教育理论的科学价值、思想张力、指导意义。这要求思想政治理论课教师在理清基本知识点的基础上，着力引导学生主动运用马克思主义的观点和方法发现问题、分析问题进而解决问题，帮助学生善于联系世情国情社情、学生学习生活环境与思想心理动态实际，如"联系改革开放近 40 年的伟大成就来阐明新时代中国特色社会主义理论的科学性、指引性"[1]，强化当代大学生的辩证思维、创新思维、整体思维、历史思维，引起学生共鸣和认同，最大限度地提升思想政治理论课教学的针对性。

---

[1] 侯衍社：《因时而变 遵循规律 改革创新——高校思想政治理论课教学方法创新的若干思考》，《思想理论教育导刊》2017 年第 9 期。

第三节　情境学习理论视野下高校思想政治理论课新教材教学设计探究

在高校思想政治理论课教学过程中，衍生出了以认知为价值取向的灌输教学模式和以实践为价值取向的主体教学模式，在此基础上出现了显性课程与隐形课程两类课程教学模式。从实际教学效果来看，由于二者在理论上侧重理论传授和意识灌输而未能有机结合、实践上缺乏人文情感沟通而未能深度融合，囿于"自成体系"的平行化发展使得学生无法充分感知思想政治理论课教学的魅力与价值，"师生间对思想政治理论课作用的认识也产生了差异"[①]。这在一定程度上弱化了高校思想政治理论课的实际效果，使得学生对思想政治理论课教学缺乏学习动力，甚至诱发抵触情绪。基于此，本书将情境学习理论引入高校思想政治理论课新教材教学，深入探究其理论缘起、方法运用与实践内涵，阐释该理论对高校思想政治理论课新教材教学的现实意义，由此提出一种既增强思想政治理论课新教材教学生活化又推进思想政治理论课新教材教学实效性的教学模式，即思想政治理论课新教材情境化教学模式，提升高校思想政治理论课新教材教学亲和力和针对性。

一、情境学习理论述评

情境学习理论是基于互联网蓬勃发展、知识经济社会形态出现应运而生的一种重要学习理论。伴随信息时代的到来，基于情境学习理论的学术研究

---

① 周倩等：《高校思想政治教育理论课教学有效性调查分析与对策建议》，《思想政治教育研究》2011 年第 6 期。

与实践探索受到了学术界的广泛关注，已超越了"基于心理学领域的情境观念而成为当代学习理论领域研究的主流"①，并日益展示出强大的现实意义。其核心要义在于为学习者提供一种意义学习的场景并将这一学习场景与真实生活境域结合，实现教育双方共建共享、教育意义有效生成、教育目标有机达成，是对人的学习本质的深化认知，"揭示了人的认知与学习的情境性本质"②。

（一）情境学习理论的基本论点

情境学习理论最早是由美国加利福尼亚大学伯克利加州大学的教授让·莱夫与独立研究者爱丁纳·温格提出。该理论强调学习过程既是个性进行意义建构的心理过程，更是社会化、生活化，并以资源差异化为中介的参与过程。知识的价值、学习者的自我意识、角色认同均是在学习者与学习者、学习情境间的互动进程中有机生成的。同时，两位学者还提出了实践共同体的概念来进一步完善情境学习理论。所谓实践共同体，是指多个个体基于共同信念、认知与活动经过长期互动交流而形成的集合体，学习过程被视为融入情境适应与实践体验以得到共同体其他成员身份认同的过程。由此可见，情境学习理论旨在将学习者的角色认同、身份意识、实践活动、生活体验深度融入真实性、情境化的样态之中，将学习者的学习过程看作增进实践能力的社会化发展过程与情境化参与过程，最大限度地摆脱割裂实际和"传授呆滞知识"③ 不良倾向，实现"个体参与实践形成实践能力并在实践中对共同体做出贡献"④ 的学习目标。

需要特别指出的是，情境学习理论也有其依托的哲学基础，即当代著名

---

① 董辅华：《职业情境视域中的职教学习理论范式及新发展》，《黑龙江高教研究》2013年第6期。

② 高文：《情境学习与情境认知》，《教育发展研究》2001年第8期。

③ ［英］怀特海：《教育的目的》，庄莲平、王立中译，文汇出版社2012年版，第60页。

④ J. M. Levine, L. B. Resnick, & E. T. Higgins, "Social Foundations of Cognition", *Annual Review of Psychology*, 1993（44）.

哲学家、教育家哈贝马斯《后形而上学思想》一书中提出的"情境理性"（Situated rationality）知识观。该知识观的核心命题就是个体的理性认知总是内嵌于特定情境中、并随着这一特定情境的变化而随之调整，任何一种特定情境都是个体在特定时空节点发生着的认知与体验过程，任何先验的、普适的、机械的理性都是不存在的。情境理性最大的价值在于"学习者之间通过采取一种理解对方的态度进行充分对话和交流，进而不断扩大个人'局部时空的知识'"①。

（二）情境学习理论的应用范畴

情境学习理论在思想政治教育以及思想政治理论课教学领域的应用主要体现在两个方面：一是在教学实践方面的应用，包括抛锚式教学模式和认知学徒制教学模式，抛锚式教学模式"是目前情境学习理论在实践过程中应用最为广泛的教学模式"②，该模式强调教师应将教育教学重点难点知识置放于特定情境中，积极引导学生借助特定情境中的各种资源将理论知识迁移到现实生活场景，实现理论与实践的有机结合；认知学徒制教学模式强调通过专家（师傅）现场指导、案例示范来共同完成真实场景中任务的学习过程。其对高校新教材体系思想政治理论课教学的启示意义是师生根据教学内容通过共设学习目标、共商学习手段、轮流角色互换、反思教学策略的方式完成教育教学实践。在这个教学实践共同体中，任何成员都有各自兴趣和专长，并通过互动实践得到其他成员的认可与赞赏。二是在教学设计方面的应用，基于情境学习理论的教学设计强调在规定条件下选择最优教学模式达成特定教学目标。包括设计情境、设计支持和设计供给等要素。设计情境要素要求教师应善于选择真实系统、能促使学生提出假设、生成问题，并使问题

---

① ［德］哈贝马斯：《后形而上学思想》，曹卫东、付德根译，译林出版社 2012 年版，第 58 页。

② 刘义等：《情境认知学习理论与情境认知教学模式简析》，《教育探索》2010 年第 6 期。

具备概念化和迁移性的学习情境，就高校新教材体系思想政治理论课教学实践来看，可通过 VR 等提供真实情境供学生选择应用。设计支撑要素要求作为设计者的教师在进行教学设计时应为学习者及时提供相应支撑，就如维果斯基所说的"最近发展区"，指导学习者在教学实践共同体中从新手向熟手转换。设计供给要素要求作为设计者的教师要善于根据新的教学形态、教学情境和教学文化转变角色，不能只做知识的"搬运工"，还要做知识的"领头雁"。

二、情境学习理论对高校思想政治理论课新教材教学的适切性和局限性

随着党和国家对高校思想政治理论课建设的不断强化，思想政治理论课已成为高校思想政治工作的主渠道与马克思主义理论传播的主阵地。特别是集全国思想政治教育学科优秀专家倾力打造的 2018 年思想政治理论课新教材，更加凸显党和国家对于思想政治理论课教材建设的重视和关心。在这个过程中，无论是高校思想政治工作还是马克思主义理论都必须放置于新时代中国特色社会主义政治、经济、文化的大背景以及高校大学生熟悉的社会生活情境中加以认知、理解和掌握。通过创设学习情境引导大学生积极融入社会生活，服务社会发展，是高校新教材体系思想政治理论课教学的价值旨趣与根本归宿。作为一种在教学设计策略层面有借鉴意义的学习理论而言，情境学习理论在高校思想政治理论课新教材教学设计领域既有其适切性，也有其局限性。

（一）情境学习理论对高校思想政治理论课新教材教学设计的适切性

情境学习理论对高校思想政治理论课新教材教学设计的适切性主要体现在以下几方面：一是为高校思想政治理论课新教材教学设计提供了崭新理

念。情境学习理论作为不仅是一种教学情境化或与教学情境化密切相连的某种倡议，更是深入探讨有关人的知识本质的一种认知理论。在这一理论视域下，知与行是交互进行的，知识本身不是独立存在的，而是借助实践活动向前不断发展。从学科角度看，马克思主义理论和思想政治教育理论都具有抽象性特征，要使这些抽象性、理论化的知识真正走进大学生的内心，内化为大学生的价值取向和思想武器，必须引导学生参与实践，增强学生直观体验和感受。这就意味着这些知识的学习过程应当是一个情境化的过程。这样才能更好地创设学习环境、营造良好学习氛围，激发大学生学习动力和兴趣。二是为高校思想政治理论课新教材教学设计提供了全局思路，情境学习理论摈弃了概念或原理等范畴是独立实体的旧的认识论，而将其视为工具和手段，并且要通过情境化的实际应用才能被充分理解意义并完成身份或角色的互动建构，这就意味着情境创设应作为教学设计需要考量的中心任务，从教学目标设定、教学内容规划、教学手段运用到教学评价完善都要紧紧围绕这一中心任务进行策略设计，从而引导大学生在具体的情境脉络中认知、理解和内化概念或原理，培养新时代高校大学生的知识迁移能力和实践动手能力。三是为高校思想政治理论课新教材教学设计提供了具体模式。情境学习理论强调的情境化学习是一种边缘性的合法参与，这里的"边缘性"是指"处在于某一实践共同体限定领域中多样性、多元化地应用或涵盖其中的存在方式"①。这一存在方式为思想政治理论课新教材教学设计提供了情境化的运用模式。比如教学内容层面的问题导向式学习、学徒认知式学习、项目化学习等模式，教学方式层面的任务驱动式、翻转课堂式、体验探究式、同辈互助式等不同模式，这些模式都会受到所在实践共同体当中情境脉络的极大影响，为教学设计拓展了空间，提供了更多可能。

---

① ［美］J. 莱夫、E. 温格：《情景学习：合法的边缘性参与》，王文静译，华东师范大学出版社 2004 年版。

（二）情境学习理论对高校思想政治理论课新教材教学设计的
局限性

情境学习理论是继行为主义"刺激—反应"学习理论与认知心理学的
"信息加工"学习理论后，在当代学习论领域异军突起的又一个重要学习理
论，对于拓展人的学习本质相关领域的研究具有重要的启迪意义。但情境学
习理论也具有一定的局限性，集中表现为该理论几乎全部依靠规则与信息的
描述来对事物进行认知与理解，关注点仅局限在有意识推理和思考的认知与
理解范围内，而忽视了概念、原理等认知内容的客观存在性。从马克思主义
认识论角度分析，情境学习理论在知识体系层面的建构主义倾向比较明显，
这一倾向的存在往往将知识看作学习者个人建构的过程，并把个体对文本和
意义的建构视为重点学习内容，容易忽略知识本身具备的客观性和确定性。
同时该理论对个体建构意义的推论也缺乏比较有说服力的实证研究，这在很
大程度上"弱化了自身在实践生活中的操作意义，有导致教学的相对主义
的危险"[1]。这意味着教师在将该理论应用到思想政治理论课新教材教学设
计的过程中，应坚持批判性思维，发挥其所长，规避其所短。

三、情境学习理论在高校思想政治理论课新教材教学设计中
的应用条件

条件是指事物存在、发展的影响因素。从上面论述可知，情境学习理论
与传统学习理论相比具有明显优势，但在具体应用过程上应具备与之相匹配
的应用条件，才能有效规避其不足，发挥其所长，充分展现情境学习理论的
强大生命力。

---

[1] 李晓梅等：《基于情境学习理论的高校思想政治理论课实践教学设计》，《思想政治教
育研究》2014 年第 4 期。

具体而言，包括高校、教师、学生等几个方面的应用条件。一是高校应具备完善的配套设施，无论是基于真实情境创建思想政治理论课堂实训室，还是基于虚拟情境搭建思想政治理论课移动教学平台，"都离不开必要的时间、空间和资源等"①，都需要学校层面提供财力物力作为物质支撑，完善的配套设施，对于思想政治理论课教师充分发挥教育主体性的功能，创设针对性的教学情境，有效激发高校大学生的学习动力和兴趣具有重要指引。以笔者所在单位为例，学校根据办学实际和学生学习需求，投入专项资金用于思想政治理论课智慧课堂实训室建设。其目的就在于根据各专业学生个性差异，设计符合各专业大学生心理特点和学习需求的思想政治理论课教学环节和教学内容，让马克思主义理论与思想政治教育理论真正入眼入脑入心。二是教育者应具备较高的情境创设和运用能力，高校思想政治理论课情境包括认知情境、氛围营造和共同体情境等多方面，作为教育主体的教师应"通过经验共享与反省性思维交流，整合知识模块以提升实践能力"②。这要求教师既要善于创设认知情境，又要善于营造体验氛围，引导学生在情境教学过程中参与和体悟，实现自我认知和价值满足。如通过全国道德模范真实案例创设感染情境和激励情境，通过榜样典型人物访谈体验情境和践行情境，再如"通过第一课堂的生活情景模拟体验与第二课堂的见习实习团体实践，引导高校大学生在和谐情境中获得启发"③。三是学生应积极参与其中，"教育成效不仅取决于教师主体的努力，也取决于被教育者有无认识周围世界、掌握社会生活规范的积极性和自觉性"④。大学生作为受教育者，其学习过程也离不开特定情境。这需要教师主动引导大学生树立高度自觉的主体意识，充分发挥主观能动性，将学习兴趣和价值选择与思想政治理论课新教材

---

① C. Schechter, "The Professional Learning Community as Perceived by Israeli School Superintendents, Principals and Teachers", *International Review of Education*, 2012 (6).

② [日] 佐藤学：《课程与教师》，钟启泉译，教育科学出版社 2003 年版，第 363 页。

③ 《提升高校思想政治教育亲和力的几个关键点》，光明网 2017 年 4 月 6 日，见 http://theory.gmw.cn/2017-04/06/content_ 24141643.htm。

④ 沈壮海：《思想政治教育有效性研究》，武汉大学出版社 2001 年版，第 82 页。

情境化教学要素深度融合，积极与教育者展开互动交流与平等对话，增强在情境学习过程中"行动的、严谨的和分析的反思过程"[1]，使思想政治理论课新教材情境化教学设计"在知识实际应用的真实情境中呈现知识，激发学习者的学习兴趣，把学与用结合起来，从而真正掌握知识"[2]。

四、情境学习理论在高校思想政治理论课新教材教学设计中的具体展开

情境意味着"在普遍性和特殊性的诸多层面上，某一特定社会实践与活动系统中社会过程其他方面具有多重的交叉联系"[3]。是一种在非特定的真实场景下发生的社会化过程和动态化系统。其价值在于引导大学生将所学理论知识与内部的知识结构、思维模式及外部的社会生活、现实场景有机结合并发生关联。高校思想政治理论课新教材教学情境化设计是以情境学习理论为方法论依据，将情境创设作为设计主线，通过情境教学引导教学设计，提升思想政治理论课新教材教学实效性。具体而言，高校思想政治理论课新教材教学的情境化设计包含四个环节。

（一）高校思想政治理论课新教材情境化教学目标制定

为使高校思想政治理论课新教材教学目标情境化和可操作化，可将教学目标细化为知识目标、能力目标和情感目标，并对这几个子目标分别展开情境化设计。在知识目标情境化设计方面，引导大学生结合已有知识结构与个人体验，将马克思主义理论与思想政治教育理论的有关知识迁移到高校思想政治理论课新教材教学的具体情境中，在"教师的教和学生的学的共同活

---

[1]　S. A. Barab & T. Duffy，"From Practice Fields to Communities of Practice"，*Theoretical foundations of Learning Environments*，2000（1）.

[2]　钟启泉：《教学活动理论的考察》，《教育研究》2005 年第 5 期。

[3]　［美］乔纳森：《学习环境的理论基础》，郑太年译，华东师范大学出版社 2002 年版，第 34 页。

动过程中"① 深化对上述理论知识的认知与学习。如通过提交调查报告、主题演讲和学习心得等方式，引导大学生表达个人见解和体验感受，并在交流互动中不断完善思想观点。在能力目标情境化设计方面，引导大学生善于发现高校思想政治理论课新教材教学特定情境中的问题和解决特定情境中的问题来培养其综合能力。如在引导大学生厘清问题、拟订计划、开展调研、形成报告、修正结论、反思观点的不同情境过程中，培养其组织协调、互动交流应用分析、归纳综合、反馈评价等方面的思维能力和实践能力。在情感目标情境化设计方面，引导大学生结合新时代世情国情社情的深刻变化，将专业学习、人际交往、日常生活的思考转移到特定情境中，使大学生在接触和认知这些变化的过程中激发爱国爱党爱人民的深厚情感，促使新时代大学生树立积极健康、奋发有为的人生态度。

（二）高校思想政治理论课新教材情境化教学内容生成

"学习与情境的内在契合程度取决于知识的获取手段"②。也就是说，学习者对于理论知识的掌握程度和迁移能力与理论知识生成的具体情境密切相关。基于此，高校思想政治理论课新教材教学内容的情境化设计可尝试采取项目运作内容的情境化设计、问题导向内容的情境化设计与社会服务内容的情境化设计等模式。

基于项目内容的高校思想政治理论课新教材情境化设计主要是引导大学生通过完成某一特定任务，得出实际结论并承担相应责任。对于这些项目的选择范围比较广泛，既可以是关于大学生个体面临的就业创业等问题，也可以是关于大学生所处的社会发展过程中出现的新变化、新矛盾，通过对这些真实情境中出现的情况进行分析，提出自己的解决方案或调查报告，最后形成基于项目化运作的情境化设计内容。基于问题导向的情境化设计采取将需

① 刘克兰：《现代教学论》，西南师范大学出版社1998年版，第41页。
② ［美］约翰·D.布兰斯福特、安·L.布朗等：《人是如何学习的——大脑、心理、经验及学校》，程可拉等译，华东师范大学出版社2002年版，第65页。

要学习的概念、观点或原理等知识要素预先抛锚在问题之中的设计导向，这些问题又是存在于大学生感兴趣的真实情境或模拟真实情境的实践共同体内，比如社区、农村、学校等，通过引导大学生深入这些地方开展调研活动，结合预设问题引发理论探索，运用科学理论阐释问题本质，在此过程中收集第一手资料，厘清问题脉络，提供可能性选择方案，并对这些可能性选择方案仔细甄别确定最优解决方案。基于社会服务的情境化设计一般也以项目化运作的方式呈现，但与项目运作情境化设计不同的是，它蕴含着更多的社会服务要素，是一种以关注社会和服务社会为导向的情境化设计，如精准脱贫问题、生态保护问题、山村支教问题等，通过引导大学生将这些带有社会服务性质的问题与新时代中国特色社会主义理论以及个人的价值观培育紧密结合起来，帮助大学生在参与社会服务的过程中增强使命感。

（三）高校思想政治理论课新教材情境化教学方式优化

在情境学习理论视野下，高校思想政治理论课新教材教学情境化设计从教学方式上看，坚持以学生为中心的设计导向，教学过程中体验学习、角色扮演、模拟学习、同辈互助等均包含了不同程度的情境教学元素。为此，高校思想政治理论课新教材教学的情境化设计可采取分组讨论模式、互动探究模式和 5E 循环模式等方式加以展开。

一是分组讨论模式的设计思路是先将高校思想政治理论课新教材当中某一章节的某个比较复杂的专题分解为若干子专题，引导大学生以分组讨论的方式，参与社会调查、搜集一手资料、分享成员信息，经过成员间的充分酝酿，形成有效解决问题的一致建议。二是互动探究模式的设计思路是结合高校思想政治理论课新教材教学内容，为大学生提供一些相关的社会焦点热点类问题，"这些问题并没有现成答案或者标准解读，也不以直接指示为手段"①，

----

① 钟昱等：《情境学习理论视野下的教学设计》，《中国成人教育》2013 年第 15 期。

而是由作为教育者引导学生运用马克思主义基本立场、基本观点和基本方法提出有效假设，学生在此过程中与教师积极互动、交流看法，教师对这些看法进行深度分析，检验学生对问题假设的有效程度，激发学生反思能力，增强学生思辨水平。三是4E循环模式由四个基本要素构成，即参与（Engage）、探究（Explore）、解释（Explain）、拓展（Extend）。"参与"要素重点关注教师基于思想政治理论课新教材提供的可以有效吸引学生兴趣的有意义学习活动。在这一环节，学生已有知识与教育者情境创设之间会有不同的认知，学生在情境教学过程中，可以"通过与专家、教师以及同学的交流互动，学习他们为建构知识应做之事"①，有利于实现概念转变，激发学生学习兴趣和探究欲望。"探究"要素重点关注观察现象、建立联系、总结规律、识别变量。在这一环节，教师根据思想政治理论课新教材教学实际，鼓励学生创设情境，必要时应通过问题或建议等形式给予学生恰当引导。"解释"要素重点关注探究完成后的概念解释及原理阐述。在这一环节，教师应引导学生在前两个环节开展的基础上，给出一种更为凝练简洁的新概念，如通过教学录像、移动云教学平台等方式辅助新概念解读。"拓展"重点关注将学生获取的新概念应用于真实情景中尝试解决新问题或解释新现象，教师应引导学生积极参与讨论和交流，如借助专家论坛、图书馆、数据库、网络资源等方式获取有效信息，进一步强化对已有学习内容的理解和内化。

（四）高校思想政治理论课新教材情境化教学过程评价

教学评价作为高校思想政治理论课新教材教学体系中的重要构成，"对优化教学管理、提高教学质量等具有重要作用"②。借助教学评价和反馈和

---

① 崔允漷等：《应该学习如何发生：情境学习理论的诠释》，《教育科学研究》2012年第7期。

② 张俊飞等：《"教学评价"研究热点与主题可视化分析》，《中国教育信息化》2018年第1期。

检验学习成效是高校思想政治理论课新教材教学的重要步骤，有利于将教学目标和教学策略有机结合起来。传统意义上的标准化考试并不完全适合新时代高校思想政治理论课新教材教学，探讨情境化教学评价具有重要现实指导意义。

一是评价应注重高校思想政治理论课新教材情景化教学设计的目标导向维度。通过情景化教学设计来为高校教育教学管理部门提供决策参照，意味着应将思想政治理论课新教材教学情景化设计实施全过程抓取的评价信息准确、高效地反馈给教育教学管理部门，确保高校构建科学合理的思想政治理论课新教材教学实施方案与运行过程。二是评价高校思想政治理论课新教材情景化教学设计应充分发挥评价作用。高校思想政治理论课新教材教学的情景化设计的评价过程中应注重思想政治理论课新教材教学评价机制的理论转向维度，及时检验思想政治理论课新教材教学评价机制内化、外化过程中出现的新问题、新情况，并根据这些问题和情况提供有效的反馈信息和解决方案，全面系统地优化高校思想政治理论课新教材教学情景化设计机制，提升教学评价效果。三是评价高校思想政治理论课新教材情景化教学设计应坚持在诊改性评价、生成性评价与终结性评价三者有机融合的基本原则指导下开展评价工作，高校思想政治理论课新教材教学情景化设计活动的前期、中期、后期均开展对应评价，形成对思想政治理论课新教材教学设计"全方位、全过程的综合评价"①，并最终体现在社会服务的满意度与贡献度上，这是开展高校思想政治理论课新教材教学情景化设计评价的价值归宿：不仅强调生成性评价，也重视过程性评价和终结性评价的综合运用，为开展高校思想政治理论课新教材教学评价提供科学规范的理论依据。

---

① 王本陆：《中国教育改革 30 年（课程与教学卷）》，北京师范大学出版社 2008 年版，第 178 页。

第四节　高校思想政治理论课教学中研究性学习的应用研究

思想政治理论课是高校思想政治工作的主渠道和主阵地，《中共中央宣传部、教育部关于进一步加强和改进高等学校思想政治理论课的意见》（教社政〔2005〕5号）明确提出：不断增强高校思想政治教育理论课教育教学的针对性、实效性和说服力、感染力，培养德智体全面发展的社会主义合格建设者和可靠接班人。2015年《中央宣传部、教育部关于印发〈普通高校思想政治理论课建设体系创新计划〉的通知》（教社科〔2015〕2号）要求：改革教学方法，创新教学艺术，注重发挥教与学两个积极性，形成第一课堂与第二课堂、理论教学与实践教学、课堂教学与网络教学相互支撑的思想政治理论课教学体系。因此，深入研究高校思想政治理论课教学方法的改革与创新，激发学生参与的积极性与主动性，提升教学效果，帮助大学生成长成才，具有十分重要的理论意义和现实意义。

一、研究性学习模式

20世纪90年代以来，世界各国教育改革的步伐不断加快，纷纷出台了各种举措，其中都把改变学生的学习方式作为重要切入口。研究性学习作为一种以学生自主性探索学习方式为基础的课程在各个国家尤其是发达国家的教育中占据着重要的地位。在国外，研究性学习也被称为"探究性学习"或"基于项目的学习"，近年来我国学术界对研究性学习的探讨也日益深入。所谓研究性学习，指的是学生在教师指导下，结合自身的实际情况，选择不同的研究课题，以类似科学研究的方式主动获取知识、应用知识、解决问题的一种教学方式。

研究性学习作为高校思想政治理论课教学的一种新形式，更加突出学生的主体性地位，与以往教学方式相比，研究性学习不仅可以深化学生对思想政治理论的认识和理解，更有利于培养学生观察和分析社会现实问题的能力、主动学习的能力、团队合作的能力。

二、开展研究性学习的必要性

（一）开展研究性学习有利于促进高校思想政治理论课教学改革，增强教学实效

高校思想政治理论课作为加强大学生思想政治教育的重要途径，其教育意义十分深远，它是党和国家培育合格接班人的正确保证。但长期以来，受社会环境、高校思想政治理论课传统教学模式等一些因素的影响，我国高校思想政治理论课教学效果普遍不容乐观。而研究性教学模式是以学生自主解决问题为中心，通过自己收集资料，用所学理论来分析问题和解决问题。通过研究性学习可以使学生主动获取直接经验，加深对知识的理解与认识，提高综合素质，并将科学理论内化为自身信念与修养。思想政治理论课研究性学习方式的运用，既顺应了课程改革的趋势，又突破了思想政治理论课传统教学模式的束缚，对增强思想政治理论课教学的实效性具有积极意义。

（二）开展研究性学习有利于调动学生学习的积极性和主动性，促进其全面发展

当代大学生关心时事政治，关心社会发展，渴望接触社会。研究性学习以问题为中心，这些问题既源于教材，又不拘泥于教材，还与现实紧密结合，比较符合大学生的心理需求，能够很好地调动学生学习的积极性和主动性。在高校思想政治理论课研究性学习中，学生在教师指导下有目的、有步骤去发现问题、分析问题和解决问题。通过研究性学习，学生可以理论联系

实际，在实践中验证思想政治理论课学习的理论知识，增强自主学习的能力和创造能力。同时在学习的过程中逐步掌握科学研究的基本方法和步骤，学会搜集整理、归纳识别信息源，使科学研究素养得以提高。研究性学习多以小组合作的形式展开，通过研究性学习学生的团队协作能力、沟通交流能力都得以提升，从而促进学生的全面发展。

（三）开展研究性学习有利于转变高校思想政治理论课教师教育观念，提升教学能力

思想政治理论课教师是加强和改进大学生思想政治教育的主要力量，不断提升自身的教学能力，对增强思想政治理论课的吸引力和实效性具有重要意义。高校思想政治理论课教学中开展研究性学习，是以学生的学习活动为中心，教师为其提供帮助和指导，教师的角色发生了很大变化，对教师的课堂控制与驾驭能力提出了更高的要求，要顺利实现这一转变，教师就得及时更新教育理念，树立全面教育的理念、创新教育的理念。同时不断提升自己的专业知识水平，准确把握课程体系，将研究性学习内容融入整个教学体系中，做到"万变不离其宗"；要不断优化自身的知识结构，密切关注学术前沿和社会重大现实问题，提高自身的教学科研水平；要遵循教育发展的规律，自觉认识学生的知识背景、思维水平、兴趣爱好等情况，有的放矢通过研究性教学活动，培养学生内在的素质和思想行为的能力。

（四）开展研究性学习有利于培养创新型人才，建设创新型国家

创新是历史进步的动力、时代发展的关键，位居"新发展理念"之首。提高自主创新能力，建设创新型国家是国家发展战略的核心，是提高综合国力的关键。发挥创新作为引领发展第一动力的功能作用，归根结底依靠上下同心、全社会一起努力。大学生作为国家的未来、民族的希望，是建设创新型国家的重要力量。在高校思想政治理论课教学中开展研究性学习，通过学

生自主分析问题、创造性地解决问题，能帮助其树立创新的意识，发挥创新的潜能、提升创新的能力，成为建设创新型国家的重要推动力量。

三、开展研究性学习的保障条件

高校思想政治理论课教学中开展研究性学习能否顺利进行并取得较好的教学效果取决于诸多因素，通过在教学过程中的实际开展，笔者发现其中基本的保障条件有以下三个方面。

（一）建立上下联动机制

在高校思想政治理论课教学中开展研究性学习要想获得成功，仅靠单个教师的个人努力是难以办到的，必须上下一盘棋，建立联动机制。首先，学校党委、行政要高度重视，高度认可研究性学习的重要意义，研究性学习的有效开展会对传统的思想政治理论课教学模式带来一定的冲击，如果得不到学校的认可是很难有效开展的。其次，相关管理部门与思想政治理论课教学部需要出台相关制度，规范研究性学习的开展。再次，开展研究性学习教师在课堂教学外的工作量会大量增加，怎么计算，教学质量怎样衡量均需要教学管理部门进行认定。最后，学生的动力问题。开展研究性学习，学生在课堂外需根据研究的问题继续深入学习并展开调研，随着学习过程中困难的增多，学生需要一些激励机制鼓舞其持续保持学习的热情，这也需要全校进行统筹。

（二）完善基本保障条件

在高校思想政治理论课教学中开展研究性学习需要丰富的学习资源和社会实践。现代教育信息技术为研究性学习的开展提供了有力的支撑，高校应加强校园网络建设、思想政治理论课在线学习平台建设、向学生开放"知网"等信息检索平台，让学生可以随时随地的有效学习。同时社会实践教学是高校思想政治理论课中开展研究性学习的重要环节之一，基本要求之一。高校需高度重视社会实践教学，保证社会实践教学学时到位、经费到位、基地建设到位，让社会实践教学成为学生思想政治理论课学习中的重要组成部分，使学生在实践中潜移默化地内化理论知识，提高辨别是非的能力和运用理论分析现实问题的综合能力，保障研究性学习的顺利开展。

（三）培养优秀教师队伍

研究性学习使教师从单纯的知识传递者转变为学习活动的组织者、参与者、指导者，对教师提出了更高的要求。高校应通过加强培训、加强学习、加强管理、提升待遇着力打造一支吃透教材，了解教学体系和教学内容；与时俱进，紧跟时代步伐，熟知当前社会发展进程中的热点问题；了解学生的特点和兴趣点，同时具备高度责任心和无私奉献精神的优秀思想政治理论课教师队伍，确保研究性学习的有效开展。

总之，高校思想政治理论课教学中开展研究性学习，有利于调动学生学习的积极性和主动性，帮助教师转变教育观念、提升教学能力，对提高思想政治理论课教学实效和建设创新型国家都有着积极意义。当前，我们需要积极解决高校思想政治理论课教学中开展研究性学习的制约因素，建立好相关保障条件，使之发挥更好的教学、育人效果。

| 第三章 |

当代高校大学生与思政课关系

第一节　高校大学生文化自信培养与
思政课关系研究

2016 年 7 月 1 日，在庆祝中国共产党成立 95 周年大会上的讲话中，习近平总书记指出"坚持不忘初心、继续前进，就要坚持中国特色社会主义道路自信、理论自信、制度自信、文化自信"①，文化自信成为中国特色社会主义的"第四个自信"。在党的十九大报告中，习近平总书记进一步指出："没有高度的文化自信，没有文化的繁荣兴盛，就没有中华民族伟大复兴。"② 可以看出，党和国家高度重视本民族文化的发展，探索文化建设新战略，而培养一批拥有高度文化自信意识、文化创新能力和正确文化价值观的人才是文化强国建设的关键和强有力的支撑。大学生是祖国的未来，在中国特色社会主义进入新时代的时代背景下，培养大学生文化自信，对增强国

①　习近平：《在庆祝中国共产党成立 95 周年大会上的讲话》，《人民日报》2016 年 7 月 2 日。

②　习近平：《决胜全面建成小康社会　夺取新时代中国特色社会主义伟大胜利——在中国共产党第十九次全国代表大会上的报告》，人民出版社 2017 年版，第 41 页。

家文化软实力、实现民族复兴具有重要意义。高校思想政治理论课是培养大学生文化自信的主阵地，而培养大学生文化自信需讲清以下三个问题。

一、坚定文化自信的重大意义

（一）文化自信是实现中华民族伟大复兴的精神动力

人类社会的发展无不伴随着文化的历史性进步，民族文化是一个民族区别于其他民族的独特标识。中华文明源远流长，曾给中华民族的发展带来强大的底气。然而，近代以来，随着国力的下降，与国家地位一同丧失的还有国人的文化自信，而实现中华民族的伟大复兴，就必须恢复我们的文化自信。习近平总书记指出："一个国家、一个民族的强盛，总是以文化兴盛为支撑的，中华民族伟大复兴需要以中华文化发展繁荣为条件。"[①]

（二）文化自信是建设社会主义文化强国的必然要求

繁荣社会主义文艺，发展文化事业和文化产业，提高国家文化软实力、讲好中国故事，是建设社会主义文化强国的重要任务。当今世界竞争越来越激烈，不仅表现为经济、科技、军事等硬实力竞争，也表现为更深层次的软实力竞争。约瑟夫·奈提出"文化软实力"的概念，认为保持文化认同和吸引力是文化存续、发展的根基，文化软实力在综合国力竞争中的地位和作用日益凸显。

（三）文化自信是应对意识形态领域斗争的有力武器

伴随着经济全球化的进程，以及西方所谓"普世价值"的意识形态渗透，越来越多地对我国社会生活产生深刻的影响。面对日益多元化的社会思

---

① 习近平：《在山东曲阜考察时的讲话》，《人民日报》2013 年 11 月 29 日。

潮，我们必须拿起文化自信这个抵御"西化""分化"的有力武器，牢牢掌握意识形态工作的主动权。

（四）文化自信是中国影响世界的有效途径

中国进入了"强起来"的新时代，日益走近世界舞台中心，通过坚定文化自信，不断整合中华文化价值追求、中华文化价值魅力，可以以更自信的姿态，向世界展现独具魅力的东方智慧，引导以民为本的信念坚守，修齐治平的家国情怀，海纳百川的文化气度更深远地影响世界，在国际交往合作中为世界文明提供一种先进的文化模式和价值理念，不断为人类社会作出更大的贡献。

二、坚定文化自信的强大底气

"文化自信"不是一句口号、不是一个简单的理论名词，其有着深厚的根基，可以真正得以践行，要想帮助学生真正树立文化自信，我们还需向他们讲清中国文化自信的强大底气。

（一）优秀的文化是文化自信的强大底气

我国的优秀文化包括优秀传统文化、革命文化和社会主义先进文化。中华优秀传统文化，是中华民族在长期发展中形成的价值观念、理想人格、思维方式、伦理观念、审美情趣等。革命文化是中国共产党和中国人民在革命、建设和改革开放各个历史时期形成的精神追求、精神品格、精神力量。社会主义先进文化是当代中国的新文化，它植根于中华优秀传统文化、革命文化，形成和发展于我们党团结带领全国各族人民进行革命、建设和改革的伟大实践中，是一种适应现代社会历史发展内在要求的新文化。

（二）国家的强大是文化自信的强大底气

"文运同国运相牵，文脉同国脉相连"，我们的文化自信，不仅来自文化的积淀、传承与创新发展，更来自当今中国特色社会主义的蓬勃生机，来自实现中国梦的光明前景。文化自信是国家强大的表现，而国家经济实力的增强则是我们自信与自豪的现实依据。

（三）人民的力量是文化自信的强大底气

文化从根本上讲是人民实践的产物，文化自信是全体人民对自己创造出来的文化持有的坚定信心，这种自信的获得，取决于人民主体性的发挥；这种自信的彰显，也要通过人民来实现。

三、践行文化自信的途径

改革推进到今天，比认识更重要的是决心，比方法更重要的是担当。帮助学生树立文化自信，还应讲清大学生践行文化自信的途径。

（一）学习文化，前提基础

当代大学生树立文化自信，首先要了解我国的优秀文化，了解我国文化的历史地位、现实价值和未来走向。学校应加强优秀文化教育，拓宽学生系统了解我国优秀文化的渠道。如我校思想政治理论课教学部举办的"思政大讲堂"，曾特别邀请"全球华人十大中华文化人物""湖南省道德模范"刘启后先生，来校讲授《璀璨的乡土文明》；电视剧《人民的名义》热播后，又邀请"全国侦察监督优秀检察官""湖南省检察机关基层院巡回授课讲师团成员"张俐检察官来校讲授廉洁文化，让莘莘学子在有形与无形间不断增强对优秀文化的学习，提升自己的文化素养。

（二）宣传文化，义不容辞

中国文化博大精深，在对国民进行思想道德教育的过程中担负着重要的角色，但由于相关认识的局限，广大人民群众对中华优秀文化的认识不足，作为受过高等教育的大学生们应积极宣传优秀传统文化的精华，吸引更多的各阶层人士及外国友人，扩大中国优秀文化的受众。如岳麓书院是我国著名的四大书院之一，是湖湘文化的核心场所。我校思政部每年组织学生前往岳麓书院做文化专题研修，任课教师在去之前组织学生积极查找相关资料，了解各个景点背后的文化故事，并且让学生在岳麓书院现场义务讲解，宣传湖湘文化。

（三）保护文化，使命所系

中国文化博大精深，源远流长，其中还包含着众多的非物质文化遗产，保护和利用好非物质文化遗产对于发扬中华民族精神，发展我国先进文化，推进社会主义现代化建设具有重要意义。大学生在非物质文化遗产保护方面具有独特的优势，应该在保护工作中发挥应有的作用。如在思想政治理论课上我们曾布置社会实践作业"我家乡的非物质文化遗产"，许多学生利用假期回乡调研，如湖南隆回的花瑶文化等，他们通过撰写社会调查报告，在学校参加相关展示，拍摄照片走出校园向社会宣传等形式，为故乡非物质文化遗产的保护尽自己的力量。

（四）传承文化，责任重大

当今社会，传统的文化正在逐渐被快餐文化、网络文化所覆盖，当代大学生应主动肩负起传承文化的重任。如汉字是中华民族的标志性文化符号，是民族之根，中华文化之所以一脉相承，绵延不绝，汉字功不可没。但现代人由于长期使用电脑、智能手机而导致提笔忘字，大学生应重视纸笔书等，在平时坚持硬笔书法、软笔书法的练习，将书法文化传承下去。

（五）文化创新，意义深远

创新是国家发展、民族振兴和个人成长的不竭源泉，创新也是文化发展的灵魂。民族的希望在创新，创新的希望在青年。大学生作为社会主义建设者和可靠接班人，在树立文化自信的过程中应注重培养文化创新意识，如推进中华文化创新发展，展示中华文化魅力；创新传播形式，讲好中国故事；创新对外话语表达方式，传播中国价值等。总之，培育大学生的文化自信是事关国家发展的大事，高校要发挥思想政治理论课的主渠道作用，讲清相关问题，真正帮助大学生树立文化自信。

第二节　高校思想政治理论课培育
学生文化自信的途径研究

文化是民族生存和发展的重要力量，一个民族的复兴需要强大的物质力量，也需要强大的精神力量。面对竞争激烈的国际文化环境以及自身更高的文化发展要求，党和国家高度重视文化的发展，探索文化建设新战略，将文化自信列为中国特色社会主义的"第四个自信"。培养一批具有高度文化自信意识、正确文化价值观和文化创新能力的人才是我们建设文化强国的关键和重要支撑，高等学校肩负着培养中国特色社会主义事业建设者和接班人的重要任务，应责无旁贷地承担起这份社会责任，而在培养学生文化自信过程中，高校思想政治理论课应是主阵地。

一、基于思想政治理论课培育学生文化自信的必要性

（一）有利于学生了解党的最新理论成果

2015 年中共中央宣传部、教育部联合印发的《普通高校思想政治理论课建设体系创新计划》强调，"思想政治理论课是巩固马克思主义在高校意识形态领域指导地位，坚持社会主义办学方向的重要阵地，是全面贯彻落实党的教育方针，培养中国特色社会主义事业合格建设者和可靠接班人，落实

立德树人根本任务的主干渠道，是进行社会主义核心价值观教育、帮助大学生树立正确世界观人生观价值观的核心课程。"作为大学生系统学习马克思主义理论和党的基本理论的课程，高校思想政治理论课在教学中必须及时体现党的理论创新的最新成果。党的十八大以来，以习近平同志为核心的党中央高度重视社会主义文化建设，习近平总书记站在坚持和发展中国特色社会主义、实现中华民族伟大复兴中国梦的高度，多次深刻阐述文化建设的重大意义并提及文化自信，特别是在庆祝中国共产党成立 95 周年大会上的讲话指出："全党要坚定道路自信、理论自信、制度自信、文化自信。"① 文化自信成为党治国理政新的指导思想，在思想政治理论课中加强文化自信教育是课程属性的应有之义。

（二）有利于提高思想政治理论课的教学实效

文化从广义上讲，是指"人类在改造自然和改造社会的过程中所创造的物质财富和精神财富的总和"；而狭义上的文化是指"作为观念形态的，与经济、政治并列的，有人类社会生活的思想理论、道德风尚、文学艺术、教育和科学等精神方面的内容"。高校思想政治理论课的基本教学内容就是党的基本理论、基本路线、基本纲领、基本经验和基本要求，这其中不论是广义上的文化还是狭义上的文化都包含其中。进一步深化文化自信教育，一方面可以丰富思想政治理论课教学内容，另一方面深挖文化内涵，以文化人以文育人，可以克服传统思想政治理论课枯燥刻板的缺陷，增强思想政治理论课的亲和力，提升教学实效。

（三）有利于提升学生的文化能力

党的十九大报告指出"要坚持中国特色社会主义文化发展道路，激发全民族文化创新创造活力，建设社会主义文化强国"。要想实现这个目标，

---

① 习近平：《在庆祝中国共产党成立 95 周年大会上的讲话》，《人民日报》2016 年 7 月 2 日。

我们除了大力出台相关政策扶持相关文化产业的发展，更重要的是要注重文化背后所蕴含的人的力量。大学生是推动祖国文化事业发展的重要有生力量，应发挥对全社会的示范和导向作用。但随着改革开放的不断深入，社会思潮日益多元化，部分大学生在文化价值取向上出现了偏差。高校是文化建设的前沿，也是帮助大学生树立文化自信的主阵地，我们应通过相关文化自信教育转变这种现状，帮助大学生对我国和西方文化形成科学的认识、树立正确的文化价值观和提升文化创新能力，从而全面提高大学生的文化能力，这不论对大学生个人发展还是祖国文化事业发展都起着重要作用。

二、思想政治理论课中培育学生文化自信的策略

（一）自信源于了解

培育大学生的文化自信第一步是要帮助当代大学生了解中国文化。我国是世界上唯一一个文化传承从未断流的国家，我们提倡文化自信是有其深厚的根基，我们有博大精深的优秀传统文化，也有在中国革命、建设、改革的伟大实践过程中孕育的革命文化和社会主义先进文化，这些优秀的文化夯实了我们文化建设的根基，也奠定了我们文化自信的强大底气。但对于这些我们一部分当代大学生是不清楚不了解的，甚至极少部分学生认知还存在偏差。所以我们应在思想政治理论课中深挖文化的内涵，加强相关文化内容的教育，通过对中国传统文化、革命文化、社会主义先进文化的梳理，强化社会主义核心价值观教育，让学生清楚了解我们的历史地位、现实价值和未来走向。

（二）自信源自认同

大学生的文化自信应是建立在文化了解基础上的一种主动追求、理性选择和自觉践行的文化信念。面对日益多元化的社会思潮，面对西方所谓"普世价值"的意识形态渗透，我们培育大学生的文化自信在加强文化内涵

教育的基础上，还需要培养学生对我国先进文化的认同。高校思想政治理论课教学中不仅要加强教育内容的完善，更要加强教学方法的改革，将正面教育的内容与学生喜闻乐见的形式相结合，采用多样互动的教学方法，如研究性学习、翻转课堂、移动教学等，引导学生主动参与到课程教学中，在参与中加深对文化的认知，完成自身对文化的比较与选择，增进学生对我国先进文化的情感认同和践行使命，帮助学生形成正确的价值取向，并转化为自己的价值观念。

（三）自信在于作为

培育大学生的文化自信最终的实践指向是作为，大学生践行文化自信可以有多种方式如宣传文化、保护文化、传承文化、文化创新等。通过践行，大学生一方面可加深自身对文化自信的理解和认识，提高批判性思维能力，正确看待西方文化和我国现代文化中一些不和谐的音符，同时也能影响帮助更多的人树立正确的文化理念。高校思想政治理论课应加强实践教学，引导学生参与实践，帮助学生寻找实践机会，如在课堂上根据一些时事热点开展辩论赛、课堂讨论等加深认识，在课外组织学生开展志愿服务、社会调查、参观红色文化基地等活动。如笔者曾在教学班级开展寻找我家乡的非物质文化遗产、我为家乡精准扶贫献计策、带队组织学生参观新民学会故居等，都收到了良好的效果。学生通过切实的参与在实践中感受到中国经济发展取得的伟大成就及先进文化的独特魅力，明白了自身的价值和重要性，增强了对我国文化的自信和对自身文化能力的自信。

三、思想政治理论课中培育学生文化自信的保障机制

（一）优化教学条件，打造教学平台

在"互联网+"时代下，高校思想政治理论课的教学模式必须要顺应时

代的不断变革，充分利用网络等现代技术手段。《普通高校思想政治理论课建设体系创新计划》中明确要求"形成第一课堂与第二课堂、理论教学与实践教学、课堂教学与网络教学相互支撑，理念手段先进、方式方法多样、组织管理高效的思想政治理论课教学体系"。当今社会特别是智能手机兴起后，信息传播的速度更快，传播的渠道更加多元，新闻客户端、微信等随时随地都在提供新鲜资讯。网络上的信息鱼龙混杂，良莠不齐，如果我们不能同时开展网络教学，攻占网络阵地，仅仅依靠课堂上的45分钟，难以起到真正入脑入心的教学效果。所以我们应充分采用对学生更有吸引力的多媒体手段，如利用网络资源形成精品课程等；或开发微信公众号，用学生乐于接受的照片、视频、动漫等形式来展示优秀文化，让优秀文化的传播更加具有感染力，润物细无声地丰富大学生的信息渠道，培育大学生的文化自信。

（二）营造文化氛围，形成教学合力

校园文化是一所学校在长期的办学实践中所形成的物质文化和精神文化的总称，是培育大学生文化自信的重要载体，对大学生的思想情感、价值观念和言行举止都具有潜移默化的熏陶作用。高校应注重提升大学生的文化自信，在校园文化的建设中，把握好增强文化自信的着力点，重点培育社会主义核心价值观，大力宣传革命文化和社会主义先进文化，全面普及中国优秀传统文化，开展丰富多彩的校园文化活动，营造积极向上的文化氛围。如充分利用各类节日、重要纪念日、重大事件等集中开展主题教育宣传活动，并通过红歌会、诗词大赛、微宣讲、微视频、微电影等形式深入推进文化育人，引导学生在日常生活的细节中感知意义、体验崇高、增进认同，形成教学合力，让文化自信深入学生内心，提升思想政治理论课教学效果。

（三）提升教师素质，要育人先育己

教师是教学过程的主导因素，一言一行都可能会对学生产生影响。真学、真懂、真信、真用马克思主义理论，是高校思想政治理论课教师提升思想政治理论素质，上好思想政治理论课最基本的要求，也是最终要求。同样我们培育学生的文化自信，首先我们必须自己树立坚定的文化自信。思想政治理论课教师要通过不断学习我国优秀传统文化、革命文化和社会主义先进文化，做到自身底气十足，才能在课上自信宣讲。其次要提高理论联系实际分析能力，时刻关注了解时政热点，针对现实问题，能有效运用科学的理论进行深入的分析，有理有据地进行解答，排除学生困扰。学生在这个过程中，通过与老师的互动感受理论的魅力，坚定文化自信。

总之，培育大学生的文化自信为我们的强国之路提供更基本、更深沉、更持久的力量，是事关国家发展的大事。高校要发挥思想政治理论课的主渠道作用，有效培育学生的文化自信，为中华民族的伟大复兴贡献力量。

第三节 基于学生主体性发展的"思想政治理论课"教学方法探索与实践

一、"思想政治理论课"教学方法改革基于学生主体性发展的客观必然性

学生主体性是指学生在教育教学过程中所表现出的主观能动性等内在特性。"思想政治理论课"教学作为加强大学生思想政治教育的有效途径，其成效的发挥依赖于学生主体性的发展，离开学生主体性的发展，"思想政治理论课"教学的主导性就成了无源之水、无本之木，所做的任何努力和实践都不能产生实际效果，所以随着"思想政治理论课"教学方法改革的不断深入，立足学生根本需求，突出学生主体性的教学方法改革已成大势所趋。

二、基于学生主体性发展的"思想政治理论课"教学方法的理论基础

（一）有意义学习理论

有意义学习理论认为，学生是一个能动的主体，教学只有充分调动学生学习的主动性，学习才是有意义的而不是机械的。当前"思想政治理论课"教学效果不佳的一个重要原因就是一些大学生对"思想政治理论课"不感兴趣，认为"学了没用"，"思想政治理论课"的教学没有能够充分调动学生学习的主动性，吸引学生积极参与到教学过程中来。

（二）建构主义学习理论

建构主义学习理论认为，知识并不是通过教师传授得到的，而是学习者在一定的情境，借助他人的帮助，利用必要的学习资料，通过意义建构的方式而获得的。建构主义学习理论强调教学中要以学生为中心，较长时间以来，由于受传统观念的束缚，"思想政治理论课"教师采取"灌输"式方法教学，忽视了学生的主体性。所以，为更好发挥思想政治理论课作为大学生思想政治教育的主阵地作用，必须充分调动学生的学习积极性，发挥其主体性作用，但思想政治理论课上学生主体性作用的发挥不是放任自流，而是通过新的教学方法，激发主体意识，满足主体诉求，发展主体能力，打造"思想政治理论课"主体性课堂来实现的。

三、基于学生主体性发展的"思想政治理论课"教学方法的实践探索

近年来，高校"思想政治理论课"以提高学生的参与积极性，增强学

生主体性的教学方法改革在不断开展，相关研究也比较丰富。但笔者在结合所在学校的教学实践中发现，"思想政治理论课"教学内容丰富，时间跨度较大，要想真正提升"思想政治理论课"的教学质量，发挥课堂上学生的主体作用，在整个教学过程中单一地使用某一种或两种教学方法很难实现其教学目的，我们必须结合实际授课内容和学生的实际情况，灵活选择综合运用正确的教学方法，更好发挥学生的主体作用，提高"思想政治理论课"教学效果。在教学实践中项目驱动式教学法、情景式教学法、体验式教学法、对比式教学法、翻转式教学法等收效较好。

（一）项目驱动式教学法

项目驱动式教学法，是以项目驱动教学理念为指导，以具体的教学任务为载体，在指引学生完成项目任务的过程中激发学生自主学习的兴趣。近年来，在"思想政治理论课"教学中广泛采用的 ISAS 教学法，就是项目驱动式教学法中的一个有效尝试。教师根据教学内容紧密结合社会热点、大学校园生活拟定题目供学生选择，6—8 位同学自由组合成项目小组，选择题目，小组全体成员齐心协力完成资料收集、查阅、汇总、整理及调研和课堂汇报。相较于传统的教学模式，ISAS 教学法有了新定位，教师主导—目标导向和方法指导；学生主体—具体实施，在具体实施过程中可以培养学生的团队协作能力、沟通交流能力、口头表达能力、资料的收集整理能力、独立思考和解决问题的能力，更好地实现从"要我学"到"我要学"再到"我会学"的重大突破。

（二）情景式教学法

情景式教学法是综合运用多种教学方法和手段，设置课堂教学情景，启发学生学习兴趣的一种开放式教学方法。常用的设置情景方法有社会热点导入法、设疑导入法、音乐导入法、影像图片导入法等。以思想道德修养与法律基础课中讲授"爱国主义章节"为例。在课程导入环节中我们可以用

"万人观看升旗仪式"以及"少年中国强"朗诵视频引入。当伴随着雄壮的义勇军进行曲，五星红旗冉冉升起的时候，当"少年智则国智，少年强则国强，少年进步则国进步"声音响起的时候，所有同学都会感受到国家的荣耀与自己肩上的重任。学生通过情景的真实再现，有了不是旁观而是亲历的体验，认同起来没有抵触，更容易接受。

（三）体验式教学法

所谓体验式教学是指以课堂教学、生活体验、参观考察、社会实践等活动为主要形式，以学生个体参与为特征，以学生亲身体验、直接感悟为主要内容，所展开的教学活动。在教学实践中主要运用了"红色"现场体验式教学和社会实践体验式教学两种。每座城市都有着自己独特的气质，而长沙的气质就是"红色"，长沙有着丰富的红色历史资源，我们可以结合教材内容，因地制宜，确立现场教学点及教学主题，在历史发生地讲述历史，可以增强吸引力；在历史发生地点评历史，可以增强感染力；在历史发生地反思现实，可以增强震撼力，一堂课有时就是一次精神的洗礼。体验式教学法运用得当产生的教学效果是其余教学方法所不能比拟的。

（四）对比式教学法

对比式教学法就是要求教师在备课和授课的过程中，通过对课程内容进行古今中外的对比来加深学生对问题理解的深度和广度。比如，在讲授"社会主义改革开放理论"章节时，就运用了对比法，先对比了从古至今"开放"理念在中国以及世界上的变化，再让同学们来讲述自己家乡、自己家庭"改革开放"以来的变化，这样既贴近实际，又易于让学生参与、让学生认同，从而达到教学效果。

（五）翻转式教学法

翻转课堂是从英语"Flipped Class"翻译过来的术语。翻转课堂对传统教学过程进行了完全的颠覆，将知识传授由课堂上通过教师讲授来完成调整为课后学生通过信息技术的辅助来完成，将知识内化由课后通过学生完成作业、实践来实现调整为课堂上经教师的帮助与同学的协作来完成。翻转课堂教学模式改变了知识传递的线性路径，提升了学生学习的自主性，增加了课堂的互动性，有利于提高教学的实效性。但是基于"思想政治理论课"鲜明的政治性、思想性的课程实际，以及社会思潮的多样化，学生独立判断能力尚未完全形成等原因，这门课程不能实现完整意义上的翻转课堂，但这并不妨碍我们对翻转课堂教学模式中的某些有益特性进行有效借鉴。在"思想政治理论课"教学过程中，我们利用世界大学城空间平台推出"每课一聊"栏目，在课前教师提前布置好下次课的教学内容，鼓励学生在课后通过教师网上开设的教学资源平台，结合课本等资料提前进行自主学习，在此基础上，学生可以通过"每课一聊"栏目就课程内容提出问题，教师在线进行答复。同时教师可以在课堂上对一些相对集中的疑问或问题进行有针对性的解答或组织学生讨论，极大地提高了教学效果。

经过不断的教学探索与实践，我们在教学过程中根据实际情况，灵活选择综合运用多种教学方法，取得了良好的教学效果，"思想政治理论课"成为我校学生最喜欢的课程之一。由此可见，只要我们回归教学本源，不断"以学生为出发点和依归"改革"思想政治理论课"教学方法，不断与时俱进，就一定能够提高"思想政治理论课"教学的实效性和吸引力，帮助大学生成长成才，完成党和国家交予我们的任务。

第四节 当代大学生的思想特点与高校思想政治理论课教学改革

高校思想政治理论课教育改革和发展的实践表明：了解教育对象、解决学生思想实际问题是高校思想政治理论课教师永恒的主题。高校思想政治理论课教学的成败在于是否切合学生的思想、心理、情感的实际，其针对性主要也体现为针对学生的思想特点。因此，学生的思想状况及其特征就成为高校思想政治理论课教学改革的现实基础和客观依据，这对思想政治理论课教学的展开、实施、完成，意义十分重大。新世纪的大学生所处的社会环境已经并正在发生巨大的变化，他们既面临国际科技竞争和世界高等教育改革发展的挑战，也面临国内实施科教兴国战略和可持续发展战略的挑战。

一、当代大学生的思想特点

当代大学生的主要思想特征有：

（一）政治观趋向现实化

20 世纪 80 年代以来的国际国内重大事件导致当代大学生的政治观、政治意识出现了一些新变化。这主要表现为：第一，政治意识现实。多数学生能确立坚定的政治信念和正确的政治方向。他们强烈希望祖国早日实现现代化，拥护改革开放，对社会主义能正确对待，关心党风和社会风气，有强烈的责任感、使命感。第二，民主意识增强。青年学生渴望民主，追求民主，希望意见受到尊重、个人意识能实现，对民主选举、管理兴趣浓厚。第三，参与意识强烈。市场经济使学生参与社会的方式更趋多样化，参与目标、参与取向进一步分化、自主化，政治、经济、文化参与并存，由激情参与转为务实参与，由一味反叛对立转变为宽容，由浮躁被动转向成熟主动。然而，多数学生的政治观并不能适应新的时代要求，其政治观是过于现实，且呈现出相应的政治地位与政治"边际人"、政治热情与政治冷漠、政治思想的前倾趋向与现实社会难以接受等双重性。少数学生的政治思想存在偏差，在政治意识上存在理想化、狂热、困惑、悲观、中立等心理障碍。

（二）个体意识趋向个性化

经济体制改革、市场经济条件下的利益驱动机制，以及大学生来自不同的家庭环境背景，再加上生活选择越来越大的自由度这些因素，为大学生个性的展示提供了广阔的空间，促使大学生的意识观念越来越个性化。主要表现为：第一，竞争意识强烈。市场经济使竞争渗透到社会生活的各个角落，而人才竞争是未来竞争的核心。因此，在当代大学生中出现了学习、考研、考证的热潮。第二，自我表现欲望强烈。有强烈的自尊心、独立意识、创造意识。第三，独生子女的中心意识强烈。表现为生活方式个性化、多样化，反对学校、老师、家长干预他们的生活、恋爱、社会观等。然而，当代大学生生理的成熟和心理的动荡，以及个人意识的独立和经济上的依赖的矛盾，又会导致个体行为的偏差。

（三）价值观趋向多元化

多数大学生能努力学习、追求新知、奋发进取、创业成才，崇尚奋斗、奉献，但也存在追求物质利益、实惠、权力、享受、健康等多种选择。他们既接受社会主义的价值观教育，也受市场经济浪潮的冲击和西方价值观的影响，价值选择存在许多困惑、矛盾、冲突，导致行为消极、积极并存。其消极面主要表现为：价值取向错位，个人主义、功利主义抬头，对精神生活、集体利益普遍冷漠；价值目标取向实用化、短期化、直观表面化；价值结构模糊化、交错化，导致思想流于平庸，人生态度肤浅，目标追求歧化，道德观念混乱。

（四）心理问题突出化

在急剧变化的社会现实和激烈残酷的社会竞争面前，大学生心理问题明显增多。首先，表现为逆反心理加重。当代大学生的逆反心理是大学生自发产生的反控制的一种怀疑、抵触表现，它更多地表现为盲目性、片面性、极端性、排他性。逆反心理产生的原因主要有：自我意识强烈，思想教育中的理论脱离实际，社会的错误思潮的影响。其次，表现为由各种压力导致的心理问题增多。如知识更新加快和学习内容增多使学生学习困难、压力增大，自信心不足；经济压力使部分学生心理郁闷；毕业分配制度改革和就业压力增大使许多大学生对前途充满惶恐；收入差距的急剧扩大使许多学生对求学之路产生怀疑。不容置疑，当代大学生表现出来的上述思想状况及其特征对新时期的高校思想政治理论课教学提出了许多新的要求，这不仅要求思想政治理论课教师对大学生普遍存在的思想倾向，特别是政治思想倾向要及时了解、分析并努力回答学生普遍关心的重要理论和实践问题，而且要正确把握学生的生理、心理、思想特点，在教学中作出相应的调整和改革。

二、当代大学生思想特点的新变化对思想政治理论课教学改革提出的新要求

（一）思想政治理论课要充分发挥其在思想政治道德教育中的主渠道、主阵地作用

针对当代大学生思想道德层面存在的种种困惑与偏差，思想政治理论课教学要牢牢把握住大学生思想道德选择的方向；要通过各种渠道培养一支信仰与精通马列主义，立志献身思想教育的思想政治理论课教师队伍；改革教育内容与改进教学方法，使思想政治理论课教学既具有理论上的坚定性和彻底性，又具有鲜明的时代感和现实性，切实提高教学效果。要运用现代传播工具与手段创新思想道德教育的方法。高校思想政治理论课教学要了解和掌握本学科领域相关的工具平台和教育软件，找准高科技与高校德育的结合点，适应现代社会信息传播方式的变革；要建立德育信息资料库，开发德育软件。利用信息库和德育软件，深入开展思想政治理论课教学改革，提高思想道德教育的影响力和有效性。要广泛开展思想道德评价，形成正确的舆论

氛围，倡导与维护道德新风，揭露、抨击一些不符合社会要求和规范的言行，提高学生的自我认识、自我教育、自我管理的能力与水平。只有这样才能从根本上得到学生的认可，从根本上增强和提高思想政治理论课的生命力和实效性。

（二）思想政治理论课教学要注重人性关怀

道德根植于人性，人性是道德的根。道德规范源于人性的需要和追求。不懂人性不理解人就无法识别善与恶，就够不上谈道德，就不可能有道德教育。思想政治理论课教学要注重人性关怀。我们所谈论的人性关怀是一种回归生活，强调人的主体性，发展个性，学会批判与创新，尊重和关怀他人，在尊重和关怀中获得尊重和关怀，树立以人为本的理念。教育要丰盈个性，回归现实生活。尊重学生个体的差异性。这样的教育对象才是生活中的人。注重人性关怀的思想政治理论课教学是一种强调人的全面发展的教育，是一种强调主体关怀的教育，是一种换位关怀的教育，是一种体现个性关怀的教育，是一种人对人的理解的教育，是一种强调在交往过程中教育主体平等对话的教育，是一种以人为本的教育。人性关怀是人的一种内在需要。人性关怀强调人们都处在平等的地位，而且还应有尊重、关心、爱护和理解。即使是所谓的差生或受过处分的学生其人格皆应受到尊重，受到关心。走过曲折道路的人更需要关心和尊重。对他们的关心和尊重本身就是对他们的一种欣赏、一种力量。注重人性关怀是生活的智慧，是生活的艺术，灵活合理地运用就是德性的流露。

（三）思想政治理论课教学要注重贴近学生发展咨询教育

长期以来，我们习惯于以老师或教育者的身份来对学生实施教育行为，学生则是以受教育者的身份被动、消极地接受教育，现在看来，这种传统德育方法到了非改不可的地步。发展咨询教育目的在于把学生与教师放在平等的位置上，老师以专家的身份出现，为学生提供咨询服务，体现平等，体现服务；学生要求咨询服务是个人的主动行为，体现主动，体现需要。这种新的做法，比较符合当代大学生思想个性化、独立性强的倾向，从而把德育从客观普遍教育的层次推进到每一个学生微观的个体的心理层次。发展咨询教育意义重大，实际上，面对复杂多变的社会生活、大学生所承受的思想压力是不言而喻的，事实也已经证明，一些大学生在生活中感到迷茫、压抑、苦恼、空虚、烦躁、焦虑，学习压力、经济压力、就业压力等多方面压力已造成一些学生心态消极与心理不适应，因此，发展咨询教育任务十分迫切，它应该成为高校思想政治理论课教学的发展方向。要关心学生的生活，关心学生的思想，将解决学生思想问题与解决他们生活实际问题紧密结合起来，只有这样我们才能成为一个优秀的受学生尊敬和爱戴的思想政治理论课教师。

（四）思想政治理论课教学要渗透到校园文化建设中去

校园是传承、整理和发展科学文化的重要场所，校园教育既承担着传承、整理科学文化知识、训练理性的逻辑的思维方法、培养科学创新能力和社会改造能力的任务，同时，也承担着社会理想、道德规范等的教育以满足人类社会进步的要求。教育不单是培养劳动者，它首先是培养人，在生产劳动实践的基础上，人是认识主体、伦理主体、审美主体的统一。校园文化依托并通过高校这个载体来反映和传播各种文化现象，它是社会主体文化的一种亚文化，它的职能是通过一定的物质环境和精神氛围引领生活，使其中的每个成员都有意无意地在思想观念、心理因素、行为准则、价值取向等方面与现实文化发生认同，从而实现对人的精神、心灵、性格的塑造。但是，在校园文化建设的操作时，人们又往往忽视了校园文化的价值意义，总是从实用的功利主义的角度来理解和实施校园文化建设，使高校校园文化在貌似轰轰烈烈的表面下显露出偏离其价值意义的真实面貌。

实践说明，思想政治理论课的生命在于贴近实际、不断创新。思想政治理论课要深入到教师的教学、科研实践中去，深入到学生的学习、生活中去，深入到师生员工的头脑中去。引导大学生开展自我教育，使其更有针对性和实效性。要大力开展校园文化建设，在师生员工中强化以校训为核心的校园精神。要切实加强对课堂教学、讲座报告、舆论宣传等思想文化阵地的领导和管理，高度重视和充分运用信息网络技术开展思想政治理论教育教学。高校是一个特殊的社会群体，要重点突出思想政治理论课地位，充分发挥其在思想道德教育中的主渠道、主阵地作用。要转变道德教育观念，教学要注重人性关怀；要注重贴近学生发展咨询教育；要渗透到校园文化建设中去。

第五节　高职思想政治理论课考核方式的创新

当今的高等教育已由精英教育步入大众教育。面对 21 世纪激烈的国际竞争，高职教育培养出的人才必须具有适应性、敬业精神、奉献精神及合作共事能力。而思想政治理论课作为对大学生进行思想道德教育的主渠道和主阵地，旨在为社会培养具有正确价值观、政治参与意识和社会责任意识的人才。而高职思想政治理论课的考核是在明确"培养什么人""如何培养人"的前提下，衡量大学生马克思主义理论素养和道德品质，反映教师的教学理念和教学水平。为此，改革和创新学生成绩考评体系，是高职思想政治理论课的内在要求和提高教学实效性的重要手段以及培养合格人才的重大课题。

一、传统考核方式的弊端

高职思想政治理论课的课程体系包括两门具体的课程，根据各门课程的不同要求，在考核方面各个高校也有所不同，但不外乎将其分为考试课和考查课。考试课主要的考核方法是通过期末的闭卷笔答考试进行，根据对部分高校的了解，多数学校规定了平时成绩，将期末试卷卷面成绩和平时成绩作为最终的总评成绩。考查课的考核方法比较灵活，主要由任课教师决定，根据了解到的情况，撰写课程论文或调查报告是通用的一种考核手段，同时结合学生的平时表现，如平时作业的完成情况、课堂发言和讨论中的表现、听讲态度、课堂笔记的记录情况等，另外，也有部分教师通过口试、课堂上的开卷考试等方式进行考核。这两种考核方式，其评价标准在目标上都是以知识为核心，着重检查知识的组织、传递和再现情况；在方法上以量化为手段，着重检查师生教学目标达成方面的结果，忽视师生双方取得这些结果的过程；在内容上面面俱到，着重检查师生对知识掌握的完整性、系统性和准确性。这种教学评价体系的积极作用是将整个教学工作引导到统一化、标准化和程序化的轨道上来，但其缺陷也是显而易见的。

（一）考核方式缺乏科学性

"一卷定终身"的考核方式在评价标准上重知识、轻能力，它把学生考试获得的分数等同于学生的思想品德、政治觉悟和运用知识的能力，评价标准呈现单一化、片面化和负面化的趋势。此种考核评价不仅没能有效地发挥考试的诊断、反馈、发展功能，反而强化了学生为考试而学习的倾向。导致很多学生平时不看书，上课不听讲，考前一两周挑灯夜战，死记硬背笔记或复习思考题，考完之后脑子里空荡荡。有些同学分数很高，但个人品德、理解能力和创造能力却很低下。而这种重分数、轻能力的做法与思想政治理论课的教学目标也是背道而驰的，思想政治理论课的主要任务不是要学生把握更多的理论知识，更重要的是引导学生运用知识形成科学的理想、信念，提高思想觉悟和道德水准，树立科学的世界观和方法论，判断问题、分析问题、解决问题能力的培养比知识教育更重要。品德应是人身修养，而不是对理论或者政策的背诵，但是采取笔试的方法来判定学生思想品德课分数的高低，却是我国目前很多院校思想品德教育较为通行的做法。

（二）考核方式缺乏明确性

传统的考试方式实行考试和教学两者分离，学生重考试而轻学习。尤其有些学校实行所谓的教考分离制度，教师讲授的内容和考试的内容没有关联，导致学生平时学习自由散漫，上课不听讲，平常也不阅读书本，迟到旷课现象时有发生，到考试之前临时抱佛脚。如果是闭卷考试，则死记硬背书本知识；如果是开卷考试，则结果更差，有很多同学到考场上乱翻书、寻章摘句、四处找答案，以图蒙混过关。其弊端是：教学过程的完整性被打破了，考试成为唯一值得重视的事情，教学成为无关紧要的陪衬，学生的知识、能力都无法得到提高，强行记住的知识或根本没有经过记忆的知识，考试之后很快就烟消云散，不会在学生头脑中留下丝毫印记。长久下去，容易导致学生思维定式，造成思想僵化，可能考试的分数上去了，但能力下降了或者根本就没有获得任何能力。

（三）考核方式缺乏多样性

整齐划一的考试方式是对教师和学生创造性的钳制和扼杀。这种考试方式也被称为统考，在考试方式上，以年级或班级为单位实行统一的开卷或闭卷考试；在考试内容上，属于规范性命题，每题必答；在成绩的评判上，以统一的参考答案来衡量学生的成绩。这种考试方式最大的弊端在于忽视人的思维具有个体差异性，不同的人其思维是不一样的。思维的差异也使人们在对同一问题的理解上产生不一致。不同的教师讲授同一门课，针对不同的年级、不同的专业、不同的班级，其讲授的内容不会是完全一样的。同样的道理，对于学生而言，即使是同一个教师教同一个班级，因为班级中存在着学生之间的个体差异，学生们对马克思主义基本理论的理解和接受也必然是不同的。可以说，没有这些差异，就没有真正对学生起指导作用的马克思主义理论。

二、考核方式改革的原则

（一）知行统一的原则

思想政治理论课具有鲜明的思想政治教育性，因此，既不能忽视其同一般文化课程的属性区别，也不能忽视其不同门类课程的差异性，应逐步实行知识的培养、能力的提升、素养的形成等评价方式相结合的原则。大学生要成为合格可靠的社会主义接班人，一要具备坚实的理论基础，二要具有较强的实践能力。所以考核学生成绩时我们既要重视理论知识，又要关注实践能力。在思想政治理论课的考试中，要将知识与能力结合起来。这就要求我们打破传统的一卷定终身的状况，运用多种方式的考核将学生的知与行、德与智结合起来，不仅要重视理论知识层面的考核，还要重视对学生品德、行为层面的考核，促使学生做到"知—信—行"的统一。如毛泽东思想和中国特色社会主义理论体系概论课程的性质在于它具有鲜明的理论教育性，应注重对学生分析问题和解决问题能力的考核，以提高学生的创新精神、发挥学生的创造能力，确立为建设中国特色社会主义事业奋斗的政治方向，满足学生未来走向社会的需要。思想道德修养与法律基础课程的性质则在于它具有鲜明的思想性、品德的践行性，应注重对学生"知与行"的考评，使整个考评方式体现"知"与"行"的统一。

（二）理论与实践相结合的原则

马克思主义理论课除了考核学生对基本理论知识的掌握程度外，应着重考核学生运用马克思主义的立场、观点、方法分析说明问题的能力。因此，考核的方式应将课堂考试与多种实践性教学环节相结合，通过撰写调研报告、专题论文、组织专题讨论等方式，来综合考核和评价学生的学习成效。要求学生深入生活、深入社会开展社会调查研究，撰写调查报告。一方面考察了学生运用马克思主义理论观察、分析、解决社会问题的能力，另一方面磨炼了学生的意志，提高了学生的动手能力。根据学生所写的调研报告，并结合学生在调查研究中的实际表现评定成绩。同时结合各门课程的理论重点、难点，围绕当前经济和社会发展过程中面临的重大课题以及学生感到困惑的问题，精心设计一些专题，组织学生进行讨论，并把学生在课堂讨论中的表现记入平时表现成绩一栏。

（三）符合高职学生思维和心理特点的原则

思想政治理论课要想深入大学生的心里，就必须掌握大学生的心理。高职院校学生与普通高校的本科学生从知识体系和思维方式上存在着一定的差异，表现在学习上，就是理论学习能力不强。以往"一卷式""结果式"的评价方式，忽视高职学生的思维和心理特点，只侧重于评价学生的知识掌握情况。用纸笔测验方式对学生进行评价，评价焦点只以结果为中心，忽视学生的情感需求及创新思维的要求，以致学生急功近利地死记硬背书本知识，从而使思想教育流于形式。因此，改革高职院校的思想政治理论课程考核方式，必须从大学生的心理特点出发，才能具有针对性和实效性，达到思想政治理论课的教育目的。

三、考核方式改革的措施

（一）更新考核理念，明确考核目标

思想是行动的指南，考试理念的更新是考试模式变革中的首要环节，是考试模式革新的重中之重。思想政治理论课兼具理论教育和知识教育功能，政治性、思想性和实践性都很强，更强调对受教育者高尚品质的培育、创新思维的训练和实践能力的开发。"高校思想政治理论课是在学生已经对其中的知识有了一定了解的基础上、学生已经具备了相当的自学和思考能力的前

提下开设的，大学生学习思想政治理论课，主要不是为了记忆更多的知识，而重点应该转移到对理论的理解上"。为此，在培养创新型人才的教育目标下，教学考评应该由"理论型""知识型"向"创新型"转变；由重理论概念考核向重应用能力考核转变；由重书本知识考核向重社会实践考核转变；由重考核结果向重学习过程转变。着眼于提高学生对实际问题的理论思考能力，对理论知识的实践运用能力，着眼于提高学生的精神境界和道德理想来确立考评标准。

（二）拓展考核内容，完善考核体系

思想政治教育的科学考核既要考核基本知识的要点，又要考核看待问题的价值取向；既要考核学生对问题的理解能力，又要考核学生的日常行为实践。评价的内容应该包括知识与技能、过程与发展、情感态度与价值观等。为全面体现考核的内容，一方面，我们可以把学生在思想政治理论课教学过程中的参与程度、能力表现等纳入考评范围。对学生参与专题讨论、上台演讲等活动进行评定，将成绩考评和能力的培养融为一体，不断提升学生分析问题、解决问题的能力及创新的品质和能力，使学生自信、自强、自立等自主性品格在教学中得到完善。另一方面，将日常操行、课程论文、社会实践、课外能力和品行表现等方面纳入考核范围，可以最大限度地激发学生学习的兴趣，进一步优化学习过程。

（三）优化考核标准，健全考核方式

传统的考核方式倾向于单一的量化评价，用分数来量化考核学生的学、教师的教，这是有一定局限性的。一方面量化的分数既不能全面评价一个学生的思想品德、政治素质、精神境界、人格等内隐的素质，另一方面极其容易导致学生的急功近利，"重结果、轻过程"。思想政治教育是一个良好思想道德习惯的养成过程，在思想政治理论课的考核中，不应该仅用考分来量化学生的成绩，应该注重结合量化与定性的评价方式，注重学生的行为考

核、学习过程的考核，收集关于学生进步情况的信息，随时考查学生掌握理论知识的程度和学以致用的效果。建立复合性的、过程性的考试指标评价体系，把学生的成绩分为平时成绩、实践成绩和期末考试成绩三部分。平时成绩占 30%，根据学生的出勤率、课堂表现、学习态度、作业等方面予以评分；实践成绩占 20%，要求学生每个学期必须要参加一定的社会实践，如调查、访问、参观，并写出实践报告，考核学生观察和分析问题的能力；期末考试占 50%，可以采用开卷或闭卷的形式，应紧密联系学生实际和社会实际，着重考察其对所学知识的理解和应用能力以及掌握知识的牢固度。这一考试模式就是把过去一次性的评价分解为多次考核，变单一的考核为多元的考核，将结果考核与过程考核有机结合，这样一来，既保留了传统考试中的合理因素，同时又加入了一些新的元素，运用多指标的评价形成学生的综合成绩，与传统的"一卷制"考试方式相比，这种复合性、过程性的考试指标评价体系要合理得多。

第四章

高校思政教育的实践应对

第一节　受众理论视角下高校毕业生
就业思想政治教育探析

当前，许多高校都采取了一些新的手段来加强毕业生的就业指导工作。但作为高校毕业生就业工作重要组成部分的思想政治教育仍然较为薄弱。本书试图通过引入受众理论，在分析高校毕业生就业工作存在不足的基础上，阐述毕业生就业工作中进行思想政治教育的重要性，进而探讨受众理论视角下高校毕业生就业工作中开展思想政治教育的可行性，促进高校毕业生就业工作迈向新台阶。

一、受众理论介评

（一）受众理论概念及作用

受众是传播学中的一个重要概念，它是指"各种不同类型的传播活动中的信息接受者，是一般意义上的读者、听众、观众的统称"①。受众是信息的接受者、传播所指向的客体，又是传播反馈的核心环节，一般而言，传播效果的好坏必须从受众的反应中进行评价。因此，受众是决定传播活动成败的关键。② 作为传播学的基本理论之一，受众理论是对传播过程中的接受活动进行的研究，它更加注重在现实操作层面上研究受众者而且率先对教育接受活动展开研究。受众理论能够成为传播学的一个独立的研究领域，客观上是与教育渠道和教育手段的不断发展与完善分不开的。同时教育渠道和教育手段为受众理论的形成提供了广阔的研究视野，也启发了学术界对受众群体需要、态度和心理差异的深入探讨与研究。

（二）受众理论对高校毕业生就业思想政治教育的影响

从现代传播学的视角看，思想政治教育是一种有着相对稳定传播内容的特殊传播形式。思想政治教育传播能否达到预期效果，关键在于教育客体能否接受思想政治教育。现代传播学的受众理论强调从受众的个性特点、需要动机、心理差异等方面来审视受众的接受过程，对受众的接受问题进行了较为系统的研究。③ 所以要提升高校毕业生就业思想政治教育的实效性，就必须对教育客体即高校毕业生群体及其接受过程进行研究。而本书就是要探讨受众理论视角下高校毕业生就业思想政治教育的现状，并把其看作一个思想教育受众不断内化的过程，在这个过程中，高校毕业生就业思想政治教育的对象就是受众即接受主体，以一种新的视角审视当前高校毕业生就业思想政治教育工作中存在的不足，分析原因，提出对策。

---

① 段京肃：《传播学基础理论》，新华出版社 2003 年版，第 141 页。
② 刘强：《传播学受众理论论略》，《西北师大学报（社会科学版）》1997 年第 11 期。
③ 唐昆雄、郭蕊：《受众理论与思想政治教育接受过程的相关性探析》，《贵州师范大学学报（社会科学版）》2010 年第 4 期。

二、高校毕业生就业思想政治教育工作中存在问题及其原因分析

（一）在毕业生就业思想政治教育主体选择上，忽视了毕业生的接受主体地位

当前，由于高校毕业生在大学阶段就业条件相对有限，选择面也较窄，即使找到了工作，到单位后由于工作待遇与期望有差距，而在思想层面采取了躲避的态度，消极怠工。这一类型的高校毕业生在一定程度上放松了对自己的职业道德要求，在校期间往往表现为对专业学习、活动参与比较重视，而对思想政治教育尤其是职业规划过程中所需要认真学习的关乎"三观"的思想政治教育往往无暇顾及。在这一背景下，作为教育主体的部分高校并未根据这一变化作出及时调整，制定符合高校毕业生自身特点和需要的就业思想政治教育模式，造成其与就业指导工作的实践脱节，从而减少了作为受众主体的高校毕业生接受思想政治教育的可能性，影响了就业思想政治教育工作的针对性。

（二）在毕业生就业思想政治教育内容考量上，没有充分考虑毕业生思想动态

当前，作为教育主体的部分高校往往只重视毕业生在校期间专业课程的学习和实践活动的进展情况、本科生的"考研率"、外语以及计算机的等级考试情况等硬性标准，而对毕业生的就业工作尤其是就业思想政治教育工作这项"软性指标"未给予足够的重视与引导。甚至还有一些高校认为，大学生在校期间的主要任务只是学好专业课，不需要过问其他。在这些不良思想的误导下，部分高校便简化了对毕业生的思想动态考核环节，忽视了毕业生就业思想政治教育的知识传授，其就业思想政治教育也就出现了迟滞甚至

停滞的状态，进而影响了作为受众主体的毕业生的就业思想政治教育落到实处。

（三）在毕业生就业思想政治教育结构衡量上，对毕业生积极性调动不足

在传播媒介迅速发展的当今社会，如果传播手段对受众的积极性调动不足，传播媒介不符合受众追求丰富性的要求，就很难取得令人满意的教育效果。目前来看，部分高校的毕业生就业思想政治教育方式基本上没有摆脱单项式的灌输教育范式，过于僵化的教学模式对受众的积极性产生了不良的影响。而部分从事这方面教育工作的教师的教学模式也没有根据传媒媒介日益丰富和多元这一实际情况作出适时调整，过度依赖 PPT 课件教学方式，师生之间的互动效果不明显，授课效果不甚理想，因而对即将迈出校门的毕业生进行就业教育收效甚微，难以满足作为受众的高校毕业生对职业规划丰富性的需求，更难以调动其接受就业思想政治教育的积极性。

三、受众理论视角下高校毕业生就业思想政治教育的对策分析

（一）创新教育方式促进高校毕业生主动完成整合思想内化

1. 占领高校毕业生就业思想政治教育网络基地

"传统的思想政治教育传播载体显得不够用或不完全适用了，因而需要创造覆盖面更广的新载体，如校园文化载体、网络传播载体、活动载体及管理载体等，以适应思想政治教育社会化的需要，增强思想政治教育的吸引力、渗透力。"[①] 随着互联网的发展，利用信息网络对受众进行思想教育的

---

① 欧阳林：《思想政治教育传播学》，北方交通大学出版社 2005 年版，第 35 页。

传播已是大势所趋。目前许多高校专门开通了毕业生就业思想政治教育网站，这种摆脱灌输式传播方式的新型媒介为广大毕业生就业思想政治教育打开了便捷之门——通过构建毕业生就业思想政治教育工作平台，突破了时间和空间的限制，拉近了高校与毕业生、毕业生与社会之间的距离。在新形势下，高校应及时占领网络传播领域，有关部门如宣传部、学生处、就业指导中心等部门可尝试开设"毕业生就业指导思想动态连线""高校政工之家"以及 QQ 群、微信等通信工具，整合网络就业思想政治教育资源，及时更新就业信息、科学构建职业规划栏目内容，拓展毕业生思想素质和政治觉悟，把其建成高校毕业生就业工作的重要思想堡垒。

2. 利用媒介引导高校毕业生就业思想政治教育工作

一般而言，受众在接受思想教育时会有不同的接受态度，这主要是因为受众会依据自身需要能动地选择是否接受教育。在接受过程中，受众占据主体地位，具有能动选择性。所以"要认真了解受众的思想问题，让受众在明理中受惠，在受惠中明理，这是思想教育方法的最佳体现"①。可尝试由高校职能部门如就业指导中心、宣传部、学生处等部门牵头购买毕业生就业指导和思想政治教育方面的书籍，并发放到各二级学院学生党、团组织手中。与此同时，及时跟进对高校毕业生就业思想政治教育进展、成效经验和先进典型的报道，播放毕业生就业思想政治教育录像片，通过典型案例进行职业规划、就业指导等层面的思想政治教育，从而使广大即将毕业的学子时时处处感受到就业思想政治教育的熏陶与感染。

（二）及时更新载体促进高校毕业生就业思想政治教育工作不断加强

1. 有效整合校外资源，积极拓展高校就业思想政治教育阵地

受众理论认为，受众的某种需要一旦得到满足，就会缓解甚至消除再

---

① 荆惠民：《思想政治工作概论》，中国人民大学出版社 2007 年版，第 205 页。

次满足这种需要的欲望。这时原先的需要也就不再成为人们积极行为的主要动机。马克思主义认为，上层建筑对经济基础具有反作用。思想政治教育作为上层建筑领域中一项重要的实践活动，它对经济建设和其他业务工作具有指导作用。从这个层面解读，高校加强毕业生的就业思想政治教育工作，就需要树立思想政治教育与就业指导工作相结合的理念，及时更新载体整合、优化校外现有各种资源，利用多种手段、方式对即将毕业的大学生进行职业规划思想政治教育。如可尝试通过学校就业指导中心结合毕业生的实际情况，定期组织即将毕业的大学生到校外的一些政府部门或者公益组织如共青团各级地方组织、法律援助中心以及各类 NGO 组织进行轮训、挂职锻炼，通过在这些部门的锻炼，把世界观、人生观、价值观教育渗透到其未来的就业规划当中，落实到职业理想、择业标准和成才道路当中，有效拓展毕业生的就业思想政治教育崭新阵地。

2. 积极开展校园创先争优活动，扎实开展高校就业思想政治教育工作

在新的形势下，作为教育主体的高校应该根据受众的实际情况，紧密联系时代变化和毕业生的生活环境、社会环境，引导大学生对就业规划进行理性思考，进而来预测即将毕业的学生在大学各个发展阶段的需要，不断地更新、完善思想政治教育内容和教育方式，以积极向上的姿态，大力发扬争先创优精神，将争先创优的精神融会到毕业生就业思想政治教育中去。比如，可尝试与地方政府共建创先争优社会实践基地，积极探索社会实践指导与高校就业思想政治教育相结合的机制，用思想政治教育的基本理论来解释现实中的毕业生就业问题，从而促进毕业生的就业思想政治教育意识的内化，增强毕业生用所学知识技能报效祖国、奉献社会、建功立业的社会责任感和历史使命感，为毕业生今后拥有良好的职业道德和做好本职工作的责任心、积极进取的事业心打好坚实的基础。

（三）统筹考量显性教育与隐性教育双结合教育模式

1. 显性教育与隐性教育相结合，有效弥补高校毕业生信息获取片面性

思想政治教育传播是一种半控制传播，即教育主体可以控制受众的教育内容，而作为受众，则可以控制自己选择什么样的教育内容，这就催生了需要综合运用显性教育与隐性教育相结合的新手段，来探索思想教育尤其是高校毕业生就业思想政治教育工作新模式，而这无疑是当前高校在毕业生就业工作体系中的新思路。所以，当前高校就业思想政治教育必须注重二者的结合，即不仅要加强高校毕业生的信念教育，而且要加强其心理健康素质以及实践动手能力和创新能力。① 使显性教育与隐性教育有机统一起来。这是由高校就业指导思想政治教育性质决定的，也是当前社会就业环境迫切的现实需要。所以，只有通过二者的相互融合，把有意识的注入和无意识的熏陶结合起来，才能最有效地适应受众的不同要求，使高校就业思想政治教育收到良好成效。

2. 显性教育和隐性教育取长补短，提升毕业生对职业规划的价值判断能力

与隐性教育相对应的就是显性教育，在显性教育法中，由于教育主体的主导性是明确的、客观存在的。受众"就容易把自己放到被动的位置，接受教育的主动性就会受到抑制；隐性教育法则不同，在教育过程中将强制要求接受的内容潜隐到教育对象的职业活动中去，使之真正转换到主体位置，教育对象无论是在活动过程中，还是在认知体验的过程中都发挥了自身的主体性"②。在当前就业形势较为严峻、人才市场竞争激烈的情况

---

① 参见《中共中央国务院关于进一步加强和改进大学生思想政治教育的意见》（中发〔2004〕16 号）。

② 向敏青：《思想政治教育工作的隐性教育法研究》，硕士学位论文，西南师范大学2003 年，第 14 页。

下，很多毕业生对即将面临的就业竞争与压力认识不足，对未来工作的规划能力也较为脆弱。为此，作为教育主体的高校要在毕业生就业工作中综合运用思想政治教育的基本原理和知识，积极引导毕业生正确认识、客观评价自己，凸显显性教育的优势；同时积极引导毕业生正确对待求职过程中的"摩擦"，让他们学会进行自我心理疏导和调节，努力提高适应社会环境的能力，从而实现在求职活动和认知体验的过程中发挥自身的主体性，凸显隐性教育的优势。通过发挥显性教育和隐性教育两个层面的综合优势，提升高校毕业生对未来职业规划的价值判断能力，拓宽毕业生就业渠道。

第二节　工匠精神培育——高职思想政治教育研究新范式

伴随着我国供给侧结构性改革的不断推进及产业结构的优化调整，各行业对于高素质技能型人才的要求越来越高，振兴高职教育已成为我国社会各界共同关注的焦点。2016年"工匠精神"一词被首度写入政府工作报告，一年后的《2017年国务院政府工作报告》中再次指出"要大力弘扬工匠精神，厚植工匠文化，推动中国经济发展进入质量时代"①。在此背景下，高职思想政治教育研究面临千载难逢的发展机遇，同时也面临前所未有的严峻挑战。对于高职思想政治教育研究在整个思想政治教育体系中的价值、地位、作用、路径等诸多问题，迫切需要对高职思想政治教育的发展现状、功能定位等进行科学的整合与及时回应，梳理出能够适应新形势的研究范式。工匠精神蕴含着优秀的传统文化，浸润着中华民族的优良品格，承载着中国

---

① 毛同辉：《让"工匠精神"照亮"中国品牌"》，2017年3月8日，见http://news.xinhuanet.com/comments/2017-03/08/c_1120584956.htm。

人民的美好愿景。习近平总书记在全国高校思想政治工作会议上指出："高校要把思想政治工作贯穿教育教学全过程，实现全程和全方位育人。"① 这对于加强和改进高职思想政治教育具有重要的启迪作用。这也要求高职院校在将"工匠精神"培育有机地扩展到思想政治教育新范式的深化探究过程中时，既要充分考量新形势下的社会发展趋势，又要紧密结合高职院校的办学需求；既要立足高职院校意识形态与宣传思想工作，又要坚持贴近、关爱学生，这样才能不断提升高职思想政治教育的实效性、针对性、亲和力与吸引力。

一、高职思想政治教育研究的固有范式及其转换

自美国科学史学者托马斯·库恩在其著作《科学革命的结构》中"将21 种关于范式的零碎说法系统化为范式理论"以来②，我国思想政治教育领域对这一理论进行了有益的探索。在此基础上，高职思想政治教育领域也展开了"范式"及其有关理论的援引和运用研究。通过对相关领域文献资料的分析可以知道，高职思想政治教育研究范式已经从简单引用概念阶段转换到深挖学科建设内涵、规范学术话语体系阶段：一是范式理论为高职思想政治教育研究向系统化方向推进提供了新的理论支撑，使高职思想政治教育不再依附于其他学科，而拥有了相对独立的研究对象、研究目标、研究领域；二是范式理论为高职思想政治教育研究奠定了坚实的方法论基础，使原本较为分散的内容有了系统整合的方法与路径，使得高职思想政治教育体系更加严谨科学。

---

① 《习近平在全国高校思想政治工作会议上强调：把思想政治工作贯穿教育教学全过程 开创我国高等教育事业发展新局面》，《人民日报》2016 年 12 月 9 日。

② 何秀敏、张耀灿：《思想政治教育学科范式研究现状探析》，《学校党建与思想教育》2015 年第 7 期。

二、高职思想政治教育研究的现实困境

（一）区域划分思维较浓

从学科角度来看，任何研究范式的确立都会涉及本研究领域特定区域、特定对象、特定标准的划分问题，高职思想政治教育研究领域也符合这一规律。这种状况虽然有利于该学科领域的深入探讨和研究，但也存在明显不足：一是使研究人员的主要精力和关注方向局限在特定范围、特定对象的研究上，造成高职思想政治教育的研究广度和视野受到一定程度的限制，长久而言会影响高职思想政治教育研究成果的质量，使研究视域受到限制。

（二）经院倾向凸显

当前高职思想政治教育研究逐步呈现经院固化的倾向。部分从事高职思想政治教育的研究者、教育者，其研究范围主要局限在高职院校内部，习惯沉浸于自己的话语体系和学术乐趣之中，自说自话、自娱自乐。在开展理论和实践研究的过程中，很多研究、教学人员虽在理论功底方面拥有一定的优势，但缺乏实际的职业教育经历，容易忽视高职大学生对思想政治教育的学习需求和接受能力，使得相当一部分高职思想政治教育研究成果缺乏实效的支撑。

（三）价值思想教育缺失

高职思想政治教育价值问题研究进入学界的视野较晚，但高职思想政治教育在培养高素质技能型人才中的内在价值早已得到有力的彰显。从现实情况看，高职思想政治教育并未达到预想的效果，甚至在一定程度上出现了"价值缺失"现象。表现为：一是高职思想政治教育研究过程中出现了价值意识不强，不重视师生价值需求的情况；二是社会对以培养高素质技能型人

才为目标的高职思想政治教育体系的认知仍有误读，认为高职思想政治教育只是低水平的普通高校思想政治教育；三是部分高职院校教师对思想政治教育的内在价值及其对大学生职业素养的思想引领价值还未形成广泛共识，这也较大程度上削弱了高职思想政治教育的影响力和感染力。

（四）人本意识缺位

从马克思主义人学理论出发，思想政治教育是以现实的社会的人为实践对象的活动，其出发点和归宿都是人。尤其是在创新驱动发展新常态下，高职思想政治教育所关注的不仅仅是人的技能、技术等"术"的层面，还关乎人的价值、意义等"道"的层面，也就是要实现"技术与人文的融合"①。相关数据显示，近 10 年内建立的高职院校占到了总量的 70%。这一部分高职院校由于办学历史不长，其思想政治教育大多还停留在知识传授层面，缺乏对学生的人文素质、职业精神培养等"目的理性"层面的教育引导，使高职思想政治教育目标被"稀释"。一旦忽视对塑造健全人格，实现人的自由全面发展的"目的理性"的关切和重视，就可能造成"人本意识"缺位，导致高职思想政治教育偏离其本真轨道而走向异化之路。

三、高职思想政治教育研究范式的当代关切

高职院校视域下的"工匠精神"培育包含着推动个人成长成才，适应产业转型升级需要，实现中国智造伟大目标等，这也是思想政治教育孜孜以求的价值目标。随着高职院校办学事业的不断改革与深化，其思想政治教育研究的内涵和外延得到不断的丰富和拓展，需要新的教育范式与这些目标相适应，以更好地适应高等教育深化改革的时代诉求。面对高职思想政治教育

---

① 周建松、唐林伟：《高职教育人才培养目标的历史演变与科学定位——兼论培养高适应性职业化专业人才》，《中国高教研究》2013 年第 2 期。

研究范式的发展困境，通过挖掘工匠精神的丰富内涵，构建高职思想政治教育的新范式，是实现高职思想政治教育创新发展的必然选择。

（一）立足国情

当前我国科技等硬实力的发展日新月异，但思想政治教育等软实力的发展还有待进一步加强。基于此，高职院校应着重加强高职思想政治教育研究与社会实践、实际生活的有机融合，使其在推进我国社会全面进步的过程中实现效益的"最大公约数"。这就要求高职思想政治教育研究范式要立足高等教育大众化、职业教育高质化的国情，"逐渐摆脱传统意义上的旧范式，探索出更多新颖的内容和形式"①。汲取各个学科的理论养分，积极探索，不断丰富符合我国基本国情的高职思想政治教育研究范式的新载体、新内容。

（二）因势而新

高职思想政治教育是培养高职大学生职业精神、职业素养的重要载体，对于彰显职业教育和普通高等教育价值具有至关重要的作用。高职院校应积极探索出一套行之有效的思想政治教育研究范式，将范式研究蕴含的规范性、政治性予以有效整合。特别是要坚持与时俱进，注重将高职思想政治教育研究范式放在整个思想政治教育领域进行动态的分析、把握与衡量，更加敏锐地运用新的理论知识，挖掘新的理论内涵，加强高职思想政治教育新理论、新实践与其他思想政治教育成果的不断融通与交流对话，努力实现高职思想政治教育研究范式"因事而化、因时而进、因势而新"②，为学科发展和时代进步贡献应有的力量。

---

① 沈壮海：《论思想政治教育理论研究的新范式与新形态》，《思想理论教育导刊》2007年第2期。

② 《习近平在全国高校思想政治工作会议上强调：把思想政治工作贯穿教育教学全过程 开创我国高等教育事业发展新局面》，《人民日报》2016年12月9日。

（三）核心转变

要实现高职思想政治教育研究范式核心方向的转变，就应该将思想政治教育实践与学科内、交叉学科之间的创新研究有机地结合起来，对现阶段我国国情以及时代发展进程中出现的新情况、新问题进行深入的分析和探究。这促使高职思想政治教育研究范式在两个核心层面进行转变：一是运用马克思主义实践理论，着力实现高职思想政治教育研究范式从知识框架构建向生活实践追寻转变；二是运用理性价值理论，着力实现高职思想政治教育研究范式从单纯追求"工具理性"向工具理性与价值理性相结合转变。由此，最大限度地与目前高职思想政治教育研究领域所面临的新形势、新目标相适应。

四、高职思想政治教育研究新范式的路径选择

工匠精神在我国有着悠久的历史，先秦时期的鲁班、墨子等无不浸润着工匠精神的深刻印记。进入近代，伴随着机器大工业时代的到来，工匠精神出现一定程度的"失落"。然而工匠精神因其具有的丰富内涵而并未过时，它所包含的人文精神、创新精神、实践精神、精益求精精神等作为珍贵的思想宝库和不竭的精神动力，在高职院校得到重拾、挖掘与承继。在此背景下，学术界、教育界尤其是思想政治教育领域对工匠精神培育的理论研究与实践探索也日益增多。之前的相关研究多数集中在对工匠精神内涵与外延的挖掘、解读，以及如何传承工匠精神的优良品质等方面。仔细分析多数学者的观点，不难看出学者们对工匠精神培育的延展性研究不多，尤其是在高职思想政治教育研究领域的拓展性成果很少。这使得高职院校在工匠精神培育层面缺乏坚实的理论支撑，而陷入单线条的孤立研究中，很大程度上削弱了工匠精神培育作为高职思想政治教育研究领域一种新范式的必要性。在高职思想政治教育研究视域下探讨"工匠精神"的培育问题，有利于进

一步挖掘工匠精神现代意义上的专业精神、职业意识和人文素养，"有利于呼唤工匠精神的强势回归"①，实现高职思想政治教育研究范式的拓延与创新。

（一）依托工匠精神蕴含的专业精神，增强高职思想政治教育把握两个理性的能力

工具理性和价值理性是马克思主义实践理论的重要范畴，而马克思主义实践论是包括高职思想政治教育在内的整个思想政治教育体系的理论支撑。依托工匠精神培育蕴含的专业意识、实践品质，可以有机地协调好工具理性和价值理性的内在机理，并在方法论和价值论两个层面拓展高职思想政治教育的研究范式。在方法论方面，工匠精神培育包含的实践要素可以将工具理性和价值理性有机地融合，有效促进高职思想政治教育教学方式、学习载体得到更大范围的优化和完善，引导高职院校大学生成为具有健全人格的"职业人"，使高职思想政治教育的载体和形式具有可操作性和实证性；在价值论方面，工匠精神培育可以有效地引领高职思想政治教育积极地运用马克思主义实践论，从"价值"维度去完善自身的教育教学与过程考评，使价值理性内化于整个思想政治教育进程，引导高职院校大学生在接受思想教育、价值引领的过程中养成专注细致的专业素养和技能认知，努力探索出一条具有"中国特色的大国工匠精神塑造的崭新路径"②。

（二）依托工匠精神蕴含的职业态度，增强高职思想政治教育运用职教模式的能力

职业态度的养成是高职院校人才培养的重要范畴，也是高职思想政治教

① 李进：《工匠精神的当代价值及培育路径研究》，《中国职业技术教育》2016年第27期。
② 叶桉、刘琳：《略论红色文化与职业院校当代工匠精神的培育》，《职教论坛》2015年第34期。

育的重要使命。工匠精神培育对于引领高职院校大学生树立正确的职业观，提升优良职业道德发挥着重要的作用。在现代社会，工匠精神蕴含着比以往任何时候都广泛的现实意义。它代表着认真勤勉、爱岗乐业、守正创新等要素，而这些要素正是高职思想政治教育的追求目标。由此，高职院校作为工匠精神培育的重要阵地，应当注重高职思想政治教育对工匠精神培育内涵的浸润作用，重视将工匠精神所凝聚的"敬业、精业、创新、创意、创业"精神贯穿于高职思想政治教育的全过程，积极开设高职思想政治教育系列课程，开展专业技术理论的学习和运用、职业能力的训练与拓展、职业规划和职业素养的养成与评价等，促进高职院校大学生理论学习与职业素养的有机结合。"职业技能和培养职业态度的高度融合，提升职业教育人才培养质量。"①

（三）依托工匠精神蕴含的文化因子，增强高职思想政治教育涵养品质文化的能力

高职思想政治教育研究范式的不断深化离不开文化因子的熏陶和滋养。以品质文化氛围涵养高职思想政治教育，这是高职思想政治教育长足发展的必要前提。因为现代意义上的"工匠"，并非仅仅是具有一技之长的重复劳动者，而是有着相当的品质情怀、崇高的社会理想的社会人。正如哈佛学院前院长哈瑞·刘易斯所说："如果学生在求学期间只掌握一门专业技能，而且只能以此作为谋生手段，那他的生活必然是缺乏乐趣的。"② 所以，高职思想政治教育要避免培养具有知识偏狭性的"单向度"人才，而应当将更多的精力转移到培养学生的道德情怀、创新精神等品质文化层面上，从而满足社会对高职教育作为公共产品的期许。在教学观念上，要

---

① 李梦卿、任寰：《技能型人才"工匠精神"培养：诉求、价值与路径》，《教育发展研究》2016 年第 11 期。

② ［美］哈瑞·刘易斯：《失去灵魂的卓越：哈佛是如何忘记教育宗旨的》，侯定凯译，华东师范大学出版社 2012 年版。

改变传统思想政治理论课教学对匠人以及匠人精神的偏颇认识，认为工匠只是呆板沉闷、不知变通的僵化形象，影响工匠精神的内涵延续与社会认同，而要转变教学观念，深刻领会工匠精神对于当代大学生，其根本的旨趣在于浸润学生生命，提升学生的生命质量。在氛围营造上，充分运用传统优秀文化。在高职思想政治教育过程中，注重将凝聚和彰显工匠精神的物质成果与精神养分转化为高职院校大学生的精神张力和践行动力，将知识体系转化为情感认知体系、职业行为体系，促使高职思想政治教育在品质文化氛围熏陶下自觉展示和传承工匠精神，体验和强化工匠精神的魅力与价值。

除在上述内容梳理和阐述的基础上对高职院校思想政治教育进行研究外，还应深入思考方向转变的问题，即应当注重区分显性和隐性问题。换言之，高职思想政治教育研究应根据当前高职教育发展乃至整个职业教育体系发展的现实需求，突破旧范式的约束和限制，开拓更加符合时代要求的新形态，促使高职思想政治教育研究从隐性状态走向显性状态。在相对固定的高职思想政治教育研究范式中，显性教育具有集中统一、组织明确、带有一定强制色彩等属性特点。其关注的重点在于充分运用各种公开手段，依托各种公开场所，有系统地开展高职思想政治教育活动形态。但这种形态具有较大的局限性，它较多地表现为一种直接甚至是灌输式的表达形态，在一定程度上影响了高职思想政治教育和工匠精神的融合效果。因此，高职思想政治教育范式研究要加强对隐性思想政治教育形态的探索和创新。尤其是面对价值诉求日益多元化的高职院校大学生群体，积极吸收隐性思想政治教育形态的内外价值，将工匠精神潜移默化地蕴含于高职思想政治教育范式研究之中，以一种充分体现理性、贴近人性的教育形态引导学生、带动学生、亲近学生、服务学生，使其在轻松愉悦的氛围中感受"工匠精神"培育对高职院校大学生情、意、信等层面的熏陶与浸润，才可以达到"工匠精神"教育的目的。

第三节 历史虚无主义新媒体传播及其对
大学生价值观影响的应对策略

历史虚无主义是指以西方虚无主义思潮为内核，以否定权威和传统为价值皈依，以瓦解意义和追求为终极目标的社会思潮。历史虚无主义作为一种在西方世界具有现实影响力的社会思潮，伴随着新媒体技术的广泛普及，对新时代大学生价值观培育产生了一定影响，对高校思想政治教育"生命线"地位带来了风险。诚如钱穆先生所说："应心存温情与敬意来了解本国史，且不能以偏激的虚无主义、浅薄狂妄的进化观、似是而非的文化自谴来对待本国史。"① 否则，大学生就易被各种不良思潮困扰与误导，造成思想观念认同和价值观培育上的危机。这些现象应引起学术界和高校的高度关注与深入研究。

一、历史虚无主义的由来及本质特征

（一）历史虚无主义的由来

历史虚无主义源于西方社会的虚无主义社会思潮。一般认为，虚无主义这一术语肇始于尼采的《权力意志——重估一切价值的尝试》一书。在书中，虚无主义被用来批判传统意义上西方形而上学哲学体系及其倡导的"真理的历史"。"虚无主义意味着最高价值的自行贬黜"②。特别是在尼采哲学否定上帝的存在以后，虚无主义逐步发展成为否定传统、藐视权威、重估价值的社会思潮，而伴随着工业大革命和资本主义时代的来临，进一步加

---

① 钱穆：《国史大纲》，商务印书馆 1996 年版。
② ［德］尼采：《权力意志——重估一切价值的尝试》，张念东、凌素心译，商务印书馆 1991 年版。

剧了历史与时代的割裂程度，作为资本主义现代化与虚无主义"否定性"历史进程"参照物"的一种意识形态，历史虚无主义由此兴起。

（二）历史虚无主义的本质特征

历史唯心主义从本质上讲是一种唯心主义世界观。它将历史进程视为一种"无主体"的偶然结果，否认历史唯物主义与历史决定论，这就决定了历史虚无主义研究问题的出发点是违背客观规律和实事求是原则的，是唯心史观在新的历史条件的集中体现。从现实来看，历史唯心主义呈现出两大基本特征。

诡辩色彩的方法论。历史虚无主义在分析历史现象、历史人物、历史阶段的过程中，往往采取以偏概全、以点带面的方法论，这是一种机械式的思维方法，违背了历史全面性与客观性的本来特征与具体问题具体分析的基本特征，在方法论上与历史辩证法形成了鲜明对比，从而走上了诡辩论的道路。如否定近代中国革命作为推动中国社会发展的动力的本质地位，而不加甄别地将革命过程中的流血冲突视为"社会的破坏""文明的冲突"，又如忽视社会发展的客观规律性与历史必然性，夸大个别英雄人物与偶然事件的历史作用。

抽象空洞的价值观。对于历史人物的内心思想与活动开展，历史虚无主义主张用人性论而非阶级分析方法来开展研究，倾向于剥离社会背景、特定国情和具体环境，选择性地将符合其价值观诉求的史料、文本作不加对比分析和辨伪的"研究解读"，这种抽象空洞的"研究与解读"，不过是"想象的主体的想象的活动"[1]。如"有些学者在美国看到了蒋介石日记，就据此断定认识一个真实的蒋介石，甚至可以重写中国近代史"[2]。从本质上来看，

---

[1] 杨军：《历史虚无主义是如何"考察"历史的——访武汉大学马克思主义学院教授杨军》，《中国社会科学报》2014年10月24日。

[2] 梁柱：《梁柱教授访谈录：历史虚无主义"重写历史"有何诉求》，《中国社会科学报》2014年4月23日。

历史观上的分歧也就是价值观的分歧。而价值观的背后其实是不同利益在作祟，这一点需要研究者们警惕。所以，历史虚无主义并不能真正地阐释清楚真正的历史，它依然是以某种先入为主的思维方式、价值取向、研究方法来理解和评判历史。在厘清历史虚无主义由来及本质特征后，让我们回到新媒体语境下历史虚无主义对新时代大学生价值观培育的影响上来。

二、历史虚无主义的新媒体语境特征

（一）娱乐性的传播状态解构历史符号

新媒体视域下，历史虚无主义"改换门庭"转而以娱乐性的传播方式在互联网空间传播，使得作为网民主体的大学生群体难以静下心来关注和了解深度的理论传播内容，这就使得历史虚无主义结构历史符号有了可乘之机。这里关于"历史符号"的解构包含两个层面的内容。一是对于历史事件的解构，表现为思想方法上的片面化，看待历史事件无法"将其置于相应的历史背景下进行综合客观的考察"①。如以玩世不恭的话语方式、图文并茂的"网络段子"调侃新中国成立以后党在系列重大历史事件的评价内容，违背党中央的基本精神与严肃论断。二是对历史人物的解构，表现为以"理性主义"否定英雄人物，以"学理研究"否认正面宣传。如通过通俗读物、抗日"神剧"等方式在网络上传播各种错误观念，肆意"恶搞"革命先烈和英雄人物。娱乐性的新媒体传播方式利用大众传播媒介的好奇心态与渴望放松的心理需求，将以往历史虚无主义的伪科学性转化为大学生群体更喜欢的表达方式，从而在很大程度上强化了错误观念的接受效果。

（二）快捷化的传播速率积聚舆论效应

在传统媒介的语境下，历史虚无主义的传播相对滞后，相对而言易于跟

---

① 郑师渠：《当下历史虚无主义之我见》，《历史研究》2015 年第 3 期。

踪和把控，一般除了特定的社会事件，很难在较短的时间和范围内形成较有影响力的舆论效应。而在新媒体境域下，其传播强度和广度呈现出几何级数级的扩张，信息量之大、传播速度之快、参与人数之众，远远超越传统媒介传播渠道的量级。这一载体不仅突破了信息内容的单向传播方式，更极大地提升了信息传递的便捷与快速，使得大学生群体可以利用新媒体表达价值诉求和对社会热点问题的观点看法，值得注意的是，一些缺乏政治常识和历史知识或对某些社会现象不满的网民甚至是网络大 V 或"意见领袖"等网络活跃分子，就很有可能利用其强大的粉丝团以"跟帖""点赞""打赏"的方式传播各种错误的政治观念，甚至直接参与到有关历史虚无主义观点的讨论、宣传过程中去，也为历史虚无主义借助新媒体技术快速形成舆论效应起到了推波助澜的负面作用。

（三）故事化的传播内容凸显意识形态诉求

历史虚无主义作为近年来比较典型的一种社会思潮之所以有重新泛滥之势，既有其理论基础和支撑力量的原因，也有现实诉求和传播载体的原因。近年来，我国不断提升意识形态工作的力度，历史虚无主义思潮在传统传播渠道已日渐式微。但在新媒体语境下，历史虚无主义借助新媒体的开放性、快捷性，往往以"重评历史""洞察真相"的幌子进行历史研究的"去意识形态化"，而真实情况是，历史虚无主义并不仅是不同于主流意识形态的学术研究范式，相反它具有十分明确的意识形态诉求，即通过"翻案"试图否认当下历史的合法性。这种思潮在互联网的碎片化传播和渗透，使得各种错误观念在网络空间甚嚣尘上、鱼龙混杂，如通过制作视觉冲击力的小视频、摇滚说唱的小曲子"掩盖历史真实场景"，篡改历史事件、历史人物，极易淡化网民尤其是大学生群体的政治信仰，动摇大学生群体的理想信念，扭曲大学生群体的价值取向，削弱大学生群体的使命担当。

三、历史虚无主义染指大学生价值观培育之具体表征

（一）侵蚀大学生正确历史观

清代思想家龚自珍有句名言"灭人之国，必先去其史"①。历史虚无主义也深谙此"道"。从表面上看，它以叙事文本的方式开展所谓的"历史研究"，实则将触角伸向社会现实，借"还原历史真相"反讽社会现实。所以，其往往采取碎片化、片面化的传播方式，抹黑马克思主义理论、虚构历史事件、诽谤历史人物、质疑党的合法执政地位，严重侵蚀大学生已有的正确历史观念，误导大学生的价值取向。当前，在我国高校的大学生思想政治教育中，某些环节和内容逐渐退出正确历史观的话语体系，加之部分不良新媒体为博人眼球而恶意传播的历史虚无主义思潮，使得大学生在面对海量信息时，缺乏设防意识、甄别能力、政治敏锐性与批判力。在此背景下，历史虚无主义者利用大学生的猎奇心理与个性特点，通过各种媒介散布不利于社会稳定的不实信息，在此传播过程中大学生的原本科学而规范的历史观念与知识框架受到不同程度的侵蚀，甚至会导致部分大学生对我们党治国理政的政治合法性与广泛代表性产生动摇。

（二）瓦解大学生共产主义信仰

坚定的共产主义信仰对于大学生的成长成才和全面发展至关重要。青年大学生是国家和社会的未来与希望，肩负着实现中华民族伟大复兴中国梦的历史重任。无论是在革命战争年代、社会主义建设时期还是在改革开放40多年来的历史发展进程中，青年大学生都发挥了重要的生力军作用。当前，世界社会主义发展尚处在低谷时期，历史虚无主义通过传统媒介与现代新媒

---

① 转引自黄会林：《别让影视领域成为历史虚无主义的"重灾区"》，《红旗文稿》2016年第12期。

体网络的双重传播渠道大肆鼓吹和散布西方世界所谓的"自由、博爱"等"普世价值"，夸大我国社会发展过程中的阶段性问题，丑化我们党的光荣历史，瓦解当代大学生的共产主义信仰。为此，作为大学生价值观培育主体的高校，要充分运用马克思主义历史观的理论武器抵制历史虚无主义思潮的侵袭，提升大学生抵御历史虚无主义流毒的能力，动员他们"既以鼓动员的身份，又以组织者的身份到'到居民的一切阶级中去'"①。

（三）消解大学生政治情感

培养社会成员鲜明而笃定的政治情感是巩固执政党合法地位的重要保障。当前，我国高校全部设置了思想政治理论课程，其意义就在于培养大学生的爱国主义情操、社会道德情操与政治情感。当前，我国社会经济、政治、文化、生态等各个领域都取得了长足进步，但由于经济社会改革已进入深水区，加之社会转型带来的阵痛，在社会上难免会产生一些不良现象，历史虚无主义者就会趁机渗透到新媒体传播中，利用大学生现实诉求与内心感受之间的差异，在网络平台"引导"大学生忽视、鄙弃高校思想政治理论课，传播、颂扬历史虚无主义歪理邪说，调侃、诋毁国家和各级政府行为，使得大学生对社会主义制度的政治情感逐渐淡化，不断消解马克思主义意识形态的吸引力、影响力，企图通过无硝烟的思想演变达到在不知不觉中麻痹大学生政治情感的目的。这种现象值得高校和社会高度警醒。

四、新媒体视域下高校思想政治教育应对历史虚无主义之策

（一）培养新媒体运用技能，增强大学生媒介素养

当前，新媒体已取代传统媒介而成为大学生获取信息、沟通交往、探索

① 《列宁全集》第6卷，人民出版社2013年版，第79页。

新知的重要场域，与此同时也为历史虚无主义的错误观念、歪曲理论的传播提供了温床。在此背景下，培养大学生对新媒体的精准运用技能，引导大学生正确运用新媒体，自觉抵制不良思潮的侵害就显得十分必要。但在日常生活和学习过程中，还存在着作为思想政治教育主体的大学生媒介素养不足与高校对大学生媒介素养教育重视不高的现象，其引发的直接后果是大学生对网络媒介特质、网络伦理道德、网络信息甄别的水平都普遍偏低。为此，高校必须提升对大学生新媒体技术的运用能力和大学生网络媒介教育的重视程度，占领网络舆论的平台和阵地，有力回应历史虚无主义在网络世界传播的各种错误信息和观点。

提升对大学生新媒体技术的运用能力和大学生网络媒介教育的重视程度，既要充分认识网络新媒体虚拟性与现实性之间辩证统一的关系，引导大学生正确区分网络新媒体为自身学习生活带来的便捷高效与历史虚无主义不良思想、观念对自身价值取向、理想信念的侵蚀消解，又要主动参与到入情、入理、入眼、入脑、入心"五位一体"大学生网络媒介素养的培养过程之中。重点打造以微信 App 为典型代表的新媒体平台，为师生之间思想政治教育信息沟通与交流打通渠道，为大学生价值观培育的学术研讨与实践活动提供研究方向与理论基础，吸引大学生群体的关注、订阅，提升大学生对网络新媒体平台的运用效率，有力回击历史虚无主义的错误观点。同时要转变工作思路，变被动接招为主动出击，借助网络新媒体平台帮助大学生群体破解思想疑惑，调节大学生群体的自身情感来提升其自觉理性运用网络新媒体，深化大学生群体以切身感受和实践经验实现网络媒介素养的内化与外化的有机统一，旗帜鲜明地反对和驳斥历史虚无主义错误思潮，不做历史虚无主义在新媒体平台上的传播者。

（二）加强基础理论学习，坚定大学生政治立场

历史虚无主义在本质上是一种唯心主义历史观，因而要从理论体系上批驳这些错误观点，就需要对大学生加强马克思主义理论的学习和认知。马克

思主义理论是先进、唯物、实践的理论。正因如此，我们党才将其作为根本指导思想，才有了我国革命、建设与改革的伟大成就，这就是马克思主义理论的彻底性。"而理论只要彻底，就能说服人，历史虚无主义才会不攻自破"①。从现实来看，历史虚无主义在网络新媒体传播的许多错误观点均将矛头指向现实诉求，这就迫切需要基于现实国情社情的马克思主义基本理论来强化对大学生群体的教育教学工作，因为大学生坚定的政治立场不可能自发产生，需要从外部引导和浸润。作为思想政治教育主要承担主体的高校就应责无旁贷，担当起培养大学生政治意识、坚定大学生政治信念的重要使命。

因此，高校一方面进一步强化思想政治教育教学工作，重点突出唯物史观对当代大学生历史观和价值观的教育引导，尤其要结合党的十八大以来以习近平同志为核心的党中央在治国理政层面取得的伟大成就，采用大学生乐于接受和认同的理论叙事方式、话语表达方式及丰富多彩的实践方式，引导大学生正确认知并树立马克思主义历史观与价值观，教会大学生辩证看待我们党成立 90 多年以来遇到的挫折、在此进程中发生的历史事件、出现的历史人物，及其蕴含的历史必然性和对当代大学生的启迪。由此构建的历史认同"蕴含着一种对国家今天与未来发展的自信"，坚决抵制历史虚无主义侵蚀的行动自觉与提升自身政治素养的迫切需要②。另一方面强化思想政治理论课的阵地融合与资源融合。作为高校大学生思想政治教育主阵地的思想政治理论课要"坚持在改进中加强，提升其亲和力、针对性，最大限度地满足学生成长发展需求"③。既要创新传统思想政治理论课教育方式，将"线下"传统的思政教育项目、内容与"线上"新颖的教育资源、教学载体有机融合，形成一个立体化、全方位的思想政治理论课教育网络；又要坚持放低身段、重心下放，以开放式、互动式的话语方式，将思想政治教育与大学

---

① 王晓荣：《历史虚无主义对青年政治社会化的影响及应对》，《青年探索》2017 年第 2 期。

② 陈锡敏：《思想政治理论课与大学生国家认同》，《教学与研究》2017 年第 2 期。

③ 《习近平在全国高校思想政治工作会议上强调：把思想政治工作贯穿教育教学全过程 开创我国高等教育事业发展新局面》，《人民日报》2016 年 12 月 9 日。

生的专业学习、职业发展、心理健康、价值诉求、情感引导等紧密结合，才能准确把握大学生关心、关注的内容，彰显人文关怀，使大学生在潜移默化中感受思想政治教育的魅力，认同党和国家的政治主张和政治立场，进而提升思想政治理论课的亲和力与针对性。

（三）加强网络舆情监管，强化大学生价值导向

习近平总书记强调："做好网上舆论工作是一项长期任务，要创新改进网上宣传，运用网络传播规律，弘扬主旋律，激发正能量。"① 历史是最好的教科书和警示录，网络新媒体应以引领社会风尚、树立正确舆论导向、宣扬正确历史观为立身之本、发展之策。大学生价值观培育网络舆情监管旨在运用网络新媒体的舆论影响力。作为政府、社会和高校，要高度关注网络新媒体的意识形态建设和大学生价值观培育工作，用真实确凿的信息报道引导大学生坚持马克思主义历史观和方法论，用党史自信支撑大学生的"四个自信"意识，以引领大学生价值观培育的教育导向。就现实情况来看，"一段时间以来，个别媒体尤其是新媒体的'星'闻报道存在一'热'一'冷'两种现象"②。为此，做好网络舆情监管工作，就应以明确网络新媒体价值规章制度，确立网络新媒体的价值坚守，提升网络话语体系的建构能力，加强网络法治与道德建设。具体而言，一方面要通过规范网络新媒体发展趋向，做到网络媒体不仅要为自身服务，也要为国家意识形态育人体系服务，作为网络媒体企业和个人应该自觉遵守网络法律法规和政策文件，自觉维护网络生态和网络道德，主动宣传先进事迹和模范人物，积极挖掘精神领袖和价值信仰，切实净化社会风气和环境，而不是宣扬盲目攀比、物质拜金，也不是引导网民尤其是大学生追逐花边新闻、娱乐八卦等。另一方面要主动建构新媒体的网络话语体系，积极发挥"网络大 V""意见领袖"的舆

---

① 《习近平谈治国理政》第一卷，外文出版社 2018 年版，第 198 页。
② 宣言：《"星"闻报道要有价值导向》，《人民日报》2017 年 4 月 6 日。

论引导作用，协同优秀演员和优秀文艺作品的舆论示范效应，致力于提升大学生群体在网络新媒体当中的网络媒介素养和话语理性表达，将加强政府顶层设计与网络媒体自身建设相结合，提升网络话语体系创新与思想政治理论课教学相结合，疏导网络舆情的正能量传播与严防历史虚无主义错误信息相结合，倡导大学生网络话语表达与认真筛选网络信息相结合，积极应对网络新媒体空间清理历史虚无主义思潮斗争的严峻形势，充分满足大学生群体在网络新媒体空间的主体价值诉求，提升大学生价值观培育实效性。

新媒体视域下，历史虚无主义对于大学生价值观培育的影响过程是一个潜移默化并带有欺骗性和迷惑性的过程。对于高校思想政治教育工作者而言，必须站稳立场、擦亮眼睛，分析历史虚无主义的本质及危害，对大学生进行正确历史观和价值观的教育引导。对于新时代大学生而言，必须坚定信念、仔细甄别，认清历史虚无主义的面目及根源，坚持运用唯物史观看待和解决问题。

第四节　高校思想政治工作融合发展研究

党的十九大作出"中国特色社会主义进入了新时代"的战略判断，这是我国社会发展新的历史方位，从根本上来说，也是高校思想政治工作的新的历史方位。为此，高校思想政治工作必须深刻把握自身所处的时代大势，紧跟国家高等教育发展步伐，牢固树立融合发展理念，建立健全融合发展体系，进而推动高校思想政治工作创新发展。

一、新时代高校思想政治工作的发展趋势

近些年来，高校思想政治工作取得了长足进步，尤其是党的十八大以来，以习近平同志为核心的党中央对高校思想政治工作越来越重视，高校思想政治工作正处在前所未有的战略机遇期。高校思想政治工作总是在一定的

时间与空间维度下展开并接受社会实践的反馈与检验。做好高校思想政治工作需要深刻领会"三因"要素，即因事而化、因时而进、因时而新。只有认清时代大势的这些变化，才能准确把握新时代高校思想政治工作的历史方位，更好引领高校师生成长成才。

（一）国际竞争新趋势需要不断加强党对高校的领导

在经济全球化日益加强与人类命运共同体深度构建的发展趋势下，国际竞争已从单一维度的经济、军事层面的国家硬实力比拼转向国家综合实力的竞争。在国家综合实力体系中，以思想价值观为核心要素的国家软实力逐渐成为国际竞争的焦点，而高校是价值引领、思想传承、文化创新的重要阵地和关键领域。正是基于这一时代背景，习近平总书记在全国高校思想政治工作会议上强调："我们的高校是党领导下的高校，是中国特色社会主义高校。中国的大学必须坚持社会主义办学方向。"① 他在党的十九大报告中也指出："中国特色社会主义最本质的特征是中国共产党的领导。"② 所以，办好中国特色社会主义大学必须不断加强党的领导，做好高校思想政治工作也必须不断加强党的领导，提升党对高校在定方向、谋大局、促改革层面的能力，将中国特色社会主义思想贯穿落实到高校思想政治工作之中，动员好、引领好高校师生自觉维护党中央权威，使其自觉在政治上、思想上、行动上同党中央保持一致，确保党始终总揽全局。

（二）社会矛盾新变化需要不断创新高校思想政治工作

党的十九大报告对我国社会主要矛盾的新变化作出了"人民日益增长的美好生活需要和不平衡不充分的发展之间的矛盾"的精确判断。当前，

---

① 《习近平在全国高校思想政治工作会议上强调：把思想政治工作贯穿教育教学全过程 开创我国高等教育事业发展新局面》，《人民日报》2016 年 12 月 9 日。

② 《新时代中国特色社会主义思想是全党全国人民实现中华民族伟大复兴而奋斗的行动 指南》，《人民日报》2017 年 10 月 19 日。

高校思想政治工作也深度契合这一判断，社会主要矛盾反映在高校思想政治工作领域，就是高校师生日益增长的对更优质高校思想政治教育资源的需求同高校思想政治工作发展不平衡不充分之间的矛盾。这就要求高校思想政治工作要以师生对优质思想政治教育资源的需求为立足点和落脚点，解决高校师生"四个自信"，即理论自信、道路自信、制度自信、文化自信层面的理念信念问题，增强高校师生"四个意识"，即政治意识、大局意识、核心意识、看齐意识层面的思想引领，阐释高校师生国家梦、民族梦、个人梦关系层面的民族大义与个体精神动力等内容，引导高校师生践行"四个服务"，即为人民服务、为中国共产党治国理政服务、为巩固和发展中国特色社会主义制度服务、为改革开放和社会主义现代化建设服务层面的价值目标。

（三）人才培养新态势需要高校始终坚守立德树人根本任务

培养人是高校思想政治工作的着力点，也是关键点。"全人类的首要的生产力就是工人，劳动者"①。新时代高校思想政治工作必须依靠具有崇高理想信念的领导者、坚定远大理想的建设者，必须始终坚守立德树人根本任务，才能培养出担当民族复兴大任的时代新人。立德树人是高校立身之本。充分挖掘和汲取思想政治教育的丰富资源和理论养分，引导当代大学生树立崇高的理想信念，助力他们"系好人生的第一颗纽扣"②。这一阐释是对党的十八大关于"把立德树人作为教育的根本任务"③的进一步深化，彰显了党和国家高度重视高校思想育人体系建设的重要思想。从现实来看，高校思想政治工作也存在一些短板。如按照"看齐意识"的要求，思想政治工作未能完全做到"因事而化、因时而进、因势而新"；部分教师把握高校思想政治工作、教书育人和学生成长"三大规律"自觉性及思想政治理论课课堂教学对学生的吸引力不够等，这些在一定程度上弱化了高校思想政治工作

---

① 《列宁全集》第3卷，人民出版社2012年版，第821页。
② 光明日报评论员：《坚持把立德树人作为中心环节》，《光明日报》2016年12月9日。
③ 《十八大以来重要文献选编》（上），中央文献出版社2014年版，第27页。

立德树人根本任务的全面落实。

二、建构高校思想政治工作融合发展的原则

融合发展是在深刻把握高等教育基本规律的前提下，通过拓展教育体系内部各子要素的含义，协调各子要素之间的相互张力，使其在教育体系运行过程中同频同向，最大限度地发挥各要素的协同效应，共同承载教育体系的功能发挥。在高等教育领域，融合发展是新时代中国特色社会主义思想指导下高校适应思想政治工作领域创新发展的重要举措。

（一）坚持尊重差异与包容多样相结合原则

融合发展并非一味追求"高大上"，更不是强调学校整体而漠视学生个体，而是要在尊重差异与包容多样的原则指导下推动高校思想政治工作融合发展模式的不断优化，彰显高校思想政治工作融合发展模式在高校教书育人过程中的优势地位，总结提炼思想政治育人工作的经验做法并进行理论梳理升华，运用新媒体技术使高校思想政治工作活起来，深化高校思想政治工作传统优势与网络技术融合发展，打造思想政治融合发展线上线下育人平台；同时也对思想政治工作体系中的薄弱环节做到不躲、不畏，拿出攻坚克难的决心与迎难而上的韧劲，加强新时代高校思想政治工作供给端和需求端的结构性优化，针对薄弱环节精准施策，针对短板之处综合发力，促使高校思想政治工作有活力、有亮点、有特色、有体系，增强高校思想政治工作的时代感和吸引力。

（二）坚持内核稳固与要素开放相结合原则

融合发展并非恒定不变的僵化体系，而是根据时代发展要求和高校教育教学实际，遵循教书育人规律、学生成长规律、高校思想政治工作规律，坚持因事而化、因时而进、因势而新，既在汲取已有工作经验基础上，秉承全程全方位育人理念不动摇，推进思想政治教育与学生成长成才需求在以理服

人、以文化人、以学养人这一更高层次上的深度融合；又坚持围绕学生、关照学生、服务学生，探索高校思想政治工作融合发展内部要素在学生全面发展需求这一更广领域的开放互通与协调发展，强化高校育人体系外部资源的撷取能力，积极引领处在人生成长"灌浆期"的大学生紧跟时代发展步伐，激励大学生自觉将理想追求融入国家、民族新征程中，做走在新时代前列的建设者与推动者，增强高校思想政治工作的感染力。

（三）坚持协同共进与精准发力相结合原则

推进融合发展并非单纯依赖某个领域、某个部门"单枪匹马"去作战，而是需要多条线、多部门的协同推进与精准发力。推进高校思想政治工作融合发展，既要做好思想政治教育课程和其他专业、通识课程的横向衔接，在种好各自"责任田"，守好每人"一段渠"的基础上，推动思想政治理论课程建设和其他课程建设协同发展，积极整合校内外存量教育教学资源、盘活增量教育教学资源，推进优质教育教学资源进校园、进课堂、进教材、进头脑，形成第一课堂、第二课堂、第三课堂三位一体的高校思想政治工作机制；又要立足高校思想政治工作实际，加强高校多部门协同配合，强化高校党委、组织、学工、马克思主义学院等思想政治育人工作直接承担部门和其他职能部门、教学院系的通力合作，形成高校党委统一领导部署、各部门多管齐下的高校思想政治工作格局，增强高校思想政治工作的亲和感。

（四）坚持路径优化与社会发展相结合原则

融合发展的实现离不开有效可行的方法路径，推进高校思想政治工作融合发展也遵循这一原则。当前，开展高校思想政治工作的方法路径主要有"理论教育、道德修养、文化熏陶、典型示范等"[①]，这与社会发展要求的在

---

① 刘宏达：《新时代思想政治教育的历史使命、理论基础与实践要求》，《学校党建与思想教育》2017 年第 12 期。

全社会范围内加强思想教育引导、社会实践养成与制度政策保障，以及全民思想道德素养全面提升、领导干部率先垂范等方法路径具有高度一致性，这对于高校思想政治工作的启示意义在于：推进高校思想政治工作融合发展，要以师生满意度作为衡量一切工作的出发点和落脚点，既要宏观上善于从"新时代""新矛盾"等重大判断中深刻分析国情、社情，"以马克思主义引领多样化社会思潮，以社会主义核心价值观主导多元文化，用现代科技承载思想政治工作内容"①，又要从微观上持续培育优良校风学风，全面倡导格调高雅的校园文化活动，广泛开展丰富多彩的社会实践活动，在营造氛围和开展活动的过程中，实现提升师生主体性和创造性与体现社会发展现实性和时代性的内在统一，增强高校思想政治工作的实效性和针对性。

三、实现高校思想政治工作融合发展的路径选择

恩格斯指出："许多人协作，许多力量结合为一个总的力量，用马克思的话来说，就造成'新的力量'，这种力量和它的一个个力量的总和有本质的区别。"② 这对新时代高校思想政治工作的重要启迪在于：要关注整体作用的充分发挥，实现全局的最佳效应。而融合发展模式作为新时代背景下推进高校思想政治工作创新发展的重要向度，就是着眼于整个高校思想政治工作体系，着重强调这一体系各环节、各要素的有序发展，从而实现高校思想政治工作协调发展和整体推进。

（一）明确思想政治工作在高校育人体系中的突出位置，厘清融合维度

高校育人体系构建是相对独立的系统，也是高校思想政治工作的目标靶

---

① 李辉：《把握高校思想政治工作的时代逻辑》，《中国高等教育》2017 年第 10 期。
② 《马克思恩格斯选集》第 3 卷，人民出版社 1995 年版，第 469 页。

向。在信息技术日新月异、高等教育事业纵深发展的时代背景下，高校要树立大局意识与整体观念，"主动将思想政治工作置放于育人工作大局中思考探索、谋篇布局、积极协调、狠抓落实"①，切实做到高校思想政治工作定位精确、目标清晰、配合紧密、务求实效。为此，需要正确把握高校思想政治工作融合发展过程中整体与局部、变量与定量之间的关系。

一是要把握好高校思想政治工作与育人体系融合发展中整体与局部的关系。要厘清高校思想政治工作既作为整体、又作为局体的不同定位，在融合发展过程中明确创新方向。首先，要正确认知高校思想政治工作这个局体与高校育人体系这个整体间的关系。高校育人体系既是高校思想政治工作的动力源泉与外部环境，又是高校思想政治工作的关切对象和研究起点，要善于对高校育人体系进行系统分析，深入挖掘高校育人体系为高校思想政治工作带来了哪些"新事"，以及这些事物为高校思想政治工作带来的新挑战，高校育人体系塑造的"时代新人"及其新的思维方式、群体特征，高校思想政治工作如何回应这些变化，才能更好推进高校育人体系日臻完善等关系问题。其次，要正确认知高校思想政治工作这一整体与其内部各构成要素的关系。在融合发展视域下，无论是探究高校思想政治工作的主体、客体、环体等层面的实然状态，还是追寻运用新理论、新载体、新机制、新手段开展高校思想政治工作理论与实践的应然状态，都要从整体性上把握高校思想政治工作与育人体系互动融合应遵循的基本原则与基本规律。

二是把握好高校思想政治工作与育人体系融合发展中变量与定量的关系。高校育人体系与高校思想政治工作融合发展过程中要厘清变量和定量的不同之处，即哪些变了和哪些没变，哪些可以变和哪些不能变，把握好变量和定量的关系，才能在融合发展过程中找准着力点。当前高等教育事业已进入综合改革"深水区"，高校育人工作也不例外，尤其是伴随着互联网技术

---

① 郭建锋：《以五大发展理念引领高校思想政治教育科学发展》，《思想教育研究》2016年第 11 期。

的蓬勃发展，使得新时代大学生在思维方式、价值取向、行为观念发生深刻变化，在应对这些变化时，高校思想政治工作应坚持马克思主义和新时代中国特色社会主义的基本观点、基本方法、基本立场"不能变"，但教育内容、表达方式、话语体系、视野思维可以变，确保高校在应对思想政治工作与育人工作出现新情况时坚定立场；高校思想政治工作的目标定位、价值取向、实践诉求"不能变"，但实现目标和价值的方法路径、载体手段、形态范式可以变，确保高校在面对思想政治工作与育人工作出现新变化时精准发力。无论是变量还是定量，其终极意义在于契合教育目标，服务师生需求。

（二）各类课程与思想政治理论课程融合，构建"同向型"育人课程体系

从高校人才培养方案出发，无论是专科阶段、本科阶段还是研究生阶段，思想政治理论课程都属于基础性的必修课程，这些课程涵盖了马克思主义理论、毛泽东思想、中国特色社会主义理论、中华民族伟大复兴中国梦、社会主义核心价值观等主流意识形态与核心价值观念，这些内容需要通过思想政治工作浸润高校大学生身心，才能及时占领学生思想阵地。构建思想政治理论课程与其他课程融合机制，是实现这一目标的重要环节。

一是要加强思想政治理论课程的贯通衔接。从融合发展角度出发，需要"处理好思想政治理论课程与高中阶段思想品德、法治教育的纵向衔接以及高校思想政治理论体系内部各课程的横向衔接"[①]。《马克思基本原理》要引导学生从整体上把握马克思主义哲学、政治经济学、科学社会主义的基本范畴、基本方法和基本研究对象，《毛泽东思想和中国特色社会主义理论体系概论》要引导学生全面掌握马克思主义中国化的发展脉络和最新理论成果，《思想道德修养与法律基础》要引导学生提升思想道德修养、强化法治

---

① 连洁：《建构高校思想政治工作全程全方位育人模式》，《思想教育研究》2017年第5期。

观念和法治意识，《中国近代史纲要》要引导学生认清近代中国发展的历史走向和必然趋势，通过各门课程的梳理，坚定当代高校大学生树立制度自信、道路自信、理论自信、文化自信的理想信念，确保高校思想政治理论课程的各个子课程各有重点又相互衔接。

二是要挖掘其他课程的思想政治教育优势。从学科划分角度看课程分类，可将现有各类课程划分为哲学社会科学类、自然科学类课程、文化艺术类课程和思想政治理论类课程。通过对思想政治理论课程的学习，有助于为前三大类型的课程学习提供辩证思维、价值支撑和思想引领。为此，需要积极发掘思想政治理论课程的教育教学资源优势，引导其他类型课程的专业教师参与思想政治理论课的教学、科研、实践调查工作，按照由点及线、由线成面的思路，建构以思想政治理论课程为主轴，哲学社会科学类课程、文化艺术类课程、自然科学类课程为主体的"一体三翼式"课程群，在促进课程融合发展过程中，引领各专业学生感受思想政治理论课的魅力，强化价值引领作用。

（三）主渠道和新场景融合，打造"耦合型"育人课堂机制

思想政治理论课课堂教学作为高校思想政治工作主渠道的地位已无可争议。从系统论角度看，"主渠道"的价值就在于要有效集成思想政治理论课课堂教学的核心要素及其所统筹的教材、学生、教师、校园四要素，激发各要素聚合优势。

一是要将思想政治工作与教师的传道解惑、学生的成长成才有机融合，在教师和学生之间架设"教"与"学"的立交桥。近年来，网络思想政治教育的兴起，网络思想政治理论课程的开发，就是思想政治教育与信息技术融合的结果，"集中体现了思想政治教育的时代感"①。作为高校思政教师，

① 沈壮海、史君：《推动思想政治教育与信息技术的高度融合》，《国家教育行政学院学报》2017年第1期。

要主动顺应这一发展趋势，立足新时代大学生的身心需求和价值诉求，主动并善于运用移动云教学平台，依托教材而又不完全依赖教材，更新思政理论授课方式与途径，提升思想政治教育与新媒体技术的深度融合能力，实现教学方式由"单向灌输"向"双向互动"转变、教学内容由"晦涩枯燥"向"生动有趣"转变、学生反馈由"你讲我听"向"讲在课本、留在心中"转变，引导思想政治理论课堂教学"接地气""入脑中"，在融合发展中实现立德树人、以身载道的教育目标，构建师生融洽共处的高校思想政治工作新场景。

二是要立足育人工作实际，积极探索课堂教学、校园文化、社会实践、网络教育的联动机制，统筹规划四个课堂的教学内容，有效衔接四个课堂的关键要素。课堂教学作为第一课堂，承载着讲好中国故事、传播中国声音的重要使命，通过这一渠道引导学生深刻认知"一个中国梦""两大奋斗目标""三大规律""四个自信""新发展理念""八个明确""十四个坚持"等核心命题，引导学生在知识学习过程中汲取积极向上的信念力量。校园文化是第一课堂的有机延伸，也是涵养高校学生精气神的重要载体，"高校的治学传统、人才培养、使命担当都会积淀为文化层面的内涵，并在学校育人过程中发挥教育、激励、凝聚等功能"①，学生通过参与校园文化创建活动，进一步开阔了视野、丰富了阅历、张扬了个性、沉淀了气质，使得思想政治工作效果在专业教学科研、日常管理服务、校园精神培育、师风学风营造的过程中得到集中彰显。社会实践作为第三课堂，是开展高校思想政治工作的"大学校"，也是促进学生全面发展的大课堂。高校思想政治工作要真正成为大学生成长路上的航标，既需要课堂与校园的引领，也需要社会实践来强化。正如毛泽东同志所说："一个正确的认识，往往需要经过由物质到精神，由精神到物质，即由实践到认识，由认识到实践这样多次的反复才能完

---

① 潘懋元：《新编高等教育学》，北京师范大学出版社 1996 年版，第 586—588 页。

成。"① 通过参加暑期下乡、社会调研、公益服务、志愿活动、实习实训等社会实践，引导新时代大学生增强理论与实践相结合的能力，"在社会的大学校里，掌握真才实学，增益其所不能，努力成为可堪大用、能担重任的栋梁之材"②。在以互联网为代表的新媒体的迅猛发展，早已突破了课堂、校园乃至传统社会的交往边界，网络教育已成为开展高校思想政治工作的第四课堂。从信息获取方式的变化来看，传统意义上"用嘴说""用眼看"正不断向网络空间中"用手点"的信息检索方向转变③。作为高校思想政治工作者，要善于把握新媒体的发展和传播规律，创新教育教学方式，创设网络教学场景，整合网络教育教学资源，强化有效信息筛选处理能力，了解"互联网+"背景下高校大学生的语言交流习惯和表达方式，防止产生"代沟"，引导大学生成为参与和改善网络生态的新生力量，在新场域中有机融合四大课堂，打造高校思想政治工作耦合育人机制。

（四）思政工作者与专业教师队伍融合，创设"协同型"育人工作体系

现代思想政治教育学非常注重教育合力发挥的积极作用，也就是要充分挖掘教育主体与教育客体融合作用的有效发挥。从这个角度出发，高校思想政治工作主体不仅包括高校党政领导干部、辅导员等专职思想政治教育工作队伍，还包括思想政治理论课和哲学社会科学领域的教师队伍，要通过发挥这些队伍的合力作用，形成教育合力，才能打好全员育人组合拳。

一是要明确职责，落实责任。高校党委是开展思想政治工作的责任主体，起着顶层设计、把握方向的重要作用；中层党政干部是高校开展思想政治工作的主导力量，他们熟悉高校思想政治工作规律，具备研判、预警大学生思想动态的能力和优势，学工干部发挥着大学生日常管理服务、心理健康

---

① 《毛泽东文集》第八卷，人民出版社 1999 年版，第 321 页。
② 《习近平谈治国理政》第一卷，外文出版社 2018 年版，第 51 页。
③ 王斌：《身体化的网络流行语：何为与为何》，《中国青年研究》2014 年第 3 期。

教育的作用，党委组织部、宣传部、团委承担着发展管理学生党员、加强校园文化建设的作用，辅导员发挥着大学生日常生活、学习的指导和服务的作用，思想政治理论课教师发挥着传播马克思主义理论、党的大政方针、引导大学生理论认知和道德实践的作用，"哲学社会科学教师发挥着正面引导、正确发声，自觉与高校思想政治工作的有机融合的作用"①。通过教育主体各方力量的协同发挥，形成全员全过程大学生育人机制。

二是要建立健全激励机制，鼓励人员交叉融合流动。探索将立德树人根本任务和工匠精神培育纳入师资考核、过程评价、职称晋升、职务晋级体系，制定配套激励方案，引导各专业教师加入班主任队伍，形成高校立德树人和工匠精神培育工作的重要协同力量；按照多维量才、多元选才的用人思路，选拔专业水平高、业务水平强的思想政治理论课和哲学社会科学课教师到学工处、团委、党校等职能部门担任兼职授课教师，选聘政治水平高的优秀党务工作人员、辅导员、班主任、行业专家担任思想政治理论课特聘教师，发挥两股教育力量的集约作用，推动两支队伍的有机融合，引导更多群体参与到思想育人的重要活动中，让思想政治工作在高校迸发更强活力。

第五节　网络流行话语与新时代青年思想政治教育话语革新探微

语言的本质是一种隐喻的个体创新行为。这里所指的"隐喻"可理解为在人与人交往的社会活动过程中，抛开已有的、约定俗成的规范性语言表达，而采取一种与该表达体系不一致或者表达体系之外的话语方式，并以此来开展或完成社会交往活动，使其交往意图能够在特定范围内被人认知、理解。

---

① 房广顺、李鸿凯：《推进以立德树人为中心的思想政治教育融合发展——学习习近平总书记在全国高校思想政治工作会议上的重要讲话》，《思想教育研究》2017年第4期。

网络流行话语作为"网络社会"① 中通行的话语表达方式，是隐喻话语表达在网络世界的显性嵌入。在整个网络境域的生发、传递与沟通过程中，当代青年群体充当了生产者、传递者、运用者。这引发了一系列的文化学思考：一是在现代化进程中，网络流行话语表达何以在网络空间得到蓬勃发展？二是在移动互联网时代，青年群体何以将网络流行话语作为架构网络交往方式的基本载体，进而带动青年网络圈群亚文化的创生？三是青年网络流行话语背后映衬出的文化困境以及突围进路是什么？这是值得思考和探究的重要问题。

新技术的快速发展必然更迭交往方式的变革，自网络技术诞生以来，网络媒介经历了从黄页、BBS、博客等传统范式到微博、微信等移动自媒体的现代性超越，青年群体在网络空间发声、汇聚的方式也从网页浏览、关注围观更新到自媒体时代圈群化的网络生存状态，这一重大转变并非机械地将现实社会的社交圈线条式地嫁接到网络空间，而是突破原有现实交往圈，重塑了一个崭新交际圈，形成了各种表达形态的网络圈群，在构建过程中，网络话语充当了青年群体这一构建主体在交往层面的工具与载体。在文化学视域下，青年网络圈群化的网络流行话语被赋予了具备特定意涵的现象存在。在笔者看来，它是指青年群体依托网络流行话语的表达方式和语言单位，形成彼此之间相互关联的网络交际圈群，并在话语规则、价值取向高度一致的前提下映照相应文化功能的社会现象。

一、理论工具：网络圈群、青年主体、具象化

在网络圈群时代，青年群体的个体生活方式、社会交往方式逐渐呈现个性化的特点，青年群体的交往方式和身份确证逐渐从普遍规定的社会角色向偏重自我价值的确认及实现方面转变，在传统话语表达体系无法满足这一转变后，青年群体就更加倾向于将网络语言的话语表达方式作为身份重塑的重

---

① 郑中玉：《"网络社会"的概念辨析》，《社会学研究》2004 年第 1 期。

要载体和建构要素。在以网络圈群为典型代表的网络空间，人与人之间的交往关系对于身份地位、职业属性、社会角色的依赖程度日益式微，青年群体在这一体系中的地位和影响会被重构，其主体地位也会得到不同于现实社会评价体系的认同和彰显，在此进程中，网络流行话语在发挥着重要的媒介桥梁作用。一是大数据云计算技术的广泛应用有效弥补了不同时空场域之间的交流障碍，二是网络流行话语在网络空间的符号化存在使青年群体非常容易隐匿或者重构身份。正是由于这两方面的原因，使网络流行话语从被边缘化、小众化到成为青年群体网络交往的主流话语方式，这也是青年群体主体性崛起的一个鲜明写照。从学理角度看，网络圈群既是载体又是模式，网络空间与话语方式需要关注青年主体的情境化、隐匿化及其衍生的文化学意义。进言之，在网络圈群盛行的流行话语及青年群体思想必须置放于"具象化"的文化学视野内才能被充分认知，而对此进行有效论证的一个重要前提便是对网络流行话语的类别与特征加以阐释。

二、网络流行话语的类别与特征

（一）网络流行话语的类别

依据语言法则与文化建构意义、话语要素的外显具象与实质内涵间的差异化存在，可将网络流行话语划分为四种类别，除前文指出的隐喻类，还有以下三种：缩简类、象形类与拟声类。

缩简类的构成方式主要通过对汉语拼音首字母简化来实现，其本质是依据语言构成规则但没超越字面本义而产生的意义映照与外显改进。如"MPJ"是"马屁精"的缩写，"B4 或 BS"是"鄙视"的缩写。这种缩写在网络圈群中大多用来表现青年群体对某些人或事的反感，这种表达方式不仅是为了输入便捷，也可降低话语本身的敏感度，适合青年群体的表达"胃口"，并得以网络圈群迅速传播。象形类是指在某种价值倾向指引下，通过喻体对本体的形象化"临摹"来彰显网络圈群中青年群体之间交流话语的语义转换和文化意义的意涵关联。其本质是网络流行话语文化意义的具象化、外显化，类似于文学手法当中以物喻人的"反喻修辞法"。如"狼族"是指喜欢美色的男性群体，"驴友"是指喜欢旅游的人，"火星帖"是指好久以后才被翻出的评论帖或回帖。作为另外一种典型的网络文化形态，它不仅展现出通俗简约的话语特性，也在某种程度上带有话语霸权的潜在意象。正如有些学者指出的那样："这是一种以拟物化表述形式来实现从外在世界审视内在表达的互动过程，也是人本主义传统基本特征的另外表达。"①第三类是拟声类。拟声原来是人类学领域有关语言继续、声音与自然界共存共生的一个研究范畴。在这里指代网络流行话语在网络圈群中依据声音相似性的内涵转换模式。如"厉害了word哥"是"厉害了我的哥"的意思，也就是称赞对方很厉害。它从本质上也属于语言规则的范式。这种方式进行符号化替代，并未因为字面上的消隐而使得其含义不清，由于朗朗上口，使原来文本的内涵得以丰富延展而广受青年群体青睐。

（二）网络流行话语的特点

克里斯·格林在其著作《文化、技术与社会中的身体》中指出："不应把赋予数据以意义的人的需要、情感和意向化行动与网络空间海量信息存储与筛选能力混为一谈。"② 而现实情况是，网络信息的快速扩展性已使"具象化"特性的网络圈群流行话语体系更加开放。"网络流行话语的蔓延会从小众发展至大众，成为社会意义层面的共享共用，扩大为我群与他群的融合与联动"③，网络圈群正是基于这样一种特定社会文化背景与文化形态互动融合后的产物，它将网络、青年与网络流行话语三股学术话语有机关联，促使网络

---

① 冯凌宇：《汉语中的人体隐喻与反隐喻》，《北方论丛》2007年第4期。
② ［英］克里斯·格林：《文化、技术与社会中的身体》，李康译，北京大学出版社2011年版，第213页。
③ 王斌：《身体化的网络流行语：何为与为何》，《中国青年研究》2014年第3期。

流行话语突破二元认识论的研究范式，形成了自身"多维介质"的构成特点。

1. 信息输出碎片化导致语言符号简约化

在网络圈群视域下，青年群体的信息输出呈现出高度碎片化的态势。以微博为例，由于受输出的字数限制，网络流行话语必然要通过简化符号展现要表达的丰富内容，其优势在于既能用最少语言传递最丰富的信息量，又能借助缩略方式降低原话语文本的严肃性而赋予受青年群体追捧的娱乐性话语表达方式。如"喜大普奔"是指喜闻乐见、大快人心、普天同庆、奔走相告四个成语，又如"人艰不拆"是指人生过得已经很累了，就不必再拆穿吧。这样的表达虽与传统语言规范相悖，但却通过语境的虚拟化而在网络圈群广泛传播。

2. 信息渠道线性化导致语言传递人性化

网络圈群为方便青年群体快捷传递情感、交流认知，大多会设置各式各样的表情、图案等缩简类网络流行话语元素供用户及时提取，这使得网络流行话语呈现出表情化、图案化趋向。如"（ω·）「嘿"表示喜悦，通过将面部表情、动作手势等副语言转换成某种具象化的视觉图案，来完成青年群体在网络空间的信息传递和意义表达。

3. 内容个性化导致语义混乱化

网络圈群拥有相对宽松的语境自由，青年群体可以充分发挥想象力、创造力，利用标新立异的话语方式展示个性，客观上印证了网络流行话语"戏谑"功能。青年群体为获得高的关注度有意通过谐音替代词语、半中半洋、合音缩写等方式，营造轻松幽默的交流方式，但过于个性化的表达方式也会带来负面情绪，部分青年也会使用低俗不规范的话语发泄内心的不良情绪，如污名化、网络欺凌现象等，在一定程度上危害了网络空间本应风清气正的宽松氛围，"这对思想政治教育如何满足人的生存和发展的需求提出了更高要求。"[①]

---

① 宋元林、唐佳海：《网络思想政治教育的个体价值及其实现途径》，《毛泽东邓小平理论研究》2009 年第 9 期。

三、情境解析：网络流行话语、青年群体思想与文化的内在关联

"人类生活的基础不是自然的安排，而是文化形成的形式和习惯。"① 也就是说，以价值内涵塑造为其合理内核的文化因子，已渗透到社会生活的各个层面。从上面的论述可知，无论是传统话语体系，还是现代网络流行话语体系，其话语形态的核心意旨都应指向受教育者（本书主要是指青年群体）的自由全面发展，而"文化上的每一个进步，都是迈向自由的一步"②。从这个意义上讲，文化既是青年群体思想内化的基本驱动，又是青年思想政治教育创新发展的心理皈依。网络流行话语作为一种青年网络圈群现象，其演进与发展须臾不可脱离文化家园的关照与呵护。

（一）从其产生机制来看，网络流行话语始终存在于某种特定文化境遇中，是青年群体的文化心理趋同的重要表征

法国心理学家勒庞指出：群体话语体系的重要价值在于"对群体所独有而孤立个人不具备的某些特点起着决定性作用"③，也就是说，置放与特定文化境遇的人普遍存在一种倾向，他们往往会选择运用较为一致的行为方式或话语方式对待某一事物或处理某一问题。作为个体的青年若要在网络圈群中得到普遍认同，就必须说服自己将圈群的群体思维方式强加于身，以保持自身与圈群的吻合度，进而从文化心理上确证自身的网络圈群"合法地位"，并将其拓展到文化结构、知识学习、生活认知层面，这种求新求变的

---

① ［德］米夏埃尔·兰德曼：《哲学人类学》，张乐天译，上海译文出版社1988年版，第32页。

② 《马克思恩格斯文集》第9卷，人民出版社2009年版，第120页。

③ 王清杰：《网络流行语的文化生态与社会心理分析》，《河南师范大学学报（哲学社会科学版）》2011年第7期。

群体特质，在推进具有共鸣特征的事物迅速传递的同时，也驱动着社会文化向纵深发展。

（二）从相互关联来看，网络流行话语是青年群体亚文化现象的需求映照，需要与文化是一种既积极适应又彼此磨合的关系

网络流行话语的产生、传播与特定的文化生态、文化资源、文化背景休戚相关。在互联网技术诞生之前，青年群体限于科学技术与道德习俗的约束和规制，基本上是用规范性、通用性的传统话语内容进行交流互动，在这个阶段，青年群体的思想与社会主流话语在文化环境方面是高度吻合的。但伴随着互联网技术的迅猛发展和社会转型所带来的阵痛，学业、情感、婚姻、住房交织构成的压力，使得当代青年群体面临着前所未有的危机感和焦虑感，促使他们很容易将情感发泄的方式从社会现实转向网络空间。与此同时，网络空间的充分开放，使得不同流行话语间对于网络空间话语主导权的争夺也变得日益明显。综合来看，网络流行话语主要是"建立在青年对主流文化的渐次回避、日益疏离以至于抵制的基础上，暗合了亚文化的某种形态"[①]，这也为青年思想政治教育话语革新带来了文化维度层面的新挑战。

四、青年思想政治教育话语革新的文化思考

本书所指的青年不仅是某一人群或某一年龄段的基本概念，也包含着文化意义上的相对概念。如上文所述，无论是网络流行话语还是青年思想政治教育话语，都可以在文化学视域加以阐释。在此进程中，由于网络空间的开放化以及网络流行话语的多样化，在一定程度上稀释了思想政治教育的话语功能，也引发了青年思想政治教育话语革新的文化思考。

---

① ［法］勒庞：《乌合之众：大众心理研究》，冯克利译，广西师范大学出版社 2007 年版，第 49 页。

（一）青年思想政治教育话语文化体系建构不力

从文化学视域来看，青年思想政治教育话语的产生、发展直至革新的过程，其本质是教育者在对思想政治教育实践活动话语文化理念、价值与路径解析的基础上，引导作为受众的青年群体实现思想意义、价值内化和人格养成的过程，即对青年思想政治教育文化系统的建构就是对话语文化理念、价值和路径的方向把握与使命担当。由于互联网技术的发展引发的网络流行话语的盛行，给青年思想政治教育工作带来了挑战，这需要教育者直面传统思想政治教育理路与现代移动互联网之间"不破不立"与"既破又立"的问题。在这个过程中，也容易造成青年思想政治教育话语系统的困顿，因为如果思想政治教育的话语体系无法契合青年群体话语表达，而体现现代思想政治教育话语特征的动力体系和文化体系又未能及时整合，就易导致作为受众的青年群体对思想政治教育话语文化体系的建构作不明就里式的含混应对。在此背景下，青年思想政治教育话语呈现出两大趋向：一方面，青年群体囿于自身思想认知水平和行为方式特点，思想意识与文化观念的生成日益呈现价值多元化、诉求多样化、内容繁杂化的趋向；另一方面，青年群体囿于网络圈群与多种文化形态的影响，对思想政治教育的合理性存在以及固有的文化价值呈现出反思、质疑甚至排斥的趋向。青年思想政治教育话语文化体系建构的思路不明情势反映出的是青年群体思想认知、价值追求表征，也折射出思想政治教育在现代网络圈群视域下，其固有话语范式、话语要素、话语发展进程等方面受到深刻影响甚至冲击。

（二）青年思想政治教育话语文化养分本土汲取困难

在马克思主义文化观视野下，文化活动是生产力的一种重要表征，而任何一种生产力都是一种"既得的力量，是以往的活动的产物"[1]，文化活动

---

[1] 《马克思恩格斯文集》第10卷，人民出版社2009年版，第43页。

内驱力量的获取同样具备历史延续性的特征。由此推展开来，所谓青年思想政治教育话语的延续性，是在青年思想政治教育话语发展过程中，不同时期青年思想政治教育话语资源所表现出来的对以儒家文化为核心的中国传统文化话语资源的弘扬与继承。这些话语文化资源包括以"自强不息"为要义的进取话语资源、以"精益求精"为要义的工匠精神话语资源、以"海纳百川"为要义的宽容话语资源、以"齐家治国平天下"为要义的济世话语资源等。随着现代思想政治教育理论的建立，其话语理论发展也得到了长足进步，尤其是在青年思想政治教育话语文化资源传承性及对于传统文化资源的挖掘、借鉴与吸收等层面有了前所未有的发展。但随着互联网技术的普及，信息传播极速化、话语交流扁平化及网络圈群虚拟化的发展态势，思想政治教育话语文化形态超越了时空限制，实现了文化话语传播的全球化与无界化。究其原因：既有青年群体习惯于彰显自我、张扬个性的网络流行文化话语和崇尚信息平权、沟通便捷的网络圈群、关注打赏等文化话语表达方式的诱因，也有受到消遣性、萎靡性等非理性文化话语侵蚀萌发消费主义、虚无主义、精致利己主义、享乐主义等不良倾向的原因，更有教育主体未能及时革新青年思想政治教育话语体系而引发的其对中国本土传统文化话语资源的接受、认同、汲取困难的现实迫切。

（三）青年思想政治教育话语文化生态理性参照繁杂

在现代文化境域下，作为文化话语生态系统的重要一维，网络流行话语具有跨越时空限制的极强渗透性与普遍适应性。具有鲜明网络圈群印记的当代青年思想政治教育话语与其他类型文化话语的对话抑或冲突将会在很大程度上成为一种历史的必然。多元文化话语与具有鲜明网络特性的青年思想政治教育话语的交织碰撞，使得传统青年思想政治教育话语体系中固有的内容单一、配方陈旧、工艺落后等话语不足更加凸显，使之在网络视域下青年思想政治教育话语呈现出失语甚至失效的严峻现象。同时青年思想政治教育话语在多种文化话语生态的强烈激荡下，呈现出主流文化话语与青年自身话语、中心文化话语与亚文化话语、多媒体融合文化话语与崇尚教化文化话语等多领域、多层面的话语间文化冲突。这就要求青年思想政治教育话语理论与实践做到因事而化、因时而进、因势而新，以"创造性地应对多元世界观彼此相撞而产生的强大影响"①，在对文化参照复杂表征重点关注的过程中，实现对不同青年思想政治教育文化话语的合理借鉴与理性认知。

五、新时代青年思想政治教育话语革新的文化进路

在中国特色社会主义进入新时代的新语境下，青年群体借助以网络圈群为代表的网络平台根据自己的生活体验、认知偏好，敢于尝试、大胆创新，产生与发展了网络流行话语体系，这种话语体系既是时代变迁的鲜明对照，也在潜移默化中影响着社会生活的诸多场景。作为思想政治教育者、研究者，不仅要认识到开展青年网络思想政治教育的重要性，更要坚持与时俱进、善于成果转化，重视青年网络话语变革现象，促进青年思想政治教育取得实效。

（一）强化青年思想政治教育话语文化养分有效供给

在以网络圈群为典型代表的网络媒介中开展青年思想政治教育话语革新，要坚持"立足思想引领，遵循'内容为王'的建设规律吸引青年"②。从文化学角度着眼，就是要增强主流文化理论养分的有效供给。互联网时代，虽然主流文化形态已进驻网络，并受到官方高度重视和相当一部分青年群体的青睐，"但仍面临宏大叙事的内容定位和刻板单一的文体特征等困境"③。

---

① ［美］斯维德勒：《全球对话的时代》，刘利华译，中国社会科学出版社 2006 年版，第 330 页。

② 苏明：《创新网络思想政治教育》，《中国教育报》2015 年 2 月 5 日。

③ 胡德平、赵静雯：《主流理论在微博场域的生长空间、表达困境与发展策略》，《思想理论教育》2014 年第 2 期。

具体而言，一是要对马克思主义基本理论关于文化话语问题的经典论述、重要观点进行深度挖掘，对中国特色社会主义文化话语体系的历史沿革与核心价值进行整体把握；二是"要加强政府的参与和指导以推进顶层设计和具体实现相结合"①，对当代西方的各种社会思潮和意识形态尤其是文化话语体系进行辩证式解读、阐释和匡正，强化对其文化话语意识领域的科学认知，提升青年群体的理性认识水平；三是要善于吸收哲学社会科学领域的最新研究成果助推青年思想政治教育话语文化实践革新。在此基础上，充分汲取话语文化认知基础、话语文化内涵界定、话语文化实践创新等青年思想政治教育文化养分，夯实青年思想政治教育话语文化培育体系，引导其积极应对话语意识形态斗争的严峻形势，避免恶意分子诱导网络舆情的不良倾向，增强青年思想政治教育在网络空间的话语文化安全。

（二）推进青年思想政治教育话语文化传统现代传承

中华优秀传统文化在5000多年文明的发展中得以孕育、传承，"积淀着中华民族最深层次的精神追求，代表着中华民族独特的精神标识"②。中华优秀传统文化中也包含着极为丰富的思想政治教育资源，要实现青年思想政治教育话语革新，需要大力强化对优秀传统文化话语的全面继承与有效转换，以满足青年群体的知识需求和选择可能性。

具体而言：一是要优化青年思想政治教育话语文化传承内容，"让收藏于禁宫里的文物、陈列在广阔大地上的遗产、书写在古籍里的文字都活起来"③，有效整合这些蕴含民族精神、社会美德、人格养成的传统优质文化教育资源，并借助移动互联网广泛开展"经典微读""国学接力传诵"等青年群体乐于接受的思想政治教育实践活动。二是要建立健全网络立法和网络

---

① 王学俭、冯东东：《大学生网络思想政治教育：价值·挑战·保障》，《思想教育研究》2017年第7期。
② 习近平：《在庆祝中国共产党成立95周年大会上的讲话》，《人民日报》2016年7月2日。
③ 《习近平总书记系列重要讲话读本（2016年版）》，人民出版社2016年版，第203页。

德育文化体系。优秀传统文化资源的传播离不开网络立法和网络德育体系的保障作用，要大力构建网络青年思想政治教育话语体系长效保障和特色文化机制，提升对网络平台吸收、转化优秀传统文化资源为我所用的信度与效能。三是要促进青年思想政治教育话语文化传承机制形成。互联网的发展使整个社会向网格化系统迈进，随之而来的是网络文化、传统文化的相互交织与碰撞。在此背景下，传统意义上借助文本阐释、知识灌输等话语文化传承机制已远滞后于"用手点"为信息传播手段的"影音时代"与"读图时代"。开发有关青年思想政治教育话语体系的系列专题，拓展青年思想政治教育话语体系的信息沟通和交流平台，推动青年思想政治教育话语网络平台建设，增强青年思想政治教育话语的文化自信力与传承力，引导其"更好地肩负起建设社会主义文化强国、实现中华民族伟大复兴的历史重任"①。

（三）规范构筑青年思想政治教育话语文化语境现代转换

文化学视阈下的话语语境有两层含义：一是在言语交流过程中通过话语艺术的有效运用，交流双方情感因素被激发并在实践中得以积淀而逐渐形成的兼具中国气象、中国气派和中国特色的话语表达范式，偏重于精神文化层面；二是凭借道德教化话语方式而进行的人与人之间的言语互动过程中表达主体所处的语言环境和实践环境，偏重于物质文化。在文化形态的演进过程中，话语语境同社会文化环境与文化心理的关联愈发紧密，并呈现出复杂化、交织化和耦合化的特点，这需要对网络圈群视野中的青年思想政治教育话语文化语境进行规范构筑和现代转换。

具体而言：一是要深刻认识当前青年思想政治教育话语文化语境已由静态性文本话语表达向动态性语音图像话语表达转向，面对这一时代拐点，教育者要以一种包容的心态对待青年群体网络话语的表达方式和表达内容，既

---

① 邵献平、詹鹏：《文化自信：大学生思想政治教育的重要向度》，《中共山西省委党校学报》2017 年第 2 期。

要理性看待青年群体在网络圈群"众说纷纭"的文化生态，也要准确把握青年话语体系的创新特征，通过消化吸收网络流行话语的有效因子并将其引入青年思想政治教育话语实践中，实现青年思想政治教育话语文化理念的与时俱进。二是要创新青年思想政治教育话语范式。梳理青年网络流行话语体系与思想政治教育共同的话语文化源头，最大限度赢得青年群体的心理和价值认同。教育者要主动提升自身的话语创新能力，强化教育主体与教育客体间的话语交往能力，根植于青年群体所处的时代背景和社会关系，在青年思想政治教育过程中融入富有亲和力的话语内容，积极践行接地气的话语交流实践。三是着力培养青年思想政治教育主体的网络媒介文化素养。教育者要充分重视网络媒介文化素养教育活动，积极引导青年群体认识到网络世界的虚拟性话语与社会存在的现实性话语的统一辩证关系，以高度责任感深化青年群体对网络媒介文化素养的认知水平，以科学灵活方式加强青年群体调节自身情感提升其对网络媒介的理性运用，以活动实践经验提升青年群体有效参与到情意知行有机结合的网络媒介文化素养养成进程中，不断提升青年思想政治教育话语实践运行中依托文化语境的实效性和转换力。

第五章

高校思政课信息化教学改革

习近平总书记在全国高校思想政治工作会议上强调："要充分发挥思想政治理论课的主渠道作用，不断创新教学方法，增强教学的吸引力、说服力、感染力。"① 明确了时代发展对高校各门课程教学的新要求新任务，也为扎根中国大地推进高校思想政治理论课教学改革创新指明了方向。教育部印发的《教育信息化"十三五"规划》中提出"到 2020 年，基本建成'人人皆学、处处能学、时时可学'、与国家教育现代化发展目标相适应的教育信息化体系"②，指引了高校思想政治理论课在内的各门课程与现代信息技术有机融合的建设理念。

第一节　基于蓝墨云班课的高校思想政治理论课教学实效性研究

高校思想政治理论课教师应充分认清和主动迎接这一发展趋势，积极掌

---

① 《习近平在全国高校思想政治工作会议上强调：把思想政治工作贯穿教育教学全过程 开创我国高等教育事业发展新局面》，《人民日报》2016 年 12 月 9 日。

② 邵蕾：《高校思想政治理论课网络教学体系的构建》，硕士学位论文，南京林业大学 2013 年。

握和运用现代信息技术，广泛开展教学方法与教学模式的改革。"问题是时代的格言，是表现时代自己内心状态的最实际的呼声"①，解决重单向知识传授、轻师生双向互动的思想政治理论课教学问题，提升高校思想政治理论课亲和力和针对性问题，不断增强高校思想政治理论课的实效性，就是移动互联时代高校思想政治理论课教学改革创新最实际的呼声。

一、借助蓝墨云班课推进高校思想政治理论课教学信息化场景建设

蓝墨云班课由北京蓝墨云大数据技术研究院研发的一款基于移动互联环境、利用手机智能设备开展课堂教学互动、注重即时反馈、激发学生自主学习、实现过程性与个性化评价的移动教学 App。它以云端创建的班课空间为基础，以邀请码方式引导学生加入云班课形成虚拟网络班级，通过应用端的签到、即时消息通知、教学资源共享、计时测试、投票问卷、头脑风暴、作业小组任务、答疑讨论、评价考核奖励等功能，开展课堂教学组织管理、推送教学资源、实施过程评价、激发学生学习兴趣。截至 2018 年 12 月，已有1000 多万名师生使用蓝墨云班课开展教学学习活动。

（一）大力加强网络基础设施

网络基础设施的完善是运用好蓝墨云班课开展高校思想政治理论课教学的基本前提。应在两个方面下功夫：一是完善网络基础设施建设。建设设施完备、网络畅通的多媒体网络教室，保证师生智能手机与蓝墨云班课的无缝对接，让更多师生充分共享移动教学信息化工具和高品质内容，有利于增强思想政治理论课教学对象精准度、教学评价科学性及教学管理高效化。二是加强校园网络建设。加强校园网络建设、推动信息化教学被很多高校纳入重

---

① 《马克思恩格斯全集》第 1 卷，人民出版社 1995 年版，第 203 页。

点工作日程。2017 年 1 月，笔者所在学校与北京蓝墨云大数据技术研究院正式签约，成立广东职业院校移动云教学大数据研究中心茂名市分中心。学校以中心成立为契机，充分发挥该中心的辐射与带动作用，进一步强化了学校校园网络建设力度，提升了无线网络的课堂覆盖率，以此来充分发挥移动互联网引领基础课教学信息化、降低教学信息化建设成本、提高教学信息化建设质量等层面的引领作用，为思想政治理论课教师使用蓝墨云班课提供便捷即时的条件保障。

（二）不断提升教师场景应用能力

如何提升教师的使用效率和教学积极性是亟待解决的重要问题。应重点抓好两个方面的工作。一是凸显信息化教学地位。将信息化教学摆在更加突出的位置，在移动互联环境下，蓝墨云班课显示了其强大的吸引力与功能性，其设计理念旨在改变传统教学模式和方法，利用移动互联网和学生自带设备，使各类课程网络教学变得轻松、有趣和高效。2017 年 1 月，学校特邀北京蓝墨云大数据技术研究院院长商桑教授来校主讲题为"互联网+教育时代的课堂教学及诊改智能化"的专题讲座，通过此次讲座，与会领导、老师对"互联网+课堂教学"以及蓝墨云班课运用有了初步的了解和认知。二是加强移动教学平台业务培训。这是促进云教学平台推广和应用，丰富教师教学方法手段的重要举措。学校先后邀请北京蓝墨云大数据技术研究院广东分区总监来校开展多场蓝墨云班课使用专题培训会。通过培训，学校教师对蓝墨云班课的设计理念、基本功能和使用方法，以及运用蓝墨云班课提升学生学习兴趣、实现课堂过程管理等有了进一步的熟悉和掌握。

二、依托蓝墨云班课开展高校思想政治理论课教学的独特优势

借助移动教学平台开展高校思想政治理论课教学，较之与传统教学模式

相比具有显著优势。"蓝墨云班课提供了良好平台，它将手机对课堂负效应向正效应引导，充分利用了移动互联网的丰富资源和新颖教学形式"①。高校思想政治理论课教师借助蓝墨云班课开展课堂即时互动、及时反馈，利用经验值激励提高学生自主学习兴趣，有利于不断增强思想政治理论课教学的亲和力和实效性。

（一）依托教学平台更加贴近学生需求

移动互联设备的开放性和共享性为拓展学生学习空间、满足学生学习需求、定制学习个性化内容提供了现实可能。蓝墨云班课正是顺应这一趋势，依托移动互联和学生自带设备，应运而生的一款移动教学 App。"它打破了学习方式和学习手段的时空限制，学生可灵活安排学习时间、地点与内容"②，为教师随时提取专题课件、培训讲座、视频等教学资源提供极大便利，有利于开阔师生眼界以及贴近师生教学、学习需求。

（二）依托教学平台更加丰富学习内容

在高校思想政治理论课教学的过程中，还在不同程度上存在"教学内容统一制造方式，无法满足学生个性化需求"③的现象。蓝墨云班课以其丰富多样的网络教学资源为思想政治理论课教学提供了海量素材。它通过有效集成多媒体教学素材、网络教学课件及各种工具软件，形成一个集文字、图片、动画、音频、视频为一体的网络教学资源库，教师可随时提取适合自身课堂需求的教学内容，开展多元化的教学活动，还可根据实际教学情况与学生专业背景，优化、筛选课程教学资源，及时更新教学内容，学生可随时下

---

① 江南、周侠：《蓝墨云班课在高校思想政治理论课教学中的应用》，《新疆广播电视大学学报》2017 年第 2 期。

② 边婧：《基于蓝墨云班课的思想政治理论课翻转课堂教学实践探索》，《常州信息职业技术学院学报》2017 年第 8 期。

③ 赵丽梅：《"蓝墨云班课"在高职院校"两课"教学中的应用探讨》，《辽宁农业职业技术学院学报》2017 年第 1 期。

载、阅读、学习平台上各种类型的微课、慕课等素材，促进网络教学资源与课堂教学内容的深度融合、同向同频。

（三）依托教学平台更加优化授课方式

蓝墨云班课立足师生教学、学习需要，科学设置各类板块，实现了由传统课堂教学模式的"点对面"交流转变为网络环境背景下"面对面"的交流。如通过平台的讨论/答疑菜单，师生之间可以针对某一话题或社会现象进行及时沟通交流，使学生能方便快捷地获得新知、引发思考，教师可及时了解学生的思想动向、价值需求，激发学生内在学习动力与兴趣，"促进教师为教学主导、学生为教学主体教学互动方式的形成"[1]，实现师生线上线下、同向同频式即时交流，推动高校思想政治理论课教学模式不断革新。

三、运用蓝墨云班课增强高校思想政治理论课教学实效的具体路径

高校思想政治理论课是落实高校立德树人根本任务和中心环节、是"培养担当民族复兴大任的时代新人"[2] 的重要阵地。笔者作为一名思想道德修养与法律基础课（以下简称"基础课"）教师，在运用蓝墨云班课开展日常教学过程中，坚持以教师为主导、学生为主体的教学原则，采取由浅入深、循序渐进的教学思路，通过引导学生了解课程知识背景，开展课前预习、投票/问卷、头脑风暴、作业/小组任务等方式开展教学。

（一）全过程打破时空限制，打造"时时在线"应用场景

对于高校思想政治理论课教学而言，"要实现信息化教学创新，必须具

---

① 唐世刚：《创新高校思想政治理论课新媒体课堂教学的思考》，《学校党建与思想教育》2015 年第 7 期。

② 习近平：《决胜全面建成小康社会　夺取新时代中国特色社会主义伟大胜利——在中国共产党第十九次全国代表大会上的报告》，人民出版社 2017 年版，第 42 页。

备互联网思维"①。这一思维内化到教学实践，就是要打破时空限制，打造"时时在线"的应用场景。蓝墨云班课在提供"在线"场景方面具有独特优势。一是在线学习内容设置功能多元。课程在线学习内容来自国内重点院校的教学资源库，内容新颖、覆盖广泛、时效性强，为思想政治理论课教师授课提供了丰富、即时的内容和素材。二是在线学习辅助功能完善。以基础课为例，该门课程各章节的内容与其他课程相比，政治术语、法律概念和历史事件偏多，这对于非思想政治教育类专业学生而言，学起来会比较吃力。蓝墨云班课设置了使用便捷的在线学习辅助功能模块。通过运用这一模块，指导学生使用"在线答疑、网页链接与资源库"等子模块功能，提前预习和了解相关政治术语、法律概念和历史事件的相关知识背景。三是在线学习考评功能简易便捷。学生学习效果考核环节是蓝墨云班课的重要功能。蓝墨云班课不仅为学生提供了课程练习题目，还帮助教师随机向每位学生提供测试题目，引导学生在规定时间段内自主完成测试任务。在此基础上，教师及时梳理、总结归纳学生的学习重点难点，通过蓝墨云班课发布，然后结合教学内容在课堂上为学生答疑解惑，最终实现他育与自育的教学目标。

（二）全方位开展教学活动，彰显教师主导与学生主体作用

在移动互联时代，"高校思想政治理论课教师在开展信息化教学时，要善于做网络思政的'把关人'"②，充分发挥教师的主导作用与学生的主体作用，二者作用的合力发挥，有利于把握教学节奏，提升教学实效。蓝墨云班课为思想政治理论课教师"把关人"的角色提供了有力依托。它通过可控的课堂教学过程、高效的课堂表现统计、强大的学情分析功能，将教师主导与学生主体有机结合，使教学内容、教学过程、评价手段更加贴近学生、

---

① 张立：《互联网思维对思想政治教育创新的启示》，《理论月刊》2016年第4期。
② 宋元林：《网络思想政治教育》，人民出版社2012年版，第198页。

满足学生需求。一是课堂教学过程可控。教师借助蓝墨云班课随时解答学生在学习中遇到的问题，消除学生学习障碍；学生可组成在线学习小组，通过话题探讨、观点碰撞，加深认知、互促互进。二是课堂表现统计高效。借助平台及时收集学生在线互动和测试情况，如学生提问次数、互动次数和每一项课堂活动的测试成绩。平台以学生本课程的在线学习时间、任务完成情况为基本参考依据，每个任务学生通过操作获得经验值，并在查找错误和解答别人问题过程中获得额外经验值，实现由分数变为经验值，实现对学生成绩的动态评定。三是学情分析功能强大。教师可通过平台及时分析每位学生的学习过程和课堂表现状况，及时获取学生课堂表现信息，"为提供全面学情数据与开展教学评价提供可靠依据"[1]，有助于思想政治理论课教师及时调整教学方案，使"教师成为大数据分析型的教师"[2]，达成以学生发展为本、打造高效思想政治理论课课堂的教学目标。

（三）全链条打通教学环节，实现师生之间良性互动

传统高校思想政治理论课教学往往缺乏师生在课前、课中以及课后的即时互动。从课程价值属性看，思想政治理论课"思想引领的有效性不仅取决于理论本身的正确性，也取决于传导过程的针对性"[3]。在移动互联时代，这一价值属性尤为重要。高校思想政治理论课教学引入蓝墨云班课可有效改变传统说教模式，"更加有效地实现师生间、生生间的交流互动"[4]。具体表现在以下三个方面：一是熟悉蓝墨云班课使用步骤。教学过程中主要涉及以下环节：上课伊始先打开手机查看经验值，做到及时反馈同学关切，并将关

---

① 王瑛：《基于蓝墨云班课的翻转课堂教学实践——以高职"信息检索"课程为例》，《中国信息技术教育》2017 年第 1 期。

② 商桑、靳新：《云教学理论与实践研究》，北京理工大学出版社 2017 年版，第 5 页。

③ 冯培：《坚持"三个统一"：改革开放 40 年高校思想政治教育的基本经验》，《思想理论教育导刊》2018 年第 11 期。

④ 庞国斌：《从授受走向互动生成：现代大学教学观反思与重构》，《辽宁师范大学学报（社会科学版）》2008 年第 2 期。

注同学植入教学案例和场景中；将教学内容转化为互动问题，积极回答问题的学生即可获得相应经验值；引导学习态度不端正同学完成简单讨论任务。二是在线梳理好每节课主干内容。以基础课为例，该门课程的主干内容有理想信念、思想道德修养、法治思维培育三大板块，具体包括大学生活适应、价值理想培养、中国精神弘扬、道德规范传承、法治观念树立、法律权利行使、社会主义核心价值观培育与践行等，在每节课正式上课前，教师可在蓝墨云班课平台上解读和共享本节教学主线，让学生在使用云班课学习教学内容的过程中，做到对整本书知识框架以及各章节知识点有一个整体的把握和认知，让手机课堂更具前瞻性和时效性。三是及时跟进课后作业在线布置。通过设置社会热点案例分析、课后思考题等方式，在蓝墨云班课上布置课后作业，学生可用便笺纸写下本次课的上课感受及尚未解决的问题，教师可在云班课平台及时解答，引导学生巩固对知识点的掌握程度，促进学生主动学习。通过两年多的教学探索，授课班级学生的抬头率、参与度、获得感得到不断增强，在一定程度上彰显了"载体是思想政治教育活动的形式，其运用应为实现思想政治教育目的服务"① 的价值追求。

探讨基于"互联网+教育技术"的蓝墨云班课的运用，并不是照搬模式，更不是割裂实际、另起炉灶，而是一切从教学需求出发，从学生学习行为和学习方法出发，充分将学生在生活中司空见惯的手机媒体运用到课堂教学中来，体现出的是高校思想政治理论课教学理念的时代转变与路径选择。当然，在这样一个"后喻时代"，必须处理好技术性和思想性有机统一的问题。高校思想政治理论课教学的根本旨趣在于对学生价值认知、道德素养的思想引领，只有将技术性和思想性有机结合，才能真正实现增强高校思想政治理论课教学实效的改革目标。

---

① 陈万柏：《思想政治教育学原理》，中国人民大学出版社 2013 年版，第 209 页。

第二节 基于互联网云平台空间的思想政治 理论课教学方法创新及应用

《国家中长期教育改革和发展规划纲要（2010—2020 年）》中强调：
"信息技术对教育发展具有革命性影响，必须予以高度重视，把教育信息化
纳入国家信息化发展整体战略，超前部署教育信息网络，促进教育内容、教
学手段和方法现代化。"2010 年下半年，长沙民政职业技术学院在全国率先
推行基于互联网云平台的空间教育教学改革，学院党委果断抓住机遇，精心
指导思想政治理论课空间教学改革创新。

思想政治理论课空间教学以基于互联网云平台的"世界大学城"为平
台，以增强思想政治理论课的吸引力、感染力为出发点，以推进中国特色社
会主义理论体系"三进"为着力点，以提高学生的学习积极性为切入点，
以提高思政教学效果为落脚点，有效整合教学资源构建思想政治理论课教学
体系。

空间思政教学包括空间课堂教学、空间交流互动、空间批改作业及考试
三项主要内容。空间课堂教学是指教师在空间上按照概念库、方法库、案例
库、视频库、教案库、课件库等框架建立空间资源课程，利用空间资源课程
进行授课；空间交流互动是指师生之间通过微信、群组交流、跟帖回复等方
式就教学内容及社会热点问题进行广泛讨论；空间批改作业及考试是指学生
在空间上提交作业，在空间上进行考试，教师就学生的作业及考试在空间上
进行批改及指导的一种教学过程和活动。空间思想政治理论课教学方法创新
是指依托空间，思政教师灵活运用现代信息技术，整合教学资源，开展
ISAS、PBL、研练式、情景式等多种教学方法，提高学生课堂参与度，激发
学生对课程学习的兴趣，从而提高教学效果。

一、思想政治理论课空间教学改革的创新性及优势

创新性表现在三个方面：

一是教学理念创新。进一步提高思想政治教育教学效果，落实高校人才培养目标，在依托云平台空间的基础上，我们在思想政治教学过程中实现了四个结合，即思想政治教育和民政文化相结合、思想政治教育与志愿服务活动相结合、思想政治教育和党团活动相结合、思想政治教育和专业教育相结合，实现了全方位、全过程、全员育人。

二是教学手段创新。空间思想政治理论课教学方法的应用依托全新的互联网云平台——世界大学城。该平台依托先进的云计算技术，以互助互学、交流分享为理念，为个人及机构建立一个功能强大的资源共享交互式教育学习平台。长沙民政职业技术学院为所有师生均配备了世界大学城账号和密码并实行实名制管理，实现了人人有账号，个个有空间。教师利用空间上传课程资料，利用空间进行授课，利用空间布置和批改作业、进行考试；学生利用空间开展自主学习、完成作业、进行交流互动。该平台为创新思想政治理论课教学方法提供了良好的载体。

三是课堂管理创新。为实行 ISAS、PBL、研练式、情景式等多种教学方法，我们在教学管理上进行创新，实行项目制教学管理。教师根据教学方法的不同把每个课程班级进行分组，以组为单位开展项目研究，小组成员和组长一起通力合作，共同完成。小组长每星期向教师汇报项目进展情况、小组成员的表现、团队合作情况等，教师利用云平台空间进行过程指导。最后，以每组完成研究项目的情况来考核学生平时表现及成绩。这种管理方式极大地调动了学生的学习积极性，培养了学生的合作能力和竞争能力，备受学生欢迎。

思想政治理论课空间教学的突出优势在于：

一是依托先进的云计算技术的交互功能，搭建了功能强大的师生交互式教育学习平台，凸显了学生的主体地位。

二是依托先进的云计算技术的存储功能，构建了功能强大的师生共享思政教学课程资源库，丰富了教学资源。

三是依托先进的云计算技术多媒体功能，创设了功能强大的图、文、声、画，声情并茂的思想政治理论课教学体系，活跃了课堂教学气氛，激发了学习兴趣，调动了学生的学习积极性。

二、进行教学资源开发、完善相应的体制机制

从 2010 年下半年开始，长沙民政职业技术学院思想政治理论课教师开始尝试运用互联网云平台创新思想政治理论课教学方法。目前已经进行了一系列研究，开发了空间课程资源，出台了一系列围绕空间教学方法改革的体制机制，取得了一些成果。

围绕互联网云平台的空间思想政治理论课教学方法改革，我们在空间资源课程构建、空间教学改革、空间交流互动、空间教学考核与评价等方面进行了研究，目前已经立项的校级课题 20 项，省级课题 4 项，中央财政支持项目 1 项，教育部社科司项目 1 项，发表相关论文 28 篇，出版专著 2 部。在理论研究的基础上我们还进行了教学资源开发，并出台了相应的体制机制：

（一）教学资源开发

开发了《毛泽东思想和中国特色社会主义理论体系概论》《思想道德修养与法律基础》等 10 余门空间资源课程；建设了标准库、概念库、视频库、案例库、试题库、教案库、课件库等 30000 多个资源；思政部教学团队根据高职特点，突出学生问题意识，以专题教学为主要形式，制作了图文并茂、视听结合的嵌入式表格化教案和课件；建设了思想政治理论课教学部空间资源互动与共享平台。

（二）保障项目实施的体制机制及健全的规章制度

党委高度重视，经常召开专题会议研究部署思想政治理论课改革项目，

明确了部长、教研室主任、专兼职教师的职责；颁布了有关空间建设及使用的一系列规章制度，包括《关于做好思政部职教新干线个人空间建设工作的通知》《关于进一步加强和改进思政部信息化建设实施方案》《思政部教师空间管理办法（暂行）》等；制定了 ISAS、PBL 式、研练式、情景式等教学方法的实施细则。

（三）多样的项目驱动

为了调动思想政治理论课教师的积极性，我们实行项目驱动制。开展了教师优秀空间比赛、ISAS 教学比赛、空间资源课程建设比赛、说课比赛、信息化教学项目比赛等，2014 年罗珍老师参加全国高职高专思想政治理论课微课比赛获得一等奖，2015 年黄丹老师参加全国高职高专思想政治理论课青年教师教学展示获得一等奖。还有部分老师参加湖南省和全国信息化教学比赛，获得比较好的成绩。

（四）解决了教学实践中的困难和问题

解决了学生不愿学、积极性不高的问题。传统的思政教学由于教学手段陈旧，教学方法单一，学生学习思想政治理论课的积极性不高，为此，我们充分利用现代信息技术，更新教学手段，创新教学方法，图文并茂，视频与讲授、讨论相结合，极大地调动了学生的学习兴趣，提高了教学效果。

解决了师生见面难、交流难的问题。在空间上，师生之间的交流通过群组讨论、微信、跟帖回复等方式进行，和传统的交流方式相比，空间交流实现了由单维度向多维度、一对一向一对多、单向性向双向性的转变。目前，平均每位思政教师的空间日点击量超过了 10 人次以上，总访问量达到了100 万以上，好友达到了 3000 人以上，私信留言达到了 3000 条以上。师生在空间里的交流沟通规范化、常态化，教师利用网络空间及时解决学生遇到的各种学习困惑、思想困惑和生活困惑，用真情感动学生。

解决了学生课后学习不方便的问题。目前，每位思政教师都构建了两到三门网络空间资源课程，并且根据实际情况对课程内容时时更新，由于不受时空限制，学生在课后可随时登录教师的网络空间进行自主学习，并就学习中出现的问题及时和教师进行沟通，提高了学生的自主学习能力。

解决了资源无法共享的问题。空间是一个开放的平台，该平台实现了校内和校外之间，教师和教师之间，教师和学生之间，学生和学生之间的互通有无，我们还创建了思想政治理论课空间教学团队，为全省乃至全国的思政教师提供了资源共享的平台。

思想政治理论课空间教学改革目前主要在三个方面取得了一定成效。一是突破了师生交流的时空局限，促进了全员育人、全程育人和全方位育人的有机结合。整合了课堂教学、管理和服务的育人功能，促进了教书育人、管理育人和服务育人的有机结合。二是充分调动了师生建空间、用空间的积极性，目前网络空间已成为网络思想政治教育的主阵地和师生的精神家园，使得思政教学突破了传统时空的限制，大大提高了思政教学的实效性。三是实现了显性教育与隐性教育相结合，通过教学模式的创新，使思想政治理论课成为学生真心喜爱并终身受益的课程。

三、加大扶持力度，提供可靠保障

学校党委高度重视思政教育教学，成立了由学校党委书记任组长，党委副书记、主管学生工作的副校长为副组长，思政部、教务处、学生处、宣传部负责人为组员的思想政治理论课建设领导机构，认真贯彻落实中央关于思想政治理论课建设的相关文件精神。并下发了中共长沙民政职业技术学院委员会关于《加强思想政治理论课课程体系建设的意见》，为思想政治理论课课程教学改革保驾护航。

我们拥有一支专兼结合、年龄结构、学员结构、职称结构合理的优质思政教学团队，现团队高级职称占40%，98%拥有硕士学位，博士和在读博士占15%。目前中青年教师已成为教学科研的主力军。思想政治理论课课程教学团队是学校优秀教学团队。近三年共发表科研论文 185 篇，主持并完成省级以上课题 10 项，出版专著及教材 10 部。充分利用长沙民政职业技术学院长期从事资源开发、数据库建设、信息管理工作的技术队伍，为思想政治理论课网络空间平台建设、多媒体制作、素材库建设提供技术上的保障。目前，学院拥有独享 1000 兆带宽出口的第二代最新数字校园网，有线网络信息接入点 5400 多个，无线接入点 1000 余个，可同时满足 4000 个用户的无线上网需求；建成现代化交互式多媒体教室 256 间。由我院探索创建的"网络学习空间人人通"建设模式已成为国家教育信息化"三通工程"的重要组成部分。

学校加大资金扶持力度，为思想政治理论课师资队伍建设、网络空间平台建设、实践实训基地建设提供可靠的资金保障。2013 年思想政治理论课教学创新团队获得中央财政 200 多万元的专项资助，学校已规划建设 1800 平方米的思想政治理论课教学研究与实践中心（含民政文化研究与实践中心、职业道德研修中心、近代史研修室、校园廉洁文化研修与实践中心、党团建设研训室、青年志愿者服务指导中心、科学发展观研习会、思想政治理论课教学研究与绩效评估中心），为思想政治理论课教学提供坚实的物质基础和良好的实践平台。

第三节　基于云平台的高职思想政治理论课空间教学改革与探索

一、高职思想政治理论课空间教学改革的意义

（一）有利于进一步贯彻落实党和国家大力发展教育信息化的战略部署

《国家中长期教育改革和发展规划纲要（2010—2020)》指出："信息技

术对教育发展具有革命性影响，必须予以高度重视，把教育信息化纳入国家信息化发展整体战略，超前部署教育信息网络，促进教育内容、教学手段和方法现代化。"为此，要完善教育信息基础设施建设，加强优质教育资源的开发与利用，提高教师的信息化技术水平。要加快高等职业院校数字校园建设，提高学校教学、管理、服务、技术应用和文化建设的信息化水平，实现专业教学资源、精品课程等优质教学资源的集成共享。毫无疑问，加快教育信息化进程，推进现代信息技术在高等职业院校教学与管理中的广泛应用，对提高教育教学质量具有十分重要的意义。高职思想政治理论课空间教学改革研究是对党和国家关于大力发展教育信息化的战略部署的贯彻落实。

（二）有利于进一步促进高职院校思想政治理论课教学改革与创新

思想政治理论课是大学生的必修课，是大学生思想政治教育的主渠道。其主要任务是帮助学生树立科学的世界观、人生观、价值观，进一步坚定对社会主义的信念、对马克思主义的信仰、对改革开放和现代化建设的信心，确立对党和政府的信任。高职院校承担着为社会培养生产、建设、管理服务一线需要的、动手能力强，具有良好职业道德的高级应用型人才的重任。显然，我们要培养的学生不能只具有工具性的技术，更应该具有良好的思想政治素质和职业精神，只有这样才能成为合格的职业人和社会人。而要做到这一点，思想政治理论课的教学改革与创新就成为不二选择。随着社会的发展变化，素质教育成为教育发展的主流和基本方向。思想政治理论课在大学生的素质教育中有着特殊重要的地位和作用。要全面提高大学生的素质，要使学生真听真学真信，高职思想政治理论课就必须贴近学生实际，想学生之所想，急学生之所急，勇于创新。长沙民政职业技术学院思想政治理论课实行空间教学改革后取得了可喜的成果。我们的主要做法是课程建在网络空间里、管理融入网络空间中、师生在网络空间进行互动、教学在网络空间进行延伸、思想政治工作进网络空间。网络空间教学互动重塑了师生关系、网络空间课程重构了学习模式、网络空间管理重建了学术信誉。通过网络空间教学改革，增强了思想政治理论课的实效性和针对性，学生更加自信、阳光和好学。学生学习由过去的"要我学"转变为"我要学"。当前高职院校学生生源素质总体来讲还不高，存在着学生学习能力较差、思想状况复杂、行为养成不够好等问题。但人是可以改造的。如果我们能够用如"空间教学"的网络互动学习新模式充分调动学生的积极性、主动性和创造性，那么，他们一定会成为对国家社会有用的高素质应用型人才。

（三）有利于进一步顺应我校的信息化建设和可持续发展

当今世界正处于全媒体时代，在这个时代，信息无处不在，知识无处不在。现代计算机信息技术的迅猛发展已经深刻地改变了人们的生产生活和学习的方式。网络空间教学作为现代计算机信息技术发展的最新成果之一，一经问世便引起巨大轰动。在顺利成为全国首批国家级示范校后，长沙民政职业技术学院立足可持续发展的战略眼光，制订了学院发展的教育教学规划，以网络空间教学为龙头，大力推进信息化建设，学院投入巨资对原有的网络技术环境进行提质改造，以适应空间教学的需要。从 2010 年下半年开始，长沙民政职业技术学院依托职教新干线信息平台在全国率先推行空间教学改革，至今已取得喜人成果，受到教育界广泛关注。教育部副部长鲁昕、李卫红和湖南省副省长郭开朗视察我院时，对我院的网络空间教学予以充分肯定。在学院召开的湖南省职业院校信息化建设推进会上，湖南省教育厅原厅长张放平、现任厅长王柯敏高度称赞我院信息化建设取得的成就，副厅长王建以"感动、震撼"四个字高度评价我院信息化建设的创新成果。高职思想政治理论课网络空间教学改革是我校信息化建设的重要内容，这一项目的论证和实施必将进一步促进我校的信息化建设和可持续发展。

二、思想政治理论课网络空间教学改革项目的建设内容与目标

思想政治理论课网络空间教学改革项目是基于现代信息化条件下，以云平台网络空间为载体，以现代信息技术为手段，通过打造互联网络信息平台，促进团队合作，实现资源共享，规范教学过程，整体提高思想政治理论课教学质量，并培养一支具有国际视野、专业水平的高素质高职思政教学人才。通过师资队伍建设、网络空间资源共享平台建设、教学创新体系建设，具体实现以下目标。

（一）培养一支熟练掌握现代信息技术的高素质、高水平、能协作、能创新的思政教师队伍

以项目建设为契机，从以下几个方面着手建设：第一，引进高素质人才。在建设期内，争取引进一到两名具有博士学位的高素质人才，以充实和壮大教学队伍。第二，提升现有思政教师的学历层次。鼓励现有的思政教师攻读博士学位，在现有博士数的基础上，培养一到两名博士。第三，提升现有思政教师的职称水平。通过项目建设，培养一到两名教授，两到三名副教授，使现有师资队伍的学历、职称水平达到理想状态。第四，培养思政教师运用现代信息技术的能力，使每一位教师都能熟练利用互联网开展教学和研究活动。第五，培养一批具有视野的思想政治理论课教师队伍。充分利用学校推进国际化、标准化、模块化和信息化的实践，争取将思想政治理论课教师派到国外访学，学习先进的教学理念、科学的教学方法、独特的教学模式，培养思政教师的国际视野。

（二）打造一个基于云平台网络空间的思政教育教学共享平台

在我校原有的大学城个人空间思政教学的基础上，构建长沙民政职业技

术学院思政教学团队网络空间教学平台，实现网络空间资源共同创建，共同享有。具体包括：第一，形成《思想道德修养与法律基础》《毛泽东思想和中国特色社会主义理论体系概论》《形势与政策》课程教学群，实现全体教师利用大学城网络空间进行教学。第二，形成思政教学的师生互动群，教师和学生都可利用大学城网络空间进行互动，提供互动问答系统、BBS 讨论区、博客系统，实现网络教学在线和离线网上交流和辅导。通过网络互动平台与虚拟实训项目的建设，建成个性化学习中心，为学生制订个性化学习策略。第三，形成思想政治理论课程资源群，方便教师互访、交流和学生课外自学、测评。

（三）探索一个基于云平台网络空间的教学创新体系

利用云平台海量信息的特点，发挥互联网方便快捷的优势，实现思想政治理论课的教学创新。第一，教学手段创新。利用云平台网络空间嫁接各种教学方式、实现网络空间教学，突破传统的教学手段，打碎传统的 ppt，通过表格化教案，集成互联网上的优秀教学资源，使教学形式更加新颖，教学内容更加丰富，教学过程更加直观，大大加强教学效果。第二，教学方法创新。在传统讲授法的基础上，发挥云平台的特点，探索新的教学方法，包括 ISAS 教学法、PBL 教学法、项目 PK 法、启发式教学法、探究式教学法等。第三，教学测评创新。利用网络平台，建立学生测评中心、试题库、作业（论文）模块，为学生提供网上自测和互评服务，增加学生自主学习时间和空间，同时，采用反抄袭策略，提高测试效果，为培养高素质技能型人才提供保障。第四，考核手段创新。考核手段由过去的纸质考核变为空间考核，实现无纸化考核。改变过去一考定分数，闭卷考试的方式，实行形成性考核和终结性考核相结合。形成性考核和终结性考核都可以利用空间来进行，在形成性考核中，将学生一学期的到课率，在教学空间上提交的作业，交流群组里的发言，利用网络教学空间进行自主学习的情况在网络教学空间平台上时时通报，纳入考核范围，真正实现考核的公开透明、公平公正。

三、思想政治理论课网络空间教学改革的外部环境及保障措施

（一）国家示范性高职院校建设为本项目提供广阔的实践平台

学校 2006 年被确定为首批（28 所）国家示范性高等职业院校建设单位，2009 年通过国家验收建设成为首批国家示范校。多年来，学校全面贯彻落实科学发展观，按照国家示范校"发展的示范、改革的示范、管理的示范"的建设目标要求，抓发展、抓改革、抓管理，逐步成为改革领先、发展领先、管理先进的国家示范性高等职业院校，成为服务湖南地方经济建设的高技能人才培养基地，成为湖南省文明标兵单位。学校坚持"以民为本、为民解困、为民服务"的民政精神办教育，坚持"立足民政、面向社会、适应市场、开放办学"的理念办学校，强化教育教学改革，强化教师队伍建设。目前，学校有国家级教学名师 1 人、省级教学名师 2 人、省级教学团队 4 个。学校已建成 12 个国家示范重点专业、17 门国家精品课程、2 个国家实训基地。学校在国家示范校建设中取得的巨大成果，对思想政治理论课教学团队提出了更高要求，同时也为思想政治理论课网络空间教学改革提供了广阔的实践平台。

（二）学校的信息化建设为本项目提供了可靠的外部环境

近年来，学校加快推进信息化建设步伐，先后投入了 2000 多万元资金用于校园网的升级和多媒体教学平台建设，已建成了 1000 兆带宽出口的第二代数字校园网，300 多间多媒体教室。学校建立了课程展示中心、省级以上精品课程专门网站；为全校师生免费配发了"世界大学城"空间账号，人人都有空间，实现了"空间人人通"；在图书信息中心配置了充足的电子阅览室，1200 多个座位让没有电脑的学生免费上网络空间，实现了人人可

以上空间；拥有 800 兆 DIA 带宽出口，3000 多个无线入点，有线、无线网络覆盖校园，实现了校园内随处可上网络空间。这为思想政治理论课网络空间教学改革提供了可靠的外部环境。

（三）学校的空间教育教学改革为本项目提供了强大的动力支持

从 2010 年开始，学校以信息化建设为切入点，依托世界大学城"职教新干线"信息平台，实施网络空间教育教学改革，实现了课堂教学的划时代革命。学校的教育教学改革和建设进入更加开放、更高起点的崭新时代。学校空间教育教学改革取得突出成效，得到了广大师生的赞同，领导专家的高度评价，产生了良好的社会反响。这为思想政治理论课网络空间教学改革提供了强大的动力支持。

（四）较好的师资队伍为本项目提供了坚实的人才支撑

思想政治理论课教学团队共有教师 39 人，其中专职教师 29 人，兼职教师 10 人。整个队伍中，教授 4 人，副教授 10 人，讲师 20 人，具有博士学位 2 人，在读博士 2 人，硕士学位 35 人，学士学位 2 人；教师的年龄结构合理：50 岁以上教师 6 人，41—50 岁 10 人，31—40 岁 20 人，30 岁以下 3 人，中青年教师已成为教学科研的主力军。思想政治理论课程教学团队是学院优秀教学团队。兼职教师都是直接从事学生思想政治工作的（含党委书记、副书记、主管学生工作的副校长、党总支书记及政治辅导员）。拥有教学经验丰富的思想政治理论课教师和拥有丰富经验的思想政治教育的实际工作者密切结合，较好的师资队伍为本项目的实施提供了坚实的人才支撑。

第四节　传统思政教学向网络空间思政教学转变的动力机制分析

网络空间思政教学是相对传统思政教学而讲的，所谓传统思政教学，最初的表现形式为黑板加粉笔型，后来随着电脑技术的发展，多媒体教学开始广泛应用到思想政治理论课教学中，伴随着多媒体技术的出现，思政教师逐渐放弃了黑板，把自己上课的内容制作成精美的PPT，用PPT代替了黑板加粉笔。随着社会的不断发展，教师所面临的教育对象从原来的"85后"转变成了"90后"，同时网络技术不断发展，单纯的PPT教学存在着信息量单一、无法时时和学生互动等缺点。信息技术不断发展，教师面对的教育对象不断变化，这些都对传统的思政教学提出了挑战，为了应对挑战，要求传统思政教学必须转向依托网络，实现空间思政教学，以适应"90后"大学生的心理特点，方便教师及学生的教学和学习。

一、什么是网络空间思政教学

进入21世纪以来，在信息技术的推动下，互联网技术不断发展壮大，各种网站如雨后春笋般不断出现，在令人眼花缭乱的网站中，出现了一个国内最大的可以让大家互助互学的开放教育网站——世界大学城，世界大学城是一座虚拟的网络大学，依托Web2.0云计算技术，实行共建共管、实名管理，集合了国内许多高校各种优质的教育资源，以互助互学、交流分享为理念，促进了信息技术深度融入教学教育各个环节中，为个人及机构建立了一个功能强大的资源共享交互式教育学习平台，实现了校校有平台、人人有空间。网络空间思政教学就是依托世界大学城来进行教学的。

网络空间思政教学是指教师把每次上课的教学内容打碎后传到自己的空间上，通过表格化教案超链接到自己的课程资源来进行课堂教学；通过设置群组讨论，动员学生在空间上和教师以及学生之间就教学内容及社会热点问题进行广泛讨论来进行空间交流互动；学生在网络空间上提交作业，在网络空间上进行考试，教师就学生的作业及考试在网络空间上进行批改及指导的一种教学过程和活动。即网络空间思政教学包括网络空间课堂教学、网络空间交流互动和网络空间作业及考试三种形式。

　　2010 年，我校开始在全校师生中推广使用世界大学城，全校所有师生均有属于自己的世界大学城的账号和密码：即每个人都有一个属于自己在世界大学城上的空间。在网络空间建设方面，我们先后走过了设计美化自己的网络空间、上传课程资源、创建自己的网络空间开放课程、使用网络空间授课与学生互动交流等几个阶段。所有师生均根据自己所学及兴趣爱好创建了左侧栏目，上传了课程资源，建立了群组讨论，并且通过更改空间背景、空间横幅、建立空间导航等进行了空间美化，从 2011 年上半年开始，我校每位教师都开始建立自己的空间资源开放课程，并且使用网络空间对学生进行授课，利用网络空间批改学生作业，利用空间进行考试，等等。对思政教学来说，网络空间教学是一场"革命"，是对传统思政教学的挑战。那么在由传统思政教学向网络空间思政教学的转变中，到底是什么力量在推动这场教学变革呢？

二、信息技术的发展是推动传统思政教学转向空间教学的外部动力机制

　　进入 21 世纪，世界发生了重大变化，全球化的浪潮势不可挡地向各个国家和人民袭来，在全球化浪潮的冲击下，"世界变得越来越平坦"①，全球化浪潮下以信息科技为标志的第三次科技革命给国家、社会、人民的生活、思维观念等带来深刻的变化，在这场变革中，如果我们的思政教学还是遵循传统模式，不与时俱进，不更新和发展，那就跟不上社会形势的发展。

　　事实上，在信息技术的推动下，思政教学也在不断改进和发展，思政教学的发展也经历了由以前传统的黑板加粉笔型教学转向了多媒体技术教学型，再由多媒体技术教学型转向多媒体技术思政教学和网络思政教学型相结合。

---

　　① ［美］托马斯·弗里德曼：《世界是平的》，何帆、肖莹莹、郝正非译，湖南科学技术出版社 2006 年版，第 8 页。

和传统的黑板加粉笔型的思政教学相比，运用多媒体技术进行思政教学是教学发展上的革新，在多媒体技术的支持下，思政教师把每次上课的内容制作成精美的 PPT，在原来文字的基础上，实现了动画、图片、音乐、视频的结合，大大丰富了思政课堂教学，吸引了学生的注意力，提高了课堂教学效果。

随着信息技术的不断发展，互联网开始走进大学校园，网络改变了人们获取信息的方式，它突破了时空的限制，让人们足不出户即可知晓天下大事。互联网的出现及普及对传统思政教学提出了挑战。为了应对信息技术，尤其是互联网对思政教学的挑战。2000 年 5 月，教育部高等教育司在《关于实施新世纪网络课程建设工程的通知》中提出："用大约 2 年的时间，建设 200 门左右的基础性网络课程。"所以思政教育必须占据网络这块主阵地，构建网络思想政治教育系统，在教育部的重视和支持下，一些高校开始申报思想政治教育网络精品课程，各个学校的思政部或马克思主义学院均开发了属于自己的网站，一时间，网络思政教育风生水起。但高潮过后，细心的教育者发现，当时纷纷建立起来的思想政治教育网络存在着许多缺陷，点击率并不高，并没有起到对广大大学生进行网络思想政治教育的效果。究其原因，主要是因为"目前为数众多的思想政治理论课网络课程的呈现方式主要还是通过文本和静态图像、ppt 讲稿、主讲教师的讲课录像与讲稿等几部分内容的简单组合，以网页的形式呈现给学生，缺乏教学活动的精心组织和指导。同时思想政治理论网络课程并没有真正实现小组学习、协作学习，难以有效地激发学生的创新能力，也使学生利用网络课程进行自主学习的效果大打折扣"①。同时，各个高校在构建自己的思想政治教育网络课程时缺乏统一的标准，网站的水平良莠不齐；有些学校的思想政治教育网络课程建好后不及时更新和维护，网络课程内容明显滞后于教材更新的速度和社会形势的发展，甚至有时候会出现思想政治教育网络课程打不开的情况。这就导

---

① 何伟：《高校思想政治理论课网络课程建设问题与对策研究》，《南宁职业技术学院学报》2010 年第 2 期。

致了学生利用网络进行思想政治理论课学习的积极性不高、思想政治教育网络课程缺乏人气、点击率不高的情况。

针对这种情况，有必要进行思政教学的改革，而世界大学城网站的出现给教师提供了这一契机，世界大学城依托先进的云计算技术，实现了信息的海量容纳，思政教师在获得世界大学城的账号后，就在世界大学城这个网站上有了一个属于自己的空间，在建设自己空间的过程中，由学校统一设立标准，保证了空间的规范化和统一化；教师利用空间对学生进行授课，保证了课程内容的时时更新；学生利用空间提交作业和进行考试，教师予以及时的点评，提高了网络空间的点击率，保证了人气；教师在网络空间上创建交流群组，通过设定一些学生感兴趣的社会热点问题进行交流，实现了小组学习和协作学习。所有这些克服了传统思政教学尤其是网络思想政治教育方面的一些缺陷。

三、"90后"大学生的特点是推动传统思政教学转向网络空间教学的内部动力机制

信息技术的不断发展推动了传统思政教学转向网络空间教学，同时，"90后"大学生的特点也要求传统的思政教学转向网络空间教学。

现在，"90后"已经占据了各高校大学生的主流，"90后"成长于世界经济全球化和文化多元化、竞争激烈化和我国改革开放不断深化、市场经济体制逐渐建立、社会主义事业不断向前推进、人们生活水平不断提高、新技术不断发展的大环境下。所以"90后"大学生打上了深深的时代烙印，他们自信、开放、时代感强、个性鲜明、主体意识强。在教育方式上，"'90后'们更加崇尚一种自由、多元化的学习氛围，他们更愿意接受一种发散式的教育模式，而对各种'形式'与'口号'不屑一顾"[①]。而传统的思政

---

① 杨亚萍、李坡：《"90后"大学生群体特征剖析及思想政治教育途径探索》，《法制与社会》2010年第1期。

教学"注重理论层面的灌输，体现为一种'灌输'式的或'填鸭'式的教育模式。在这种模式中，学生的主体性地位没有受到重视，积极性、主动性得不到调动和发挥"①。同时，"90后"也是网络的一代、读图的一代。在对我校学生拥有电子设备及上网情况的问卷调查中发现，我校学生的手机普及率已经达到了100%，其中80%的学生实现了手机上网，40%的学生拥有自己的电脑，55%的学生选择课余时间在宿舍或者到网吧上网。网络的方便性、快捷性、娱乐性深深影响了"90后"大学生，通过网络，他们丰富了知识，开阔了视野。但同时网络上各种信息良莠不齐，既有正面教育的，也有负面宣传的；既有红色内容的，也有黄色色情的；既有主流价值文化的，也有西方国家渗透宣传的非主流价值文化的。在纷繁复杂的网络信息面前，"90后"大学生很容易丧失自己的分辨能力。另外，"90后"大学生利用网络方面学习的少，打游戏的多；看新闻的少，娱乐的多。他们通常对网上长篇的文字不感兴趣，更喜欢选择看视频、图片、Flash动漫等形式来了解新闻。通过网络，"90后"一代在知识结构上的复杂和多样性远远超越了以前。信息量的极大丰富和创造力的提高，使得他们渴望成熟独立，希望能跟老师进行平等的交流，而不是被动接受单向的知识和观念灌输②。

如何把在这样一种大环境下成长起来的"90后"大学生培养成为社会主义事业合格的建设者和接班人，思政老师有着责无旁贷的责任和义务。同时，"对于'90后'大学生的思想政治教育体系，我们同样需要一番伟大的创新探索：需要去完成一次彻底的对于传统德育模式的转变"③。"90后"大学生的时代特点要求传统思政教学转向空间思政教学。

通过网络空间思政教学，引导学生在上网时登陆世界大学城关注教师的

---

① 杨亚萍、李坡：《"90后"大学生群体特征剖析及思想政治教育途径探索》，《法制与社会》2010年第1期。

② 刘东伟、曹悦男：《网络时代"90后"大学生思想政治教育新途径》，《科技资讯》2010年第9期。

③ 杨亚萍、李坡：《"90后"大学生群体特征剖析及思想政治教育途径探索》，《法制与社会》2010年第1期。

空间，因为学生要想进行课前预习及课后复习，都必须浏览教师的空间。同时，教师在发布自己的课程资源时尽量多使用图片、视频、动漫等形式，因为这些形式是"90后"大学生喜闻乐见、易于接受的，从而提高学生对教师空间的关注度和点击率。思政教师要求学生在空间上提交自己的课程作业，利用空间来进行考试，在交流群组里经常变化群组交流的主题，要求学生在空间交流群组里进行积极参与和发言，为了完成教师布置的这些任务，学生必然要在网上搜索相关资料，从而在无形中引导"90后"大学生在上网时多看正面主流信息，多关注社会热点问题和新闻，在潜移默化中完成对"90后"大学生的思政教育。由于空间思政教学不受时间和空间的限制，学生只要利用电脑或者手机上网，就可登陆世界大学城进行自主学习。如此，在网络空间思想政治理论课教学中，学生变被动为主动，教师变灌输为渗透，师生之间从单向传输变为双向互动，迎合了"90后"大学生的心理特点，满足了"90后"大学生的学习需求。

网络空间思政教学相对于传统思政教学来说是一场教学革命，而世界大学城网站为传统思政教学转向网络空间思政教学提供了平台。信息技术的不断发展推动传统思政教学转向网络空间思政教学，同时，"90后"大学生的时代特点也要求传统思政教学转向网络空间思政教学，网络空间思政教学让教师授课更加方便，课程资源更加丰富，网络空间思政教学让学生学习更加自由，学习形式更加多元。我们通过网络空间教学的实践，深深地体会到：网络空间是获取知识的窗口，是了解信息的窗口，是对外开放的窗口，更是教学改革创新的窗口。相信越来越多的高校都会加入网络空间思想政治理论课教学的革命中，"90后"大学生也会因为空间思政教学的革命而受益。

第六章

基于网络的大学生思政课创新

随着移动互联和大数据时代的到来，人类正经历"从部落化向非部落化再到重新部落化，最终回归地球村"①的发展历程。在这一趋势影响下，大学生群体沟通交流方式已突破时空限制而日益多元化，越来越多的大学生会根据自身的兴趣爱好、生活方式、价值取向甚至所处位置在互联网云平台选择交流沟通的方式与对象。

第一节 基于网络圈群的大学生思想政治教育话语创新研究

在各种交流沟通关系的聚合过程中，逐渐形成了"因网而生、因网而聚、因网结缘"的各类"圈子"，这类"圈子"相较于传统意义上的交际圈而言，其传播方式展现出更加便捷的聚散度，其话语空间表现出更加轻松的自由度，这样类型的交流圈子被认为是"网络圈群"。就大学生群体而言，

---

① ［加］麦克卢汉：《理解媒介——论人的延伸》，何道宽译，商务印书馆 2000 年版，第 33 页。

网络圈群因符合大学生的个性化价值需求和多元化话语表达，更加凸显了大学生群体价值诉求多样性和传播方式跨界性，对大学生思想政治教育带来了深远影响。因而，如何在网络圈群兴起的互联网时代，主动掌握大学生群体的思想动态与话语表达，借助网络圈群及时对大学生思想政治教育话语作出有效调试和结构革新，促使思想政治教育更加贴合大学生群体的全面发展与成长需求，是高校思想政治教育需要认真研究的崭新课题。

一、移动互联时代的网络圈群

（一）网络圈群的发展路径

网络圈群的发展路径大体可分为三个阶段：一是互联网技术方兴未艾时期，由于技术发展尚处在起步阶段，互联网平台的功能相对有限，以信息搜索和内容发布为主，人们在这一阶段的沟通交流主要采取点对点的单线条方式，结合网吧等线下场所形成了具有"抱团"性质的初期网络圈群。二是互联网技术蓬勃发展阶段，以 QQ、微博、微信为代表的新型社交媒体应势而起。微博、微信具有十分鲜明的"圈群"特色。以微信为例，它以现实生活中的已有关系为纽带，成员之间具备强信任度，这在很大程度上强化了彼此间的信息接受程度，使话语信息分享与传播效度都较高，其产生的各类内容话题与流行话语会迅速传播到微博、论坛等其他媒介，"间接并隐含式推动舆情的发生与发展"①。三是移动互联发展阶段，这一阶段的网络化交流沟通方式成为主流，这一趋势伴随着我国手机网民的井喷式增长而愈发明显。"截至 2017 年 6 月，中国网民规模达到 7.51 亿，占全球网民总数的五分之一。"② 在此阶段兴起的知乎、豆瓣、得到 App 等网络圈群冲破了原有

---

① 王玉珠：《微信舆论场：生成、特征及舆情效能》，《情报杂志》2014 年第 7 期。
② CNNIC 发布第 40 次《中国互联网络发展状况统计报告》，2017 年 8 月 4 日，见 http://www.cac.gov.cn/2017-08/04/c_1121427672.htm。

互联网信息交错聚合的交流方式，促进了网络空间与现实场景有机联通甚至无缝对接，人际交往沟通可依据"标签""位置""二维码"等场景要素集结关联，实现网络圈群信息发布裂变式传导与话语效能几何级增强，并在二者的耦合作用下，使得"传统社会基于组织化、刚性化的人群和社会组织方式转变为网络社会中新的结群方式"①。

（二）网络圈群的传播形式

网络圈群的传播形式是基于若干具有共同认知和兴趣的网络用户借助客户端和新型媒介聚合而形成的群体。其传播结构呈现出网络矩阵型，从这一特性出发，当前网络圈群的传播形式有两大特点：一是圈群的网络化。移动互联技术的蓬勃发展促使网络用户彻底摆脱传统意义上的单线条圈群状态，转而依靠挖掘建立在地缘关系、学缘关系、共识关系、共事关系等层面上的大数据信息，将网络用户进行解构化分析，通过精细化匹配、个性化定制来筛选网络用户的圈群互动融合的喜好，强化网络用户的圈群黏度，畅通网络用户线下与线上的沟通渠道，并依据网络环境的变化而作出相应传播形态的转换。二是网络的圈群化。新媒体技术的兴起，为各类信息形态的传播提供了优良载体。传统意义上的面谈交友的社交方式逐渐被推荐好友、"扫一扫"等聚合方式取代。以大学生群体为例，当前大学生非常喜欢通过网络平台寻觅好友，其对网络圈群各类信息"选择、接受和传播，热衷于自我个性的追求，惯用个性的话语表达观点或交流看法"②。这在一定程度上反映出网络用户的从众心态，这种从众倾向于将网络圈群少数用户的意见"发酵"并作为"主流看法"进行由圈内到圈外、由线上到线下的广泛传播，从而形成具有某种倾向性和影响力的言论。

---

① 刘少杰：《网络化时代的社会结构变迁》，《学术月刊》2012年第10期。
② 苏娜：《新媒体拟态环境对大学生网络舆情的影响及应对》，《江苏高教》2014年第3期。

二、网络圈群背景下大学生思想政治教育话语辨析

思想政治教育话语是指"在一定社会主导意识形态支配下，遵循一定需要、规范和规律，并在特定话语语境里，思想政治教育活动过程中的教育主体和教育客体用于交往、宣传、灌输、说服及描述、解释、评价、建构思想政治教育内容和主体间思想观念、价值取向和行为表征的语言符号系统"①，从这一表述可以看出思想政治教育话语具备的内涵与功能。就内涵层面而言，思想政治教育话语是一种诉诸人的思维方式、价值取向和思想观念的意识形态实践活动，它从历史维度上是一种作为"目的、计划与组织"的实施者的统治阶级的言说行为，从建构维度是一种基于价值性与知识性动态平衡并依托与之适应的时代语境和事实描述而建构生成的文本形态；就功能层面而言，思想政治教育话语具有目标导向、政策导向、舆论导向有机融合的引导功能，具有指引教育客体接受主流意识形态期望的思想品德、政治认知以及有效调节教育客体行为方式的德育功能，具有传播主流价值观念、沟通各方信息、凝聚思想共识的协调功能。正是基于思想政治教育话语具备的这些内涵与功能，使得思想政治教育话语与其他类型的话语鲜明区分开来。对于思想政治教育工作者而言，有效便捷的互动交流是思想政治教育效果得以实现的基本前提，而开展互动交流必然离不开思想政治教育话语发挥的重要媒介作用。

大学生群体已成为我国网民中的规模群体，网络圈群深刻影响着大学生群体的日常生活、价值诉求与思想政治观念。从实际情况看，大学生群体大都来自不同区域，家庭背景也各不相同，"虽生活在同一大学校园，彼此之间相互了解和依赖程度却深浅不一"②，加之社会层面的支持系统尚未完全

---

① 邱富仁：《思想政治教育话语论》，上海交通大学出版社 2013 年版，第 28 页。
② 方曦、孙绍勇：《网络圈群视域下高校青年思想引领的路径探析》，《思想政治教育研究》2017 年第 10 期。

建立，又因远离家长而产生隔阂等多种因素的相互交织下，使得网络圈群成为大学生群体联络情感、维系交往与自我表达的主要方式。基于此，积极应对当前大学生在年龄结构、心理特点、行为特征与表达方式的诸多变化，及时关注大学生群体在网络圈群中的思想动态、价值诉求与话语表达，深刻把握网络圈群为大学生思想政治教育革新带来的重要契机。这是当前大学生思想政治教育需认真面对的重要议题。

三、网络圈群背景下大学生思想政治教育话语境况

伴随网络互联技术的快速发展，大学生群体在网络空间交流、互动、聚合的方式已从围观、浏览、聚集转换为微时代圈群化的网络交流方式。以高校领域的网络圈群为例，"按照组建基础的不同可分为4种类型：关系型圈群、兴趣型圈群、地理位置型圈群和临时事务型圈群"①。这些网络圈群在很大程度上重构了大学生思想政治教育话语体系、拓展了大学生思想政治教育话语内容、转换了大学生思想政治教育话语表达。

（一）重构了大学生思想政治教育话语体系

网络圈群虽然从传播方式上日益呈现去中心化的特点，但从现实情况看，每个网络圈群又是一个相对独立的共同体，网络圈群的每个用户都可以成为"媒体人"。在这个体系中，仍然存在着话语权威体系，即通常所说的"意见领袖"和"网络大V"。从大学生思想政治教育话语维度来看，要开展对大学生主流意识形态和社会核心价值的引导和教育，需要依靠持续性、主导性的传播关节点。使得"意见领袖"和"网络大V"往往会在网络圈群凝聚群体共识与彼此信任的过程中扮演重要角色，并在话语体系建构以及

---

① 段洪涛、赵欣：《高校网络圈群的特征及其舆情治理研究》，《思想理论教育》2015 年第 3 期。

主导层面发挥引领作用。加之网络圈群多样化、聚合化的特征，使得无论是主流意识形态，还是核心价值观在传导过程中都要关注大学生群体对思想政治教育话语体系的内容解构与形式转化，如通过视频、文本、图片等方式对各类社会现象进行层层解码与深度分析，引导大学生群体在无形中认同其观点与立场，指引网络圈群议程与话题走向，逐步形成易于感知和接受的群体感情与价值认同。

（二）拓展了大学生思想政治教育话语内容

基于网络圈群开放性和即时性的特点，大学生群体身处其中每时每刻都会接收到纷繁复杂的信息与资源。在这些信息与资源的相互交织过程中，萌发了大量深受大学生群体青睐的网络流行话语。这些充斥于网络圈群的流行话语大多没有严格遵循规范的语法结构和用语方式，却因契合当代大学生群体的个性表达和价值诉求而得到快速传播和广泛共识。这其中比较典型的例子是"80后"女生papi酱的"网红"现象，她以贴近大学生群体的话语表达内容与制作手段，创作了大量源于日常生活、彰显个性表达的网络流行语言。由此可见，网络圈群视域下的网络流行话语在拓展大学生思想政治教育话语内容的同时，也在很大程度上"遮蔽了思想政治教育话语本应具备的生活化、人本化的价值取向"[①]。在此背景下，大学生思想政治教育话语创新工作必须不断挖掘和应用合理的教学话语交流与沟通协调机制，避免反智主义现象出现。

（三）转换了大学生思想政治教育话语表达

网络圈群将传统一对一单向型的传播方式转换成了多对多网状矩阵型的传播方式。其范围内的每个大学生都可借助网络圈群成为信息和资源的推送

---

① 富旭：《网络社区环境下思想政治教育模式的构建》，《思想理论教育》2017年第7期。

者、接收者和评论者。教育主体与教育客体获取信息和资源的平等机会得到了空前彰显，这在一定程度上动摇了传统思想政治教育境域下教育主体对教育资源与教育信息的主导地位与优势。网络圈群的这种传播方式为大学生搭建了低门槛与快捷化的个性话语表达平台，使思想政治教育工作者失去了部分话语权。大学生群体是网络圈群中最活跃、表达欲望最强的群体，热衷于借助微信、微博、社区等网络圈群，将个体需要与群体需求主动对接，或通过网络圈群不同群体间的积极互动实现大学生"特立独行"式的个性吸引，这种个性吸引的形成集中体现在"群体身份认同的建构，促成对群体共同性的认知，架构内群和外群的互动"①，从而在趋同过程中找寻共同话语表达的归属感。如以 B 站为代表的"弹幕社区"通过密集式发布以大学生群体为主要参与者的网络用户标签化的信息与资源，架设"银幕圈群"的互动交流场景与深受"95 后"大学生青睐的二次元视频空间，以个性化的话语表达吸引大量有共同话语的"弹友"加入，并通过建立圈群关系形成传播于大学生群体的网络流行话语文化。

四、网络圈群背景下大学生思想政治教育话语创新路径

习近平总书记在全国高校思想政治工作会议上强调："做好高校思想政治工作，要运用新媒体新技术使工作活起来，推动思想政治工作传统优势同信息技术高度融合，增强时代感和吸引力。"② 这为创新大学生网络思想政治教育及其话语体系指明了方向。网络圈群作为当前大学生群体网络生存方式的集中体现，在一定程度上重新建构了高校师生的交流方式与话语表达，给高校大学生思想政治教育工作带来了巨大挑战。因此，要深刻认知网络圈

---

① 《习近平在全国高校思想政治工作会议上强调：把思想政治工作贯穿教育教学全过程 开创我国高等教育事业发展新局面》，《人民日报》2016 年 12 月 9 日。

② 赵璐：《"我"与"我们"：网络交往中的身份认同建构——以豆瓣网为案例的研究》，《东南传播》2014 年第 2 期。

群的基本内涵以及网络圈群视域下大学生思想政治教育的热点难点问题，并提出创新路径。

（一）深化话语内涵：坚持建设性引领与互动式沟通

在网络圈群视域下建构大学生思想政治教育话语体系，要注重创新大学生思想政治教育的话语内涵。网络圈群是移动互联技术与网络流行文化的衍生物，极易在各类信息与资源的交流碰撞中产生反映当前大学生价值诉求与思维方式的网络流行话语，这些话语受到大学生群体的青睐并广泛应用到生活学习与日常交往过程中。面对这一现象，部分高校思想政治理论课教师由于年龄结构、教学思维惯性及对新技术的陌生甚至抵触等原因，使其对网络圈群的认知程度及网络流行话语的运用程度相对滞后于大学生群体，"造成教师教学话语与学生网络话语的隔膜，影响师生间的有效沟通"[①]。基于此，在思想政治教育话语内涵方面，思想政治理论课教学应充分发挥教育主体与教育客体的互动作用。一是要积极发挥思想政治理论课教师的建设性引领作用。思想政治理论课教师应充分尊重和审慎对待大学生群体的网络话语表达，引领大学生依托微博、微信、弹幕社区等新型网络圈群主动参与思政教学过程中的各类话题，引导其科学理性运用和传播网络话语。二是加强师生间的互动式沟通。在各类网络圈群相互关联的移动互联时代，思想政治理论课教师应关注大学生群体中的个体化差异，积极探索诸如爱与尊重、获得与归属、自我升华与实现等内在话语诉求，引领其主动接受思想政治教育话语的主流表达方式，在强化互动融合的过程中实现话语表达的反哺与教学质量的提升。

（二）创新话语内容：坚持时代性更迭与价值性熏陶并举

内容创新是话语创新的根基所在，思想政治教育话语的内容创新需要持

---

① 贾亚君：《自媒体语境下高校思想政治理论课教学话语创新探索》，《未来与发展》2014 年第 5 期。

续递进，尤其需要在扬弃传统思想政治教育话语的基础上融合时代元素，达到时代更新与价值熏陶同向同行。在网络圈群背景下开展大学生思想政治教育话语创新，要"始终立足思想引领，遵循'内容为王'的建设规律吸引学生"①。基于此，可从两个层面加以推进。一是要善于挖掘我国优秀传统文化，以及中国特色社会主义文化体系中蕴含的既有说服力，又有感染力的思想政治教育话语资源，借助网络圈群的强大辐射力与聚合力，对这些话语内容进行重新整合和转换，使其更加符合当代大学生群体的兴趣爱好、思维方式与表达习惯，持续不断地为思想政治教育话语提供优质内容资源，确保思想政治教育话语在大学生群体中的引领作用。二是要密切关注网络圈群的发展趋势，"注重从思想政治工作骨干、专家学者、优秀学生中选拔人员组建网络评论队伍"②，队伍成员应合理吸纳网络圈群当中流行话语的积极内容，将社会主义核心价值观和主流意识形态的价值导向内化为符合大学生群体价值诉求和心理特征的专题内容予以浸润和渗透，"在教育教学过程中既注重价值传播中凝聚知识底蕴，又注重在知识传递过程中侧重价值引领"③，积极传播正面健康的思想文化，掌握网上舆论话语权，使大学生在润物无声中接受思想引导与价值传递。

（三）创新话语表达：坚持对话式交流与生活化表述

网络圈群中话语信息资源的表达和输出与话语本身的表达方式密切相关，不同的话语表达方式能将同样的话语内容展现出不尽相同甚至截然相反的表达效果。当前大学生群体成长于新媒体技术飞速发展的时代，他们通过微博、微信等网络圈群表达对各类社会现象的观点与看法，倾向于平实化的话语表达和对话式的话语交流。所以，思想政治教育话语要及时从传统意义

---

① 苏明：《创新网络思想政治教育》，《中国教育报》2015 年 2 月 5 日。
② 陈业林：《高校网络圈群舆情的特征、影响因素及引导策略》，《广东开放大学学报》2017 年第 3 期。
③ 高德毅：《从战略高度构建高校思想政治教育课程体系》，《中国高等教育》2017 年第 1 期。

上单向控制向现代意义上双向互动方式转变。具体而言：一是思想政治教育话语要坚持对话式的交流方式。基于网络圈群的聚类化传播特性，思想政治教育工作者应主动借助移动互联技术挖掘网络圈群中大学生群体的价值需求与行为倾向，开发自由组群功能，在充分尊重学生话语表达方式的基础上，转变话语表达范式，合理挖掘网络用语的积极因素，拉进与学生之间的距离，发挥思想政治教育话语"价值引领"和"意识形态导向"的重要作用，"形成有效的理论供给，让思想引导真正进入大学生的心里"[①]。二是思想政治教育话语要坚持生活化表述。思想政治教育话语要借助网络圈群实现思想政治教育"入脑入心"的目标追求，必须契合大学生群体的外部环境要素与内在心理特征，贴近大学生群体的生活学习与实践体验，有效整合和转换网络语言的生活化要素，从"传统说教模式向平等交流对话模式转变"[②]，将线上思想引领与线下答疑解惑有机结合，发挥思想政治教育话语在网络圈群中的引领作用。

第二节 因势利导搭建世界大学城 空间思想政治教育新模式

大学生思想政治教育是我国大学教育的重要组成部分，是培养社会主义合格建设者和可靠接班人的必然要求和重要保障。在《关于进一步加强和改进大学生思想政治教育的意见》中，中共中央、国务院把大学生思想政治教育作为事关国家前途和命运的战略工程，指出要努力拓展新形势下大学生思想政治教育的有效途径。

---

① 薛云云、张立强：《网络圈群中的思想政治教育：问题检视与对策思考》，《思想教育研究》2017年第2期。

② 赵雪：《自媒体时代大学生思想政治教育话语创新研究》，《长春师范大学学报》2017年第1期。

一、思想政治教育面临的新情况、新问题

我国已进入改革开放发展的关键期和攻坚期，随着经济体制、利益格局、就业方式的深刻变革和调整，人们的思想意识、思想观念也发生着深刻的变化，大学生思想政治教育面临着许多的新情况、新问题。

（一）学分制普遍实施对思想政治教育的挑战

学分制又称学分积累制，是以学分作为计算单位，并根据学生的学分决定其可否毕业的教学管理制度。随着中国与国际社会的不断接轨，学分制这种先进教学管理模式在我国各高校被普遍推行。但学分制重视的学生个性培养、个性发展严重冲击着传统的共性教育；学分制下，学生可能出现重分轻德的倾向；由于学分制实行选课制，行政班级学生较难聚集在同一课堂上等也给高校思想政治教育工作带来挑战。

（二）"90后"大学生的特点给思想政治教育带来的挑战

现在，"90后"已经占据了各高校大学生的主流，他们成长的环境具有如下特点：世界经济全球化和文化多元化，竞争激烈化和我国改革开放不断深化，市场经济体制逐渐建立，社会主义事业不断向前推进，人们生活水平不断提高，新技术不断发展。"90后"大学生打上了深深的时代烙印，他们自信、开放、时代感强、个性鲜明、主体意识强。在教育方式上，"'90后'们更加崇尚一种自由、多元化的学习氛围，他们更愿意接受一种发散式的教育模式，而对各种'形式'与'口号'不屑一顾"。

（三）传统网络思想政治教育平台的制约

高校网络思想政治教育从我国1994年正式接入互联网开始建设，也取得了一定的成效，但离中央提出的"要重视和充分运用信息网络技术，使

思想政治工作提高时效性，扩大覆盖面，增强影响力"还有一定的差距，主要是点击率并不高，参与师生人数少，覆盖面窄，内容陈旧，与现实结合不紧密，更新不及时，等等，并没有达到对广大大学生进行网络思政教育预期的效果。

二、世界大学城空间的产生及在长沙民政职业技术学院的运用

世界大学城空间是以 Web2.0、Blog、Tag、RSS 等为核心，依据六度分隔理论、XML、AJAX 等理论和技术设计并以网络交互远程教育为核心，综合了远程教学、网络办公、即时通信、商务管理、全民媒体、个性化数字图书馆等功能的云计算远程教育互助平台。为了适应"国际化、信息化、标准化、模块化"的要求，长沙民政职业技术学院将职教新干线引入教学和管理工作之中，2011 年 10 月统计数据表明：99.6% 的长沙民政学院师生已经使用了实名实相，拥有世界大学城空间好友数超过 10 人的达 99.5%，加入群组超过 5 个的达 83.3%，个人空间资源超过 50 个的达 71.5%，可以说长沙民政学院的每一个教职员工、每一个学生都已经投入到世界大学城空间的建设和使用中。在世界大学城空间平台上，教师和学生建立了各种形式的学习资源用以交流和学习。形成了教师利用网络空间教学、批改作业、解难答疑；学生利用网络空间学习、提交作业、提问的良性循环。

三、世界大学城空间特性使其成为最佳网络思想政治教育平台

（一）学生参与度高

传统网络思想政治教育最大的弊端是点击率不高，参与师生人数少，覆

盖面窄，而世界大学城空间的特性及运用却可以轻易克服这个难关。世界大学城空间账号是由学校统一下发，全校师生人手一个，而且在学校实现全部课程世界大学城空间授课、空间考试后，学生只能通过世界大学城空间参与课程讨论，查询教师的授课资料，向授课教师留言提问、提交授课教师所布置的作业、参与课程的考试等，这就决定了全校师生必须天天登录自己的世界大学城空间，天天使用并建设自己的世界大学城空间。世界大学城空间可以说在长沙民政学院实现了全员的时时覆盖，这就给我们思想政治教育搭建了一个最好的平台、最天然的平台、最全方面的平台，最可以"润物细无声"的平台。

（二）世界大学城空间的使用符合"90后"大学生的兴趣

"90后"大学生是接受新鲜事物最快的群体，无论是 E-mail，还是 QQ 或者是微信、微博，最先掌握且最快普及的人群都是大学生，基于年轻人喜欢张扬个性、喜欢新鲜事物的心理特点，他们对世界大学城空间的接受度、熟悉度、喜爱度都很高。长沙民政学院通过组织更改空间背景、空间横幅、建立空间导航等进行空间美化大赛在很大程度上提升了学生使用、美化空间的兴趣。

四、因势利导搭建世界大学城空间思想政治教育新模式

（一）利用世界大学城网络空间实名制搭建平等、透明的思想政治教育模式

世界大学城空间使用以来，长沙民政学院为每个师生统一配发了个人实名网络空间账号。不同学院、不同部门使用不同的网络空间通栏，同一学院的师生使用相同的网络空间通栏，在网络空间主页面的简介中要求学生注明所在班级、职务，兴趣爱好，教师注明所在系部或教研室、职称，头像师生

均必须使用证件照等，严格执行和落实了世界大学城空间实名制的功能，师生平等要求，平等对待，平等使用自己专属的世界大学城空间账号。不论领导、教师、学生的空间均是开放的、透明的，不论教师或是学生均只需通过简单的搜索即可点击进入自己想看到的网络空间。

这些要求使得在世界大学城，专任教师可以轻易找到自己授课的班级学生，辅导员也可以随时找到自己班级的学生，学生很容易在世界大学城里找到自己信任的教师或辅导员，教师和学生可以通过留言板、私信等方式进行平等、透明的交流。世界大学城网络空间同时为我们提供了群组式师生互动平台，在世界大学城中可以建立行政班级群组（如长沙民政职业技术学院旅游 1033 班）、授课班级群组（如 2011 年上学期概论课周三 3、4 节）、学生干部群组（如寝室长交流群组），也可以根据学生兴趣、爱好建立群组（如电影电视分享 bar），教师与学生、学生与学生可以在群组中展开充分的讨论。不论是留言板上的留言还是群组的讨论，均是公开透明的，是大学生最容易接受的，所以思想政治教育工作者可以通过发布信息，与个别学生留言沟通，或关注群组讨论等方式来关注学生并加以正确引导。

（二）利用世界大学城网络空间搭建全员育人、全方位育人模式

世界大学城空间在长沙民政学院是全校师生人人使用、天天使用，可以说世界大学城网络空间在我校实现了全员的时时覆盖，这个全员不仅包括全校教师、学生，也包括所有职能部门的员工。这就给我们搭建全员育人、全方位育人的思想政治教育模式提供了可能。点击进入学生的网络空间可以查看到他作业的提交情况、旷课情况、最近与人沟通交流情况、对不同课程的喜爱程度、心情等，点击进入相关教师空间可以查看学生对相关课程的学习进度、教师评价，点击进入职能部门员工空间可以见到学生的意见、建议或投诉等，从而可以全方面了解学生现状、全员育人、全方位育人，针对性开展思想政治教育。

（三）利用大学城空间加强隐性教育，潜移默化开展思想政治教育

"90后"大学生更加崇尚一种自由、平等、多元化的学习氛围，他们更愿意接受一种发散式的教育模式，而对各种"形式"与"口号"不屑一顾，最反感传统的说教模式。在世界大学城这个平等、开放的空间，思想政治教育工作者可以脱下高高在上的"传道者"的外套，平等与学生进行交流。通过创新工作方法，充实美化自己的世界大学城空间，将思想政治教育工作者要针对学生开展思想政治教育，变成学生喜欢点击思想政治教育工作者的空间，不知不觉接受思想政治教育。如在长沙民政职业技术学院下发的《长沙民政职业技术学院辅导员空间建设管理办法》中明确规定"辅导员空间建设要与大学生思想政治教育工作相结合"，在具体操作中，思想政治教育工作者可以通过向学生提供各类学生事务超链接（如规章制度、资助保险、心理健康、素质拓展、就业创业、常用表格下载等）、设置通知发布栏、班级情况通报等方便学生日常需要的栏目或主动给学生留言吸引学生回访等形式提升自己世界大学城空间的学生点击率，同时加强自身空间的美化与建设，通过展示思想政治教育工作者原创文章、特长爱好、转载经典美文、上传社会热点时事资料等展现思想政治教育工作者个人魅力，提高思想政治教育工作者的非权力影响力，潜移默化开展思想政治教育工作。

（四）利用世界大学城网络空间搭建思想政治教育反馈机制和监督机制

世界大学城网络空间是一个平等、公开、透明度极高的平台，其最大的特点除了其资源的丰富性、时效性外，最重要的是其互动性（反馈机制），长沙民政学院在世界大学城的使用上就很好的利用到了这一功能。首先，空间的留言、发私信功能。学生有任何疑问可以找到相关教师，相关部门负责人，以发私信或留言的方式反馈意见，为了方便学生查找，学校建立了全校

教职员工的空间超链接表，学生需要找谁，轻轻一点就可以到达、询问。其次，教师也可利用关注学生空间，针对性地开展德育工作。如通过观察学生空间来访好友，可以看出班级内同学人际关系网络并查找出班级"边缘化"的同学，有针对性地开展工作。再次是监督机制。世界大学城空间是一个公开、透明的平台，学生通过留言所反馈的问题，人人均可以看到，可以跟帖支持，这种公开透明的方式也是一种极强的监督机制，对学生所反馈的问题、所提出的意见或建议，所有的思想政治教育工作者必须慎重对待、及时答复、及时解决。如学生在校长空间留言："校长，我是暑假留在学校培训的同学，今天晚上本想请几个同学去学校游泳池游泳的，可是学校游泳馆的收费太贵了，所以我们几个人只好作罢。学校不是规定本校的学生凭校园卡只收费 6 元吗？可是我们去游泳时，游泳池的管理员说不行，就要收 25 元一个人，这是怎么回事？"很快相关负责人给出回复："欧阳同学你好！往年暑假期间学生放假全部离校了，且有很多校外居民拿了学生的校园卡来游泳池消费，给游泳池管理人员带来很大的管理难度，故从 20 周以后取消了暑假学生刷卡机（实际学生放假是 19 周，考虑到有些学生不能及时订到回家车票的原因，还延迟了一周）。因今年暑假我部暂没有收到任何学生留校的通知，所以，管理人员仍按老办法进行操作。对不起！既然有学生留校，我部将重新启用学生刷卡机。但请相互告知，留校学生一定要自带本人校园卡进游泳池，不能转借给其他人员。谢谢！体育艺术部陈磊。"如此行事可以降低师生发生矛盾冲突的概率，有助于增进师生间感情，从而更好地开展思想政治教育工作。

第三节　微课在职业技术教育教学活动中的
基本价值与使用限度研究

　　微课指的是以视频为主要载体，记录了教师课堂教学理论内容与课外内容，通过围绕某一个知识点或主体教学环节，为了提高学生的自主学习效果而开展的简短的、完整的教学活动。微课教学方式的灵活性得到了教育界的普遍认可，从基础教育到高等教育都得到了实践应用。在职业技术教育教学活动中的应用，也得到了很多学者的支持，通过微课教学活动的引导，让学生学习的理论内容可以形成立体化的展示，让学生通过更容易接受的渠道去学习和感受，更快更好地学习所需要的知识。微课教学的优点可以通过教学活动、教学内容、教学环节一起相互结合，形成统一化的教学管理理念和动力，教师要合理安排学习过程、学习活动、微视频、多媒体技术，通过相互结合，让微课的内容得到展现。

一、微课在职业技术教育教学活动中开展的意义

随着信息化时代的发展，科学的进步，微课的教学方式在职业技术教育教学活动中得到了应用，人们的日常生活发生着或大或小的变化，微课在职业技术教育教学活动中发挥着教学引导的价值，微课的教学活动方法，促进了教育改革动力的提升，教师也从主导教学角色变成了辅导教学角色，让学生主体的价值得到了强化。微课教学还通过教师将课堂知识整合为线上资源的形式，让课堂教学的知识可以反复利用，提高了使用频次，让学生对课堂知识的学习读取也变得相对容易，加上微课的移动性优势，提高了教师教学能力的覆盖范围，让教师的专业化发展路线变得更具价值。

职业技术教育教学的发展过程中，微课作为一种有效衔接，让教师与学生之间的关系变得更加紧密，联系更强，微课教学方法的应用也让职业教育教学环境得到了改变，从教学内容的灵活性展现到多媒体开发技术与课堂教学活动相结合，让老师的备课能力与教学能力得到了增强，也让课堂教学的方式多元化发展，为职业技术教育教学提供了充足的发展空间，学生在学习各项知识与技能时，也可以通过微课平台与教学渠道灵活运用、科学规划、教学与实践相互结合，让技术性的知识可以反复被读取和运用，这是让学生

受益最大的关键点，技术性的学习难度降低了，在微课的推广过程中，学生的学习方式可以得到灵活的改进，节省了很多教学成本与时间成本。

二、职业技术教育教学中开展微课活动对学生的价值

从学生角度看待职业技术教育教学活动，要从不同视角来看。例如，学生能够获得的收益就是每一堂课中技术操作实例的模拟与仿照学习，在课堂教学中，专业的技术操作在一节课中教师很难展示全部的细节与技巧，然而需要微课教学的视频录制功能，通过影音结合的形式去展现具体实践操作技巧与细节，这样可以节省学生的很多学习与咨询时间，迅速掌握学习技巧，也为老师降低了工作负担。职业技术教育教学活动中还有很多开展微课活动对学生有利的价值点，主要表现为以下几个方面：

第一，从学习效率的角度分析价值。学生在传统的课堂教学中，获取知识的途径只有听教师在课堂上的讲课内容，一旦漏听或大意走神忘记听一些技巧性的内容，则学生学习技术性的知识就会存在"断档"的问题，因为学生与教师的交流较少，教师不知道学生哪里没听懂或没听到，学生因为时间关系也不能一一表达自我的学习误区，所以教师无法满足学生的需求。然而微课教学截然不同，微课将课堂教学知识复制，并可重复化的使用，利用最常用的交流渠道或邮箱或其他影音多媒体平台为学生提供多样化的学习余地。通过微课的展示，学生可以重读课堂教学过程中以及课外的相关知识，都是围绕技术性的实践操作与具体操作技巧展开的记录，在不明白处可以快进或快退，重点观察复读所有操作细节，以此掌握要点和技能的专业性，有针对性的围绕一些有价值的知识点进行满负荷的学习。这种简短而又具有穿透力的学习方式，带给学生无穷的乐趣，提高了学生的学习效率。

第二，从学生和老师的主动性角度分析价值。学生在传统的学习过程中，多数都是表现出消极的一面，不愿意和老师进行交流与沟通，对待学习的态度往往是被动的，教师也不愿意作出更多的努力，仅仅是做好教材规定范围

内的备课，将理论内容准备好，针对性的展开教学，对于学生来说，教师的被动性质的备课就决定了学生的被动式学习，所以导致学习效果较差的情况出现，往往技术型教学内容的展现，还无法满足学生的学习需求，导致学习一知半解的情况存在。现代化的信息教学，就是为学生提供充足的学习空间，为学生提供更多的课堂学习的基础知识，通过微课的重复性的实践方式展现课堂知识，让学生可以主动性的学习课堂教授的内容，从多个角度和维度去认识技术型的操作与案例，通过重复观察和查看视频的方式去学习更多的相关知识和技能，从实践角度提高自我对技术型关键点的学习，微课的主动构建和创造性的课程内容体现方式，为学生和老师的双向沟通奠定了基础。

第三，从教材内容的符合度角度分析价值。拥有了微课教学形式，通过微课的教学内容结合学习者的主观意愿，更好地设计出学习者想要的动态教材内容，为学习者作为主体的一个群体构建他们需求的学习素材，并形成系统性的素材库。这些素材是未来学生学习的主要基础，也是生动有趣的教学基础，以微课激发学生的创新性，提高学生学习动力，满足学生的学习需求，体会到学习的乐趣。

三、职业技术教育教学中开展微课活动对教师的价值

职业技术教育教学中开展微课活动，教师本身受到的影响要低于学生，但是从教学主体的角度去理解，其实教师受到的影响反而大于学生，无论是从职业技术教师的职业生涯规划，还是从教师自身能力提高角度，微课教学活动的引入都对教师产生了极具深远的影响力。职业技术教育教学过程中，开展微课活动是提高教师主动性的一个关键环节，微课凭借其教学方式的灵活性，以及多媒体技术的独特要求，都会对未来职业技术教师的发展产生深远的影响。作者结合自身的工作经验与实践思路，将职业技术教育教学中开展微课活动对教师的价值归纳为以下几个方面：

第一，从微课作为一项强大的工具入手展开分析。微课作为学习资源，

也是一种强有力的教学数据，为教师提高学生学习主动性奠定了技术基础，教师也需要掌握更多的多媒体相关技能，才能更好地制作出微课课件。例如，针对某一个知识点，教师需要设计多个环节的微课教学内容，符合教学思路与观点，在课堂教学中，为学生思考如何设立一个微课课件，符合学生的课堂学习需求，还满足学生的课外使用需求。从这一点出发考虑教师的影响，其工作量和自学范围都是很大的一个锻炼。

第二，从微课对于教师专业性训练角度分析。微课的专业性体现在技术、信息、数据、表现形式、传播渠道、课程设计等多个方面，微课对于教师专业性的帮助，具有不容小觑的作用。例如，一节微课，教师要从知识点的选取、教学的过程设计、工作拆分、技巧细节讲解、重难点剖析、方法讲解、师生互动、课外技能索引、专业座谈等多个角度去考虑微课的设计，要考虑到学生能够提问的所有问题以及具体的应对解答策略。教师需熟练运用微课制作软件，才能更加快捷高效地制作微课。优质的微课更需要精心准备ppt课件，选取新媒体资源，处理声音配乐，保证视频流畅度与容量大小，从学习者的角度制作易于观看、下载、储存的微课资源。除了在教学中加入对教师的技能要求标准，此外教师制作的微课还被纳入教师教学能力考核的关键指标中，通过课堂教学与课下微课设计两种渠道，为教师设定了考核分数线，让教师的考核变得公开透明，微课考核的标准如表6-1所示。

表6-1 微课对教师的绩效考核指标分布

微课内容	教师绩效指标	占比（%）
技术性内容	技术型/理论型	20/20
设计思路	技术型/理论型	10/10
技术途径	视频/音频/短讯	10/10
信息整理	1—100之间	20
传播途径	自媒体/平台传播/手机	10
课程效果评价	1—100之间	10
学生满意度	1—100之间	20

第三，从中国职业教育事业发展向着信息化和多元化方向为角度进行分析。当前中国的整体教育模式都在转型，微课是一个细化或微观层面的"点"的研究，通过微课在职业技术教育中的价值体现，可以对我国当前教育转型发展的详细问题进行记录并回复，微课也是职业技术教学的一剂"强心针"，为未来的职业技术教育教学活动指明了方向。我国未来的职业教育事业发展，由点及面展开更为宽泛的职业化、信息化、多元化的发展。

四、微课对职业技能培训教学的优化

（一）微课对教学设计思路的优化

职业技术教育教学活动中，最重要的教学内容就是提高学生群体的实践能力，培养实用性人才。微课从技术性和创新性角度提高了职业技能培训的可行性，为学生职业技能的提高奠定了基础，通过微课的课程特性改善了实践教学的方式，重点加强学生对技术性知识点的学习主动性，对关键知识点进行重点记忆，学习实践知识与理论思路，进行相互结合。微课可以促进职业技能培训，也可以提高理论教学与实践教学结合的价值。微课对教学设计思路的优化主要体现在微课的教学课程设计方面，如图6-1所示：

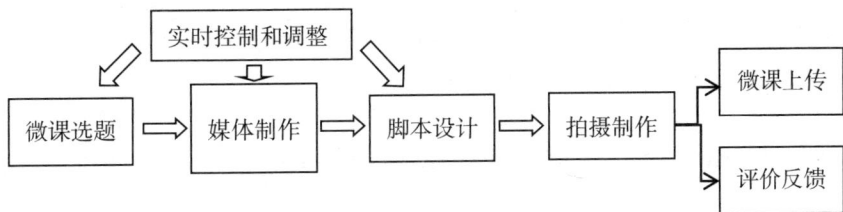

图 6-1　微课教学内容设计流程

微课教学内容的设计流程通过多元化的课件准备，一方面，微课能把图形、图像、动画、音频和视频等多媒体素材统整到一个微视频中，使抽象的理论知识转变为具体、直观的画面，从而帮助学生理解和深化概念、方法和规律；另一方面，微课是技术实践过程的模拟、通过步骤示范以及实物操作或技术试炼的演示，为学生展示真实、有效的技术知识。微课还可以将现实环境中很难展现的技术理论现象等都一并清晰地呈现出来，对于学生没有危害，也没有课堂风险。微课教学使学生通过反复观看提高技能掌握的效率。因此，可以说微课的学习和实际的操作演练促进必需的专业基础知识教学和实践教学的完整结合。

（二）微课对教材知识点的优化

微课可以通过加强对教材知识点的传播，让更多学生意识到重点难点技术要领的学习重要性，微课可以契合教材的关键知识点作出重点分析，教师可以在微课中结合自身的工作经验与观点，提出具体可行的办法和策略。尤其在职业技能教学方面，职业院校的学生都拥有强烈的学习意愿，但是与用人单位之中的联系较少，不能正确的了解到技术型单位对人才的需求以及技术操作的具体标准，因此学生存在恐惧心理和盲目性。这种关键环节就需要教师来解决问题，教师要扮演一个中间角色，利用微课教学的方式改变学生的认识，为学生呈现出教材内容中的技术性操作技能，结合用人单位中的技术标准与自身的工作经验，通过设计微课课件，将这些知识点展现给学生，让学生了解到更多的技术实操知识。除了这样之外，教师在微课中要加入更多的课外教学知识，对于国外先进的技术操作，技术资源的使用及创新方法都作出展现，让学生的学习欲望得到满足。

（三）微课对学生满意度及教师评价的优化

微课内容中加入学生满意度调查，是对学生的负责，也是对微课内容及时审查和检验的一种有效衡量方式。微课及时的评价反馈，对提高职业技能水平，改善微课内容设计具有很好的帮助，也可以让学生对学习专业技术性操作及理论知识的真实想法得到表达，满足学生的求知欲望。微课内容中的教师评价的优化，涉及学生面对教师设计微课内容打分的情况，也可以让教师自我在学生群体中如何扮演一个积极向上的角色起到了引导作用。另外，通过微课对教师评价的优化，让教师不断保持学习心态，创作更好的微课课件，让职业院校的教师职业生涯规划及发展变得更加科学。

五、微课在职业技术教育教学活动的使用限度

（一）教学内容的使用限度

微课在职业技术教育教学活动中，要节省时间，做到高效率教学，不要像其他教学视频类一样大篇幅的占用时间，学生会感觉到乏味。因此在教学内容上的使用限度就是尽可能地缩短时间，在有效时间内进行教学任务的安排和教学内容的表达，合理的介绍清楚教学内容，不做其他赘述。在微课教学中，教师要提前考虑到时间的有效性，一般情况下的微课教学时间保持在每次8分钟左右的时间长度，尽可能采用多镜头方式拍摄，用文字说明加镜头变换在短时间内说明问题，向学生们展示清楚每一个细节。在微课的教学活动中，课程内容要注意时间的限度，利用课程维度，将课程设计为多版块，形成"全程化"微课应用模式。为达到微课目标的实现，在微视频设计中遵循一定的技术规范，不能盲目追求内容宽泛，要根据课堂教学的误区和细节问题进行课后设计，具有针对性和关键性，根据相应的教学策略、教学方法对微课内容进行组织和编排，避免长时间教学引起学生的不满或兴趣乏味。

（二）教学技巧的使用限度

微课的组成是碎片化的教学资源，由一系列的微课构成了一个教学的庞大数据库，根据教学数据库对学生进行教学引导，让学生拥有正确的学习思路，这就对微课的教学技巧作出了要求。微课的教学技巧运用也并非全部技

巧都可以使用，微课的教学技巧要根据教学内容、学生群体、教材设计等一系列相关内容为参考。当微课的教学内容为复杂性逻辑时，微课的知识体系构成可以考虑在有效时间内设计成为连贯性、现场随机性、场景模拟性等形式，在微课中以层次关系阐述技术型操作与实践方式。让学生通过阅读和观看微课，快速掌握具体学习思路和实践方法，可以尝试性的使用微课来进行自我提高。

在微课的设计中，教学技巧的要保持适当性，避免双向互动的教学形式，因为学生在观看微课时并不能马上作出回应，然而微课中的反问语气或双向互动的提问环节，会导致学生继续停留在疑问状态，学生会考虑是否这种技术操作或方法并不是最有效和最直接的，是否还存在误区和缺陷等。因此当微课进行教学技巧运用时，一定要考虑教学技巧的运用，避免提问与疑问语气夹在微课中，误导学生。

另外微课对拍摄条件、网络环境、教师运用信息技术的能力、后期剪辑、效果处理等都提出较高要求，优质的微课一般会耗费较多的人力物力。在拍摄时，微课拍摄技巧的运用，要考虑如何降低成本投入，避免资金与人力的浪费。

（三）微课宣传渠道的使用限度

微课在设计成型、拍摄完成后，最重要的是利用何种渠道展现微课，在一般的理解认为可以通过电视或邮件展示，其实微课可以通过更加宽泛的渠道传播，例如，微信、钉钉、QQ、微博等渠道，但是也并非所有信息传播途径都可以使用。微课宣传渠道还是具有一定的使用限度。

第一，章节连载的限度。

章节教学属于每一期或每一次传播较为稳定的教学资源，这种教学资源比较宝贵，因为时间积累的缘故，每一次的拍摄与成型传播都需要记载并录入数据库形成最终的传播数据库资源。因此章节连载的传播渠道就不能在微信、钉钉、QQ、微博这类渠道，一般会显示在学校的内部使用网站，大家可以通过登录网站点击阅读的形式观看，但是作为版权保护，不允许下载。

第二，课堂教学引出的课外知识微课。

在课堂教学中，很多时候会引起学生的好奇，就会涉及课外知识的讲解。在这部分的讲解中，可以使用微课进行全方位的讲解，微课通过在有效时间内讲解课外知识，多镜头、文字配合的展现，对学生答疑解惑，并留下互动方式，可以随时加入微信群聊天解决疑问。这类的微课就可以在微博、微信、QQ 平台中得到传播，并不需要太多的版权保护和转发限制。

第三，微课中布置作业的上交限度。

在微课的传播中，对学生教学完毕，再给学生布置一些动脑动手的技术型作业，老师在下次课程开始前进行检验，是一个不错的方法。但是作业的上交限度也需要界定，一般情况下因为微课传播的介质具有不稳定性，传播途径不确定性，因此作业的上交一律以技术型实物上交，或当面汇报老师的上交形式为主。并配以说明，更加清晰直观、生动形象。

职业技术教育教学的主要目的在于激发学生的学习动力，将实践性的知识普及到每一个学生的内心深处，锻炼实践性的技术能力，为社会培养实用型人才。微课教学方法恰好弥补了这一点的不足，为职业技术教育教学奠定了基础，实现了多元化、高素质发展的目的。

微课在职业技术教育教学中的运用具有一定优势，也有一定的使用限度，作者认为要善于使用微课的优势，提高学生积极性，满足学生求知欲望，同样要注意微课使用限度，发挥微课基本价值，避免其他风险。在未来，微课的使用和发展，必将会向着一个更新更好的领域发展，微课的内容设计与微课传播方式的选择，也会有新的突破。微课教学方法结合现有教学资源，推动教师的职业生涯成长，促进学生的学习动力，对我国未来的教育事业发展具有重要价值。

第四节 微课资源建设在"概论"课程第七章中的应用探析

《国家中长期教育改革和发展规划纲要（2010—2020）》提出：到2020年，覆盖城乡各类学校的教育信息化体系基本建成。伴随着教育信息化的迅猛发展和微时代的到来，微课、微课教学已经成为高校思想政治理论课教学研究与实践的一个热点问题。许多高校和思想政治理论课教育教学工作者已经进行了一些有益的探索。但人们的关注点却较少涉及微课资源建设这一关系到微课和微课教学成败与否的基础性课题。在这里，笔者将以"概论"课程本章第四节为例探讨微课、微课教学和微课资源建设的概念界定，探讨在"概论"课程本章第四节进行微课资源建设的可行性和基本思路，以期抛砖引玉，窥一斑而知全豹。

一、微课、微课教学、微课资源建设的概念界定

近几年来，教育界和学术界对于微课、微课教学的概念多有探讨，虽然不尽一致，但基本含义大同小异。所谓微课是指按照新课标，根据教学实践要求，借助教学视频，优化整合各种教学资源，在课堂教学过程中，针对某个知识点，以及特定的教学环节，教师组织开展相应的教学活动。通常情况下，微课可以是一个独立的教学视频，也可以包含教学视频在内的一个教学资源整体，并且该教学资源整体主要包括课堂设计、微课件、微测试、微点评、微反馈等。简而言之，微课教学就是借助微课的形式组织开展教学活动。在高校微课教学中，高校思想政治理论课微课教学作为其中的重要组成部分，主要是借助微课的方式开展教育教学活动。从微课和微课教学的概念分析中我们可以看出二者的联系与区别。二者的共同点在于它们都是为教学

服务的信息化手段，同时优化整合各种教学资源。高校在组织开展思想政治理论课教育教学活动时，教学是目的，微课是载体，所以微课是为教学服务的。微课和微课教学都是微时代的产物，它们之间存在着密切的关系，在日常工作生活中，我们常常把微课误认为微课教学，从实际情况来看，微课与微课教学存在很大的差异性，主要表现为，微课是作为教学活动的一个部分和环节而存在，微课就是一个短小精悍的知识点或教学环节，而且是"可移动"数字化资源包。微课教学则是以微课为主要教学方式而进行的教学过程。

微课和微课教学的出现及应用顺应了思想政治理论课信息化教学改革的大方向，那么，如何保证微课制作和微课教学的质量，达到预期的效果呢？这就涉及微课资源建设问题。这一问题在以往的探讨中较少涉及，更没有人对微课资源建设下过定义。不过我们可以从微课和微课资源的概念界定中推导出微课资源建设的基本含义。笔者认为相比较于微课和微课教学，微课资源建设是更为基础性的概念。微课资源建设是为提供高质量的微课和微课教学而进行的服务于教学活动的各种教学资源的建设过程。在建设思想政治理论课微课资源的过程中，通常情况下，需要对核心知识、典型事例、前沿专题等教学内容进行全覆盖，资源类型包括微课视频、教学课件、教学素材应用平台建设、微课制作、微课教学教师团队建设、微课建设保障条件建设等。显然，没有高质量的微课资源建设，微课和微课教学质量就不会高。建设微课资源从本质上说就是对高校思想政治理论课实施信息化教学改革，在一定程度上挖掘思想政治理论课优秀教师的价值，对思想政治理论课教学资源进行共享，不断提升思想政治理论课的教学效果。当前已经有越来越多的高校和相关政府职能部门对微课资源建设工作给予高度重视，例如，湖南省教育厅下发了湘教通〔2016〕149号文件，专门对思想政治理论课微课资源建设工作进行指导，同时组织立项了一批高校思想政治理论课微课资源建设项目。

二、"概论"课第七章进行微课资源建设的可行性分析

改革开放是新时期最为鲜明的时代特征。在历史上，如此广的改革开放从未有过，在一定程度上激发了亿万人民的积极性，激发了我国高度集中的计划经济体制的活力，同时计划经济体制逐渐向社会主义市场经济体制转变。今天，中国作为一个面向现代化、面向世界、面向未来的社会主义国家，巍然屹立于世界东方。根据 2015 年版"概论"课教材的内容设置，第七章主要讲授中国特色社会主义理论体系中的"社会主义改革开放理论"。共分为三节：改革开放、全面深化改革、扩大对外开放。2015 年版"概论"课教材将党和国家社会主义理论和实践的最新成果有机融入进来，成为最有时代气息，教学重点和难点也较多的一章。通过内容的整合和融入，逻辑结构更加合理，更加符合教材的体例，如果能在教学方法上有所创新，一定会取得较好的教学效果。

当代大学生基本上都是"95 后"甚至"00 后"，这是在改革开放中成长起来的一代人。但必须指出的是他们对于改革开放的理解往往是表面化的，基于其成长经历和碎片化学习的特征，容易对改革开放作出非黑即白的感性判断。因此第七章的内容讲授，特别是重点和难点的讲解就显得十分重要。其实第七章的教学重点与难点都非常适合进行微课资源建设。通过微课资源建设，运用微课和微课教学模式要使学生深刻懂得为什么进行社会主义改革开放、为什么要全面深化改革、如何全面深化改革、为什么要扩大开放、如何扩大开放等。同时要通过微课资源建设、微课教学澄清一些理论误区并掌握改革开放中的前沿问题。例如，如何认识改革开放的性质和方向、如何看待改革开放前后两个历史时期、如何理解两个不能否定等问题。在改革开放的新时期，为什么要进行供给侧改革、为什么要进行"一带一路"建设、为什么要设立亚投行等问题。

三、"概论"课第七章进行微课资源建设的基本思路

笔者所在的思想政治理论课教学团队今年成功申报了湖南省微课资源建设项目，在申报和建设项目的过程中，梳理"概论"课第七章微课资源建设的基本思路。

（一）确定建设目标和任务

从建设目标的角度来讲，打算用 1 年时间整合微课资源（微课视频、课件、教学素材、教辅资料、训练作业、测试题等），其内容为第七章社会主义改革开放理论。依据新课标整合微课资源，同时重点突出核心知识，并且紧扣前言，解决重点难点问题，一方面适用于课堂教学，另一方面为学生自主学习创造条件，进而在一定程度上共享优质资源。从建设任务的角度来讲，第一，借助网络平台，共享网络资源，同时上传教师授课内容，根据自己的实际情况，学生可以借助 Web 方式，对各种资源进行浏览、查询和使用，并且可以实现师生之间的良好互动。第二，依据新课标，组建开发队伍建立微课资源库，共同设计和研发数字化教育资源。第三，基于微课资源的空间，组织开展思政教育教学活动，利用微课资源进行开展课堂教学活动，积极探索新型教学模式，借助平台通过线上方式为学习者提供辅导答疑服务。

（二）完善资源主题体系

在新时代条件下，改革开放作为党领导下的伟大革命，可以进一步完善、发展社会主义市场经济制度。为了让学生全方位、多层次地理解改革开放的重要作用，进而正确认识全面深化改革和扩大对外开放，需要我们以教材为纲，根据学生的实际情况，对知识进行解构，在改革开放的历史背景、理论依据和现实依据的基础上，以改革开放的性质、目标、方向、评判标准

为重点，以全面深化改革、提高开放水平为难点，以改革开放的成果为热点，对教育教学体系进行重构。

（三）贯彻项目建设实施方案

成立项目建设小组，确定项目组长和具体项目负责人。团队成员分工合作，各司其职。

1. 建设技术方案

成立以唐召云为负责人的项目团队，借助我校信息化建设基础，选择"湖南微课网"为载体，对微课建设方案进行设计和优化，按照教育教学需求，结合微课建设标准，解构第七章改革开放理论体系，梳理知识点；借助FLV、Flash等技术搭建核心资源库，不断丰富资源。积极探索新型教育教学模式，最大限度提高教育教学效果，在总结实践经验的基础上，不断拓宽推广范围。

2. 难点及解决办法

在设计微课的过程中，要转变理念，组织团队成员加强学习，全面认识微课短小精悍的特点，结合课程内容，以及解构重构图等对微课进行重新设计，最大限度确保微课时间的合理性、内容的充实性，同时要突出重点，帮助学生掌握更多的知识；通过对微课录制、剪辑中面临的技术难题，需要对团队成员进行技术培训，同时，组织信息技术专家，指导微课录制、剪辑等；在微课应用中，针对持续发展问题，需要建立完善的激励机制，鼓励教师创新教学模式，提高教学质量。

3. 项目建设保障措施

首先政策方面，成立信息化领导小组，在人、财、物等方面给予大力支持；其次经费方面，学校层面要设置专项资金，为项目建设提供充足的经费，确保项目建设顺利实施；最后条件保障方面，要具备基本的微课资源建设基础。例如，我校的微课资源建设基础设施较好，我校拥有第二代最新数字校园网（独享1000兆带宽出口），以及1000兆带宽的校园主干网，有线网络信息接入点超过 6000 个，无线接入点超过 1000 个，在教学区，建有 65 间无线覆盖教室，每间教室可以同时满足 50 个学生在线学习的需要，同时我校还建有 256 间现代化交互式多媒体教室，在图书馆二楼设有全天开放的机房，机位 180 余个，为学生上网提供了便利，我校还拥有先进的专业微课资源建设录播室。

4. 建设成果应用

微课资源建设的服务对象及服务范围是立足本校，面向湖南，辐射全国。微课资源共享与交换模式：由教育主管部门牵头，按照建设标准，由高校建设优质微课资源，并上传到网络平台，为高校师生免费使用提供便利。对于高校师生来说，通过实名注册的方式，实现在线学习、在线辅导等。建成微课资源后，可以向所有高校在校生全天候开放，不仅扩大了受众面，还可以帮助学生进行自修。对于学生来说，借助网络教学平台可以进行自主式学习，根据自己的兴趣、爱好，可以对相关章节进行个性化学习。与传统教学模式相比，微课作为可再生浏览资源，课程结束后，学生可以进行二次学习。在设计思政微课视频的过程中，通过视频、音频（图片、动画等）等方式呈现，进一步增强了吸引力，在选择微课教学内容时，可以考虑社会热点等与学生生活相关的内容，这些内容更具吸引力，这样就激发了学生的学习积极性和主动性。微课资源建设是一项十分重要的基础性工作，关系微课和微课教学的应用效果，能够有效提升思想政治理论课教学的实效性。

| 第七章 |

高校思政课实践教学改革与评价

当前，高职院校思想政治理论课实践教学体系研究主要集中于思想政治理论课实践实训教学基地建设、实践教学问题梳理与对策研究、实践教学课程设置与开发、思想政治理论课实践教学发展历程阐述及经验启示等层面，关于高职院校思想政治理论课实践教学评价体系的相关研究则相对滞后，代表性的研究成果更少。相对于国外在职业院校实践教学体系形成的较为完备的评价体系而言，我国高职院校实践教学尤其是思想政治理论课实践教学的评价体系还处在探索阶段。

第一节　高职院校思想政治理论课实践教学评价体系构建研究

一、高职院校思想政治理论课实践教学研究现状

通过在中国知网对相关文献细细梳理可以发现，在这个探索过程中，比较重要的政策法规是《国家中长期教育改革和发展规划纲要（2010—2020年)》，文件明确指出，要通过"改进教育教学评价""探索促进学生发展的

多种评价方式"来构建"教育质量评价和人才评价制度"①。这对于高职院校思想政治理论课实践教学评价体系构建具有重要指引意义。

从高职院校思想政治理论课实践教学现实来看，通过构建行之有效的思想政治理论课实践教学评价体系，既可及时调整高职院校思想政治理论课实践教学课程的设置、实践教学内容的完善，也可推进高职院校准确把握思想政治理论课实践教学人才培养的供给合理度、实践教学资源的预期吻合度及实践教学效果的学生满意度，并可针对上述内容进行有效诊断改进，不断提升高职院校思想政治理论课实践教学的质量和水平。基于此，文章结合高职院校思想政治理论课实践教学实际，引入 CIPP 评价模式，在论证 CIPP 评价模式有效契合高职院校思想政治理论课实践教学体系构建的基础上，探究 CIPP 评价模式下的高职院校思想政治理论课实践教学评价体系，助推高职院校思想政治理论课实践教学质量不断提升。

二、CIPP 评价模式的内容及特点

（一）CIPP 评价模式的基本内容

CIPP 评价模式是由美国著名教育评价学者斯塔弗尔比姆在批判泰勒目标达成教育评价模式的基础上，于 1966 年在俄亥俄州立大学提出的一种改进导向型评价模式，"也称为决策导向型或改良导向型评价模式"②。它由背景评价（Context Evaluation）、输入评价（Input Evaluation）、过程评价（Process Evaluation）、结果评价（Product Evaluation）四种评价的首个英文字母组合而成。在斯塔弗尔比姆看来，以泰勒为代表的传统教育评价模式过

---

① 《国家中长期教育改革和发展规划纲要（2010—2020 年）》，2010 年 3 月 1 日，见 http：//www.china.com.cn/policy/txt/2010-03/01/content_ 19492625_ 3.htm。

② 罗美玲：《基于 CIPP 的高职院校专业评估指标体系构建》，《顺德职业技术学院学报》2016 年第 3 期。

于侧重证实课程教学实施的结果是否达成目标，是一种以目标导向的评价模式，这种评价模式对目标本身的规范性尤其是课程教学过程性缺乏必要关注，具有较为明显的局限性和片面性。CIPP评价模式的根本要义在于"基于诊断的改进"而非"基于事实结果的证明"，其内涵在于凸显过程评价的价值，力求在不同领域的实践教学类型、实践教学方式、实践教学投入等条件下，通过动态化评价方式对评价内容进行整体性衡量。

由此推之，CIPP评价模式下的高职院校思想政治理论课实践教学评价体系是指与构成CIPP评价模式的四种评价方式相匹配的思想政治理论课实践教学评价体系要素。高职院校思想政治理论课实践教学评价体系构建过程应是立足学校人才培养定位与培养目标，以增强大学生政治素养与实践能力为价值归宿，通过对思想政治理论课实践教学人力、物力、财力等资源的投入与分配，对思想政治理论课实践教学模式、教学设计、教学方案、教学管理的分析、调整，推进思想政治理论课实践教学成效的分析、输入和反馈的动态化评价过程。它着眼于高职院校思想政治理论课教育教学、科学研究的互动融合，是新时期高职院校思想政治理论课实践教学提质升级的必然选择，也是高职院校实现铸魂育人、价值引领育人目标的内涵诉求。

（二）CIPP评价模式的基本特征

1. 重在诊断改进而非目标结果

CIPP评价模式最主要特征在于"关注的重点并非被评对象的结果"[①]。是通过引入这一评价模式找出教育教学过程中存在的不足与缺陷，通过专业化、客观化、综合性的诊断改进方式，为教育教学部门和管理决策部门评价各类教学课程提供最优方案，并通过最优方案实施，形成螺旋上升的发展脉络，促进决策和管理顺畅向前推进与落实。

2. 重在多元融通而非单一评价

在CIPP评价模式的四种评价方式中，背景评价属于描述和比较性评价

---

① 赵洪梅：《CIPP模式下的高校课程评估》，《中国高等教育评估》2014年第4期。

类型，输入评价属于诊断性评价类型，过程评价属于生成性评价类型，结果评价属于终结性评价类型。该评价模式是在深刻剖析泰勒目标导向性评价模式基础上提出来的一种更加全面综合的评价模式，传统评价体系着重强调的结论评价模式只是 CIPP 评价体系当中的一个环节，多种评价方式的融通运用才是其价值和优势所在。

（三）CIPP 评价模式与高职院校思想政治理论课实践教学评价的契合表征

CIPP 评价模式从终极目标看"旨在为决策提供依据"①。随着互联网时代的到来，高职院校大学生群体的价值取向、思想动态、身心特征随之发生了深刻变化。作为大学生思想政治教育"主渠道"的思想政治理论课，其理论教学和实践教学也应深刻把握这一变化，努力做到"因事而化、因时而进、因势而新"②。在此背景下，作为思想政治理论课实践教学体系中的实践教学评价体系构建也就成了提升高校思想政治理论课质量的重要突破。思想政治理论课实践教学体系构建离不开教学模式和教学方法的创新，而全面、科学的实践教学评价模式又是思想政治理论课实践教学体系构建的重中之重。因而，构建高职院校思想政治理论课实践教学评价体系的根本价值就在于，检视现有思想政治理论课实践教学体系出现的问题与不足，找出高职院校在开展思想政治理论课实践教学过程中应注意的问题与事项，为思想政治理论课实践教学提供评价依据。CIPP 评价模式较好地契合了高职院校思想政治理论课实践教学体系构建的内在诉求，尤其是 CIPP 评价模式中相对独立的过程评价模型的综合运用，更能体现这一诉求。评价主体通过对思想政治理论课实践教学方案、计划与效果实施情况的持续跟踪和过程评价，如

---

① 金亚飞：《基于 CIPP 模型的研究型大学本科实践教学评价研究——以广东省研究型大学为例》，硕士学位论文，华南理工大学 2012 年，第 7 页。

② 顾海良：《因事而化 因时而进 因势而新——习近平总书记"7·26"重要讲话体现的理论品格和思想方法》，《北京日报》2017 年 9 月 28 日。

通过客观记录数据、及时录入数据、动态追踪数据等方式，将有价值的信息准确抓取后及时分析、梳理，形成有价值的参考报告及时反馈到决策层和管理执行层，通过自下而上的反馈和自上而下的引领，不断优化思想政治理论课实践教学体系和推进实践教学模式改革创新。

同时 CIPP 评价模式有效契合了高职院校思想政治理论课实践教学的基本内涵。本书认为，高职院校思想政治理论课实践教学基本内涵是指在高职院校思想政治理论课教学过程中，在指导教师指引下，以思想政治理论课教学内容为基石，通过阅读经典著作、社会实践调查、志愿服务活动、专题研讨调查等教学方式和评价方法，激发学生兴趣，吸引学生参与到实践教学过程中来，以达到学习新知、拓展思维、提升素质、强化能力的教育目标，并将这些目标量化指标后反馈给指导教师与教学管理部门。就现实情况来看，很多高职院校在开展思想政治理论课实践教学体系评价时，尤其是对思想政治理论课实践教学过程评价时往往缺乏有效、全面、客观、量化的评价标准，如果仅仅依据泰勒目标评价体系，以目标达成作为衡量思想政治理论课实践教学效果的评价标准很难全面反映指导教师的施教过程和学生的学习过程。CIPP 评价模式则显示出比较明显的优势，它不再以实践教学最终的实施成效作为思想政治理论课实践教学评价的唯一标准，而是将评价活动有机融通于思想政治理论课实践教学体系的前期、中期与后期的每一环节。侧重于过程导向而非目标导向，侧重于多种评价类型相互结合而非仅仅局限于确定目标是否达成，最大限度地全面掌握思想政治理论课实践教学过程中教师的施教背景、施教过程、施教效果与学生的学习需求、学习过程、学习效果。

三、CIPP 评价模式下的高职院校思想政治理论课实践教学评价体系构建

基于 CIPP 评价模式的高职院校思想政治理论课实践教学评价体系要素构成，包含着与思想政治理论课实践教学体系的背景评价相适应的实践教学

体系构建背景、与思想政治理论课实践教学体系的输入评价相适应的实践教学体系构建投入、与思想政治理论课实践教学体系的过程评价相适应的实践教学体系构建过程、与思想政治理论课实践教学体系的成果评价相适应的实践教学成果。这四个层面的内容共同构成了高职院校思想政治理论课实践教学评价体系要素内容，并将高职院校思想政治理论课实践教学背景评价、输入评价、过程评价和成果评价等指标进行有机融合，确立 4 个一级指标及 12 个二级指标以及若干关键观测点，详见表 6-2、表 6-3。

表 6-2　基于 CIPP 的高职院校思政课实践教学评价体系指标

一级指标	二级指标
思政课实践教学背景评价指标	思政课实践教学目标设置与调整
	学校人才培养目标与调整
思政课实践教学输入评价指标	思政课实践教学团队建设
	思政课实践教学实习实训基地建设
	思政课实践教学经费投入
思政课实践教学过程评价指标	思政课实践教学内容与课程设置
	思政课实践教学方法与手段改革
	思政课实践教学方式改革
	思政课实践教学管理体系建设
思政课实践教学成果评价指标	思政课教师实践教学活动考核与激励
	学生实践教学考核和激励
	思政课实践教学特色或创新成果

（一）基于背景评价的高职院校思政课实践背景评价指标构建

高职院校思想政治理论课实践教学体系背景评价侧重于对高职院校思想政治理论课实践教学理念、特征、目标等要素进行评价，其价值在于检视思想政治理论课实践教学目标与制订思想政治理论课后续实践教学方案。高职院校思想政治理论课实践教学体系背景评价需要解决好如下问题：一是高职院校思想政治理论课实践教学的理念是否符合当前国家和政府关于高校思想政治理论课建设的基本精神？二思想政治理论课实践教学目标的确定是否充分考量当前大学生思想政治教育面临的新形势及这一群体的新特征？

　　基于此，笔者选取了"学校人才培养目标及其调整""思想政治理论课实践教学目标设置与调整"两个方面作为高职院校思想政治理论课实践教学背景评价的分指标。其中，"学校人才培养目标及其调整"是高职院校思想政治理论课实践教学外部背景的重要表现，"思想政治理论课实践教学目标设置与调整"指标是高职院校思想政治理论课实践教学内部背景的集中体现。"学校人才培养目标及其调整"指标通过"学校人才需求""培养定位""思想政治教育专业人才培养方案"等观测点来集中体现高职院校开展思想政治理论课实践教学活动的基本理念，旨在评价高职院校思想政治理论课实践教学的实施环境与育人氛围。"思想政治理论课实践教学目标设置与调整"指标通过"思想政治理论课实践教学现状调研报告""学生实践教学需求报告""国家与地方有关思想政治理论课建设相关政策文件"等观测点来描述高职院校开展思想政治理论课实践教学过程中依托的需求导向、学科基础、政策支持，重点针对高职院校思想政治理论课实践教学的国家政策与社会资源进行诊断改进。

表 6-3　基于 CIPP 的高职院校思政课实践教学评价指标体系权重

一级指标	AHP 方法取得的一级指标权重	优化后的一级指标权重	二级指标	AHP 方法取得的二级指标权重	优化后的二级指标权重
高职院校思政课实践教学背景评价指标	0.188	0.2	思政课实践教学目标设置与调整	0.5	0.5
			学校人才培养目标与调整	0.5	0.5
高职院校思政课实践教学输入评价指标	0.253	0.25	思政课实践教学团队建设	0.455	0.5
			思政课实习实训基地建设	0.311	0.3
			思政课实践教学经费投入	0.234	0.2

续表

一级指标	AHP 方法取得的一级指标权重	优化后的一级指标权重	二级指标	AHP 方法取得的二级指标权重	优化后的二级指标权重
高职院校思政课实践教学过程评价指标	0.345	0.35	思政课实践教学课程设置	0.323	0.35
			思政课实践教学方法与手段改革	0.282	0.3
			思政课实践教学大纲和教学计划改革	0.213	0.2
			思政课实践教学管理体系建设	0.182	0.15
高职院校思政课实践教学成果评价指标	0.214	0.2	思政课教师实践教学活动考核与激励	0.461	0.5
			学生实践教学考核和激励	0.334	0.3
			思政课实践教学特色或创新成果	0.205	0.2

（二）基于输入评价的高职院校思想政治理论课实践教学输入评价指标构建

高职院校思想政治理论课实践教学体系输入评价是指针对实践教学体系构建所需要的保障条件和投入资源的评价，其价值在于对于投入要素与保障条件的可操作性与效能进行评价，为高职院校思想政治理论课实践教学体系构建选择最优化方案与实效性策略。高职院校思想政治理论课实践教学体系输入评价需要解决好如下问题：一是思想政治理论课实践教学实施方案中教学目标、教学内容、教学载体、教学手段等方面的设计是否规范合理？二是在实践教学评价体系过程中"输入的人力、物力、财力是否充裕？"[1]

---

[1] 侯建军：《基于 CIPP 评价模式的高职课程评价机制建设》，《中国职业技术教育》2015 年第 11 期。

基于此，笔者选取"思想政治理论课实践教学团队建设""思想政治理论课实践教学基地建设""思想政治理论课实践教学经费投入"等三个分指标用于高职院校思想政治理论课实践教学投入的评价。"思想政治理论课实践教学团队建设"指标通过"师资队伍结构""主讲教师情况""教学名师"及各级别的"教学团队""信息化大赛""微课制作比赛""教育教学改革项目""技能型兼职教师项目"等观测点来评价高职院校开展思想政治理论课实践教学过程中人力资源的投入程度；"思想政治理论课实践教学基地建设"指标通过"校内实践教学基地（数量、模拟设备先进性和管理建设情况）""校外实践教学基地（数量、质量、运行情况）"等观测点来评价高职院校开展思想政治理论课实践教学过程中硬件条件的投入程度；"思想政治理论课实践教学经费投入"指标通过"实践教学经费到账情况（校内外实践教学拨款到账情况）"等观测点来评价高职院校开展思想政治理论课实践教学过程中资金款项的投入程度，就现实情况来看，经费不足已成为制约高职院校思想政治理论课实践教学的瓶颈，将"实践教学经费到账情况（校内外实践教学拨款到账情况）"作为观测点是评价思想政治理论课实践教学体系的理想选择，对增强高职院校思想政治理论课实践教学成效发挥着重要的基础保障作用。

（三）基于过程评价的高职院校思想政治理论课实践教学过程评价指标构建

高职院校思想政治理论课实践教学体系构建过程评价是指通过对思想政治理论课实践教学实施情况阐述，建立及时诊断与改进教学过程的评价反馈机制，促使思想政治理论课实践教学体系持续完善，行动力持续提升，其本质上是对思想政治理论课实践教学培养方案所作的一种形成性评价。思想政治理论课实践教学体系过程评价需要解决以下问题：一是思想政治理论课实践教学的实施状况如何？二是师生在实践教学环节中的体验感受如何？三是思想政治理论课实践教学方案还存在哪些亟须改进的方法与内容？

　　基于此，笔者选取"思想政治理论课实践教学课程设置"指标、"思想政治理论课实践教学方法改革"指标、"思想政治理论课实践教学环节调整"指标、"思想政治理论课实践教学管理"指标等四个分指标用于高职院校思想政治理论课实践教学过程的评价，以体现思想政治理论课实践教学课程设置与实践教学管理、实践教学方法改进与实践教学环节优化的有机统一，全面客观地反映思想政治理论课实践教学全过程。"思想政治理论课实践教学课程设置"是指思想政治理论课实践教学课程的课时分配、体系建构。合理的实践教学课程内容符合知识论的运行规律，能够反映本学科的主要知识，是学校人才培养目标在课程计划环节的集中体现，该指标通过"课程体系""思想政治理论课与专业课学时对比""必修课与选修课比例分配"等观测点来评价高职院校开展思想政治理论课实践教学过程中课程规划的合理程度。"思想政治理论课实践教学方法改革"是指思想政治理论课实践教学采取的有针对性的教学方式，教学方法的有效运用能更好地提升实践教学效果，该指标通过"教学方法运用""信息技术应用""网络教学环境资源""职业教育专业教学资源库""精品在线开放课程""规划教材或精品教材"等观测点来评价高职院校思想政治理论课实践教学方法的运用程度。"思想政治理论课实践教学环节调整"指标是思想政治理论课实践教学从知识学习向实践操作有效转化的重要环节，是培养学生发现问题、分析问题、处理问题能力，增强专业训练和实践锻炼能力的重要步骤。该指标通过"实践教学大纲设计""实践教学计划设计""实践教学与理论教学课时比""实践授课学生满意度"等观测点来评价高职院校开展思想政治理论课实践教学过程中教学环节设置的有效程度。"思想政治理论课实践教学管理"指标是对思想政治理论课实践教学过程信息反馈与监督管控的重要手段，该指标通过"实践教学管理机构""实践教学管理制度""实践教学管理档案"等观测点来评价高职院校思想政治理论课实践教学管理的外部保障程度。

（四）基于成果评价的高职院校思想政治理论课实践教学成果评价指标构建

思想政治理论课实践教学体系成果评价是通过收集、阐释、评价实践教学体系方案的各项指标数据信息，用于验证、测量实践教学方案的成效及评价者的预期成果，其"实质是一种终结性评价"①。高职院校思想政治理论课实践教学体系过程评价需要解决好以下问题：一是思想政治理论课实践教学方案实施的状况和效果如何？二是思想政治理论课实践教学体系构建后的推广意义如何？

基于此，笔者选取"思想政治理论课教师实践教学活动考核与激励""思想政治理论课学生实践教学活动考核激励""思想政治理论课实践教学特色或创新成果"等三个分指标用于高职院校思想政治理论课实践教学成果的评价。"思想政治理论课教师实践教学活动考核与激励"指标是用来评价思想政治理论课老师自觉主动参与实践教学的成效及表现，其评价指标具有多样性特点，可通过"实践教学活动照片""视频及录音资料""实践教学环节作业检查""考核结果和奖项纳入评定职称和绩效工资"等观测点来评价高职院校开展思想政治理论课实践教学过程中实践教学指导老师的融入程度与作用发挥；"思想政治理论课学生实践教学活动考核与激励"指标是用来评价思想政治理论课学生积极参与实践教学的情况及表现，其评价指标具有全覆盖的特性，可通过"实践活动作品""实践活动优秀学生""实践活动各环节表现""考核结果和奖项纳入发展党员、奖学金评定"等观测点来评价高职院校开展思想政治理论课实践教学过程中学生的组织协作能力与交流表达能力；"思想政治理论课实践教学特色或创新成果"指标是用来评价思想政治理论课实践教学指导老师实践教学改革创新成果及思想政治理论

---

① 张殿尉、刘佳杰：《基于 CIPP 模式的高校实践教学评价指标体系研究》，《中国成人教育》2016 年第 9 期。

课学生实践教学学习应用能力，可通过"设立教师实践教学创新成果奖""打造学生实践学术能力平台""对优秀实践成果科研立项、印刷出版""激励学生认真完成实践教学活动"等观测点来评价高职院校思想政治理论课实践教学特色或创新成果的显示度和完成度。

第二节　高校思想政治理论课实践教学评价机制构建的路径选择

　　思想政治理论课是高校开展大学生思想政治教育的主渠道，作为思想政治理论课重要构成的实践教学环节，是高校提升大学生职业素养和实践能力的主要载体。思想政治理论课实践教学的水平和质量集中体现了高校应用型人才培养的水平和质量，而实践教学评价机制是提升高校思想政治理论课实践教学水平和质量的坚实保障与重要环节。

　　据笔者通过中国知网对近 10 年来国内相关研究成果的查询结果显示，目前国内高校系统性的实践类课程教学评价工作尚未全面展开，理论基础也比较薄弱，尤其是关于高校思想政治理论课实践教学评价机制的研究还比较少，仅有的关于构建高校思想政治理论课实践教学评价的研究内容也往往局限于对实践教学进行结果性评价，缺乏比较全面的评价过程和评价指标，导致评价机制较为松散，也缺乏实效。加强和改进高校思想政治理论课实践教学建设，构建具有针对性和实效性的思想政治理论课实践教学评价机制，更好地发挥实践教学评价机制的诊断改进功能，就要构建思想政治理论课实践教学背景评价、输入评价、过程评价和结果评价于一体的系统化评价机制，"为再循环决策服务"①。基于此，本书立足高校思想政治理论课实践教学现

① 侯建军：《基于 CIPP 评价模式的高职课程评价机制建设》，《中国职业技术教育》2015 年第 11 期。

实情况，根据思想政治理论课实践教学不同环节的特点，准确把握高校思想政治理论课实践教学评价机制的构建维度，从 CIPP 评价模式（以下简称CIPP）着手，充分发挥该模式逻辑性和关联性强的优势，构建基于 CIPP 的高校思想政治理论课实践教学评价机制，将思想政治理论课实践教学环节各要素通过脉络清晰、逻辑严密的一条主线有机衔接起来，最大限度地满足当前高校思想政治理论课实践教学需要，提升高校思想政治理论课实践教学质量和水平。

一、机制的构建

（一）目标导向维度

高校思想政治理论课实践教学机制的目标导向维度，指的是思想政治理论课实践教学应将马克思主义作为实践教学的指导思想，将马克思主义中国化的最新理论成果作为实践教学内容，以培育大学生的职业素养与实践能力为基本教学内容，开展思想政治理论课实践教学活动，这是评价高校思想政治理论课实践教学质量的首要依据。思想政治理论课实践教学评价机制是否坚持目标导向维度，关涉思想政治理论课建设质量的关键要素与核心环节，关乎高校培养的有中国特色社会主义事业的接班人是否充分满足经济社会发展新常态所需。

"我国的高校是社会主义高校，必须始终坚持社会主义的办学方向。"[①]思想政治理论课是我国高校坚持社会主义办学方向的集中体现，思想政治理论课实践教学作为其中的重要一环，除具备思想政治理论课理论教学教育引导大学生牢固树立共产主义理想、爱国主义思想和社会主义核心价值观的作用外，还注重对大学生爱岗敬业的优良品质、职业操守的价值取向等综合素

---

① 陈锡敏：《思想政治理论课与大学生国家认同》，《教学与研究》2017 年第 2 期。

养的浸润和养成。基于此，高校人才培养工作必须坚持社会主义方向，这是高校思想政治理论课实践教学铸魂育人的首要前提，也是我国社会主义大学扎根中国大地办教育的目标导向。

（二）理论转向维度

高校思想政治理论课实践教学机制的理论转向维度，指的是高校是否主动引导大学生将思想政治理论课实践教学内容内化为理想信念、价值追求，外化为行动指南、职业意识，以及转化的效度如何，这是评价高校思想政治理论课实践教学质量的另一重要标准。高校思想政治理论课实践教学机制理论内化转向维度是由思想政治理论课教育目标和马克思主义理论品质所决定，这是评价高校思想政治理论课实践教学机制理论转向维度的根本依据。高校思想政治理论课实践教学机制理论外化转向维度的评价依据则比较复杂，主要有以下三个方面：一是高校思想政治理论课实践教学在引导大学生将思想教育、理想信念外化为行为习惯过程中发挥的效度；二是高校思想政治理论课实践教学在引导大学生将政治情感、政治认同外化为处事原则过程中发挥的效度；三是高校思想政治理论课实践教学在引导大学生将道德培育、情景模拟外化为理性辨别、理智选择行为能力过程中发挥的效度。

从现实情况来看，评价高校思想政治理论课实践教学机制理论转向的内外两个维度是有机统一的。作为理论支撑的马克思主义"其显著特征在于实践性"①。认识到这一点，就能更加准确地把握高校思想政治理论课实践教学机制评价的理论外化转向维度。所以，在开展高校思想政治理论课实践教学机制评价的过程中，一方面要侧重以大学生对马克思主义理论的认知与掌握程度为评价维度，另一方面要以大学生将马克思主义理论活学活用并具体展现在日常生活学习、为人处世过程中为评价维度。在此基础上，梳理高校思想政治理论课实践教学机制包含的影响大学生内外实践教学机制维度的

---

① 王桂芝：《实践的历史性与马克思主义哲学的实践性》，《人民论坛》2017 年第 4 期。

要素构成及其程度发挥，提出优化高校思想政治理论课实践教学内容的措施，才能真正实现"以评促改、以评促建、评建结合、重在建设"的高校思想政治理论课实践教学评价机制构建路径。

（三）社会服务维度

高校思想政治理论课实践教学机制的社会服务维度，指的是高校思想政治理论课实践教学应将解决大学生的思想问题与实际问题相结合，满足大学生知识学习需求与提升大学生综合素养相结合，这是评价高校思想政治理论课实践教学质量的重要依据。将社会服务作为评价高校思想政治理论课实践教学机制的维度，既是高校"立德树人"育人理念的基本要求，也是高校大学生成长成才的现实需要。这要求高校思想政治理论课教师要主动接触学生、深入了解学生，明了学生的思想困惑，掌握学生的实际需求，特别是在实践教学过程中要针对其所思所想耐心解答，指导学生处理好学习生活与交友就业方面的实际问题；既摆事实又讲道理；既传授知识又现身说法；既晓之以理又动之以情；既内化于心又外化于行。这样的实践教学才会让学生真心喜欢、毕生难忘，学生走向社会才会真正把知识学习与岗位责任、发展需求和价值实现有机衔接，实现敬业奉献、服务社会的人生价值。

当前，随着高等教育事业和高校思想政治理论课教学工作的深化改革与持续推进，高校人才培养需求结构也发生了显著变化。高校培养的是面向社会的具有较高综合素养的人才，这就要求高校思想政治理论课教师在传授理论知识的同时，还要关注产教融合的协同育人实践模式。高校思想政治理论课实践教学机制评价的社会主体是用人单位，用人单位对毕业生走向社会的工作表现的评价直接反映出高校毕业生的培养质量，体现的是社会发展对大学生思想政治素质和职业操守的双重考量，这种考量方式会直接反馈并影响到高校思想政治理论课实践教学的质量和水平，这是社会服务维度对于高校思想政治理论课实践教学评价机制的价值所在。

二、内在的适切

CIPP 最早是由美国著名教育评价专家斯塔弗尔比姆提出的。1965 年，美国组织包括斯塔弗尔比姆在内的众多教育教学评价专家，对国会通过的《美国初等与中等教育法案》开展评价工作。在评价工作开展的过程中，评价专家们采用的是当时盛行的泰勒主义评价模式，但斯塔弗尔比姆发现，这种过于强调目标导向的评价模式并不适合评价该法案，于是他在反思和改进泰勒主义评价模式的基础上提出了一种崭新的评价模式，也就是集"背景评价（Context Evaluation）、输入评价（Input Evaluation）、过程评价（Process Evaluation）、结果评价（Product Evaluation）模式"① 于一体的综合评价模式。

该评价模式具有以下几个特点：一是侧重考察教育教学过程是否形成强调决策与过程评价效果于一体的评价模式。在斯塔弗尔比姆看来，科学合理的教学评价既要考量预定目标的达成度，也要为决策人或者部门提供有效信息。他倡导要将教育教学实施过程中的评价信息及时反馈给决策人或者部门，引导决策人或者部门进行科学决策和决策优化。二是侧重评价模式的诊改功能。CIPP 强调要围绕教育背景、教育目标来实施、检验各项教育教学活动的效果。也就是说，该模式不仅要提出问题与发现问题，还要更加侧重诊改问题与解决问题。在整个评价体系中，背景评价和输入评价用以明确教学目标与活动开展所需的各项条件；过程评价用以及时跟踪教学环节，检验教学过程，去除冗余信息，反馈有效信息，优化教学环节；结果评价用以检验预期目标及实施结果的契合度与开展教学效果的阶段性评价，形成螺旋诊改的评价机制。三是侧重诊改性、生成性与终结性三者之间的有机衔接。

① 施良方：《课程理论——课程的基础、原理和问题》，教育科学出版社 1996 年版，第157 页。

CIPP 注重从整体角度考量诊改性、生成性与终结性的融合作用，全面审视"教学实践前期、中期与后期的不同阶段"① 的教学活动，"对评价过程中采取方法的有效性进行评价"②，形成要素完备、运用灵活、科学有效的评价机制。

上述三个方面的特点有机契合了高校思想政治理论课实践教学评价机制的构建维度。首先，评价高校思想政治理论课实践教学机制应着重强调评价机制的目标导向维度，为思想政治理论课实践教学决策人或者部门提供决策参照，而且应将思想政治理论课实践教学实施全过程抓取的评价信息快速、准确、高效地反馈给思想政治理论课实践教学管理决策人或者部门，确保高校思想政治理论课实践教学评价机制在目标导向指引下，构建科学合理的思想政治理论课实践教学实施方案与运行过程，凸显"CIPP 以教学决策为导向的基本特征"③。其次，评价高校思想政治理论课实践教学机制要充分发挥评价机制的诊改作用。高校思想政治理论课实践教学作为思想政治理论课教学体系的重要构成，其评价过程中应注重思想政治理论课实践教学评价机制的理论转向维度，及时检验思想政治理论课实践教学评价机制内化、外化过程中出现的新问题、新情况，并根据这些问题和情况提供有效的反馈信息和解决方案，全面系统地优化高校思想政治理论课实践教学评价机制，这与CIPP 各评价环节有机衔接、提升实践教学评价诊改效果的特性相辅相成。最后，高校思想政治理论课实践教学评价机制应坚持在诊改性评价、生成性评价与终结性评价三者有机融合的基础上开展评价工作。高校思想政治理论课实践教学活动的前期、中期、后期均开展对应评价，形成对思想政治理论课"实践教学的全方位、全过程的综合评价"④，并最终体现在社会服务的

---

① 张殿尉等：《基于 CIPP 模式的高校实践教学评价指标体系研究》，《中国成人教育》2016 年第 9 期。

② 范晓玲：《教学评价论》，湖南教育出版社 1999 年版，第 215 页。

③ 谢娟：《基于 CIPP 的微课评价体系建构》，《教育导刊》2016 年第 11 期。

④ 王本陆：《中国教育改革 30 年（课程与教学卷）》，北京师范大学出版社 2008 年版，第 178 页。

满意度与贡献度上，这是构建高校思想政治理论课实践教学评价机制的价值归宿。CIPP 不仅强调生成性评价，也重视诊改性评价和终结性评价的综合运用，这为开展高校思想政治理论课实践教学评价机制构建提供了有益借鉴。

三、有益的借鉴

（一）CIPP 评价主体的多样性衔接了高校思想政治理论课实践教学评价主体的多元化

传统意义上的高校思想政治理论课实践教学评价机制构建，主要是以本领域的专家、学者从"教学"层面开展校内评价为主要方式，"评估"色彩比较浓厚，倾向于"拿别人的尺子量自己的脚"的评价模式。这种评价机制的弊端在于忽视了作为教学对象的学生在思想政治理论课实践教学过程中的参与度，缺少学生的主动参与，就无法全面科学地评价教学过程中实践能力、职业素养的教学效果，容易弱化高校思想政治理论课实践教学的最终成效，而构建高校思想政治理论课实践教学评价机制的价值最终要反馈到学生身上。高校大学生实践能力和职业素养的引导教育和学习培育过程并非单线条的机械递进过程，而是循序善诱、潜移默化的螺旋式上升过程。基于此，高校思想政治理论课实践教学评价机制构建应重点关照评价主体的多元化。CIPP 包含的各项指标涵盖了高校教师、专家、同行、学生等多方主体的评价要素，并在输入评价模式中增设了实践教学过程监管与反馈机制，这为学生综合评价思想政治理论课教师实践教学能力和实践教学课程设置能力提供了规范化的交流反馈渠道，提升了学生在思想政治理论课实践教学评价机制的参与度和关注度。CIPP 还通过引入校外企事业单位的专家学者与用人单位，参与实践教学评价机制构建，从学生学习需求、认知需求、就业需求及社会行业企业需求等多层面开展对高校思想政治理论课实践教学评价进行监督和反馈，集中体现了思想政治理论课实践教学评价过程的动态性特征。

（二）CIPP 评价方式的多元性耦合了高校思想政治理论课实践教学评价目标的综合性

以往的高校思想政治理论课实践教学评价大多采取的是一种简单粗放型的评价方式，特别是在对学生实践教学成果的评价方式上，一般通过撰写、提交实习报告的手段对其进行量化考核，并习惯于采用终结性评价方式对实践教学成效进行"一锤定音"式的评价，这种评价方式往往会陷入期中、期末书面考试的窠臼，使思想政治理论课实践教学效果考核与理论教学卷面考试混为一谈，这样得出的学生思想政治理论课实践教学评价结论往往因流于形式而缺乏实效。伴随着高校思想政治理论课教学的深化改革，思想政治理论课实践教学领域也发生了深刻变化，高校思想政治理论课实践教学的目标已不局限于了解社会热点问题、学习基本常识的范畴，更是蕴含着人际交往、知识细化、职场素质提升与创新意识培养等综合性的培养目标体系，这要求高校思想政治理论课实践教学评价机制应将实践教学方案、实践教学设计、实践教学方式与学生职业素养提升、岗位意识与创新意识增强、用人单位满意度等要素有机结合，通过长期性、多样化的反馈手段全面反映思想政治理论课实践教学质量和水平。CIPP 既涵盖了高校人才培养目标、办学方向的背景性评价，也兼顾高校校内外"资源""条件"[1]，既关涉思想政治理论课实践教学过程中的"需求""机会"[2] 等形成性评价模式，也体现人才培养成效的"测量、判断、解释、方案、成就"[3] 的终结性评价模式。这就避免了思想政治理论课实践教学在评价方法选择层面上容易造成的误差，体现了思想政治理论课实践教学全员全过程的评价目标。

---

① 骆徽：《我国高等教育公平指标体系研究——基于 CIPP 评价模式的视角》，《教育发展研究》2012 年第 21 期。

② D. L. Stufflebeam, *Evaluation Models：Viewpoints on Educational and Human Services Evaluation*，Boston：Kluwer Academic Publishers，2000，p.287.

③ 胡晓晖等：《基于 CIPP 模式的高职专业教学质量评价指标体系构建研究》，《中国职业技术教育》2015 年第 3 期。

（三）CIPP 评价结果的持续性弥补了高校思想政治理论课

传统高校思想政治理论课评价机制侧重于实践教学评价结果的监管作用，容易忽视对评价结果反馈机制的应用和发挥，加之反馈效用的显现存在一定的时间后移，一般是在实践教学活动完成一段时间后才开展实践教学评价工作，造成实践教学评价结果无法及时反馈到实践教学培养过程的前述环节，这就削弱了高校思想政治理论课实践教学活动的实效性和针对性。从高校思想政治理论课实践教学评价机制构建的目标来看，这一机制是基于对思想政治理论课实践活动各个环节的过程监控，及时反馈各个环节的评价结果，有效形成"监控—反馈—诊改"的良性循环，持续改进思想政治理论课实践教学，确保思想政治理论课实践教学目标的高效达成。CIPP 的根本要义在于"改进"[1]，强调评价结果要高度吻合教学主体的自我管理、自我优化与自我提升过程，追求的是一种对评价结果持续性、发展性的改进路径，"重视反馈，使评价活动更具有方向性和价值性"[2]。将 CIPP 应用到实践教学评教评课中，以学年为单位，定期收集教师、学生和用人单位等评价主体对思想政治理论课实践教学活动的建议和意见，通过校本数据平台实时采集，建设思想政治理论课实践教学评教评课数据库，完善高校思想政治理论课实践教学成果的短期、中期、长期监控反馈机制，可以有效弥补高校思想政治理论课传统实践教学评价效果因时段采集、数据信息等要素产生的滞后性。同时，通过对思想政治理论课实践教学的过程评价，将评价结果及时应用到思想政治理论课实践教学的软硬件投入、校内外资源整合、内容方法调整、手段载体选择中，准确测量、阐述和判断高校思想政治理论课实践教学培养方案的成效，从而不断推进高校思想政治理论课实践教学的顺利推进。

---

① 赵洪梅：《CIPP 模式下的高校课程评估》，《中国高等教育评估》2014 年第 4 期。
② 黄静宜：《课程评价模式简析》，《职业技术教育（教科版）》2005 年第 10 期。

第三节 学分制下高职思想政治理论课
实践教学新模式探讨

一、加强高职思想政治理论课实践教学的必要性

第一，高职院校加强思想政治理论课实践教学是适应职业教育理念变化之需要。2005 年 11 月 7 日，温家宝在全国职业教育工作会议上强调：“要改变传统的以学校课堂为中心的做法，职业教育的课堂有些要设在学校，有些可以设在工厂车间、服务场所和田间地头。”不久，教育部颁发《关于职业院校试行工学结合、半工半读的意见》指出，职业院校要大力推行校企合作、工学结合的人才培养模式，逐步建立和完善半工半读制度。这使得传统的“以课堂教学为中心，以学校老师为中心，以理论教学为中心”的教学模式逐步为“以学生为中心，以实践为中心，以体验为中心”的新的职业教育理念所取代。为了适应新职业教育理念的需要，需要加强思想政治理论课课堂内外的实践教学。

第二，高职院校加强思想政治理论课实践教学是遵循高职院校培养规律的体现。高职教育的学制一般为三年，学生顶岗实习大概是一年或半年。所以学生真正在校的时间大概为二年左右。在这么短的时间内，学生既有专业基础知识，还有专业课的理论知识要学习，因此，加强和改进高职院校大学生思想政治理论课教学，只能在课堂教学的基础上，更侧重抓好社会实践教学，将思想政治教育贯穿于学生社会实践的全过程，让学生在社会实践教学中学会如何做人、如何做事，全面提升学生的综合素质。

第三，加强思想政治理论课实践教学是高职院校多年来想解决又没有解决好的一个难题。主要表现在：一是参与上缺乏广泛性；二是时间上缺乏连续性；三是组织上缺乏规范性；四是实施上缺乏有效性。特别是高职院校实

行学分制后，为思想政治理论课实践教学带来了一定的冲击，增加了思想政治理论课实践教学的难度，其表现是：授课班级人数众多，难以保证质量；彼此不熟，难以合作协调；人员分散，难以全部跟踪。即使提出了实践性教学的实施方案与操作规程，也因较少考虑学生的意见，使得方案的效果不甚理想。因此构建高职思想政治理论课实践教学新模式势在必行。

二、学分制下高职思想政治理论课实践教学新模式的建构

（一）建构原则

全员化、全程化和立体化的思想政治理论课实践教学，能够促进大学生全面和谐发展，能够使他们中的每一位个体都成为最大的受益者，使他们主动参与、亲身体验，主动探究、发现现实生活中的问题，并运用所学理论研究、解决问题，在解决问题中分辨是非善恶，坚定理想信念，自觉砥砺品性，不断完善自我，顺利成长成才。因此，构建完善的、开放式的思想政治理论课实践教学模式非但重要且必须，故要遵循以下几项原则。

1. 制度保障原则

为使思想政治理论课实践教学能够顺利开展并有序进行，学校应在组织领导经费开支等方面予以制度保证。

第一，由学校主要领导牵头，成立思想政治理论课实践教学指导委员会，制定理论课实践教学实施与管理细则，将工作任务下达给学校相关部门并协调各部门之间的工作，如团委、学生工作处、宣传部、教务处、思想政治理论教学研究部、财务处、人事处、科研处等，要求上述部门分工合作，并将其工作绩效作为年度考核的指标之一，使理论课实践教学在制度上得到保障。

第二，为理论课教师单独制定与实践教学相关的业绩考评、工作量计算、职务聘任、奖励评比等政策，调动教师开展理论课实践教学工作的积

极性。

第三，设立专项活动基金，一方面用于实践教学基地的建设投入，另一方面为学生参加各种实践教学活动、为理论课教师参加校内外学术交流、参观、培训等提供经费。这有助于他们进一步开阔视野，增长见识，丰富教学素材，以适应人才培养的需求。

第四，实践是思想政治理论课教学的延伸，它与课堂理论教学具有同等重要的地位。因此，学校应将理论课实践教学纳入学校教学体系和学分管理规程的课程（每年1学分，三年共3学分），对教学计划、目的、内容等作出明确规定，要求教师制订思想政治理论课实践教学大纲，编制教程。将学生参加理论课实践教学所得学分记入档案，与专业实习、毕业设计（论文）同等对待。在运行机制上，做到之前有目标、有计划，过程中有指导、有调查、有研究，结束后有考核、有评价，避免随意性、盲目性，形成一个切实可行、比较完整的实践教学体系，使理论课实践教学成为伴随学生整个大学学习过程的一门课程，使每个大学生在与社会的互动中成长成熟。

2. 探究问题原则

探究问题原则即根据当时社会的热点、难点、重点及不同年级学生的思想特点、成长规律，确定该年级学生的实践教学主题，然后围绕这一主题让学生通过实践去探究问题，在探究问题的过程中澄清模糊认识、提高综合素质，培养将所学知识真正转化为解决实际问题的能力。在教学程序的安排上，可以涉及以下具体的教学步骤：创设问题情境（参观、案例、任务）—驱动探究（独立思考、合作探究）—获得体验（认识性、情感性、操作性）—交流经验—梳理整合。需要注意的是，在探究问题的选择上，要密切联系社会现实、国内外时事及大学生的心理特点，紧密结合地方特色，引导他们站在时代的高度认识社会，学会用科学的方法论分析现实问题，在实践体验的过程里，激发主观能动性；在内化行动中，产生认识上的飞跃，最终达到思想政治理论课学以致用的目标指向。

3. 互惠原则

建立实践教学基地是搞好实践教学的有力保障。学校可以按照"就近就地，优势互补，双方受益，共同发展"的原则，有选择地建立一些对学生有教育意义的相对稳定的场所作为实践教学基地，如革命传统教育基地、传统历史纪念地、爱国主义教育基地、社会主义新农村建设实践基地、贫困落后地区、改革开放前沿、工农业生产基地等。在建立和管理实践教学基地的过程中，命名挂牌、共建合作、正常运作、深度实践、示范建设、双向收益等重要环节都应抓好。如学校可以参照产学研一体化的模式，与有关单位建立互惠互利、长期合作的关系。学校为后者提供科技服务、培养和输送人才，为他们创造更多的效益；后者为学校的思想政治理论课提供实践教学基地，以便学生对思想政治理论课所讲授的原理、观点有直观感悟、体验的机会。两者实现双向受益、优势互补。这是高职思想政治理论课实践教学顺利、持久开展并取得成效的重要前提。

（二）建构途径

1. 校内实践

依托学院的实训室和实训基地，利用学校各种社团和协会举行一系列的校园活动，目前，思想政治理论课已经具备了开展实践教学的条件，具备了良好的实训条件，具体校内实训项目表现为：

专家讲座：聘请校内外、国内外知名专家，结合教材内容、社会发展变化和当前国内国际热点问题，进行专题讲座，扩大学生的知识面，开阔学生的视野，提高学生对本门课程相关的前沿及热点问题的认识和分析能力，激发学生学习的热情。讲座主要安排在课程教学期间进行，同时在专家讲座以后组织学生对相关问题展开讨论或撰写学习心得，以提高讲座的实效性。

课堂讨论和辩论：在课程教学过程中结合课堂教学进度组织讨论会或辩论赛，主要针对与课程有关的当前热点、难点问题来开展，并辅以教师点评。通过这种方式既可以丰富教学方法，极大地调动学生学习的主动性、积极性和兴趣，又可以充分体现课程的时效性；既可以锻炼学生分析问题及表达、组织等多方面的能力，又可以通过讨论和辩论了解学生的思想动态，老师及时点评给学生给予正确的引导，是对传统课堂讲授方式有益的补充。

组织竞赛：根据课程内容，结合社会发展现实，在学生中进行和课程及社会发展密切相关的征文或演讲比赛。如新中国成立 60 周年演讲比赛和征文比赛，改革开放 30 周年成就征文比赛；我为两型校园做贡献征文比赛等。教师对学生征文进行评选，并通过一定的奖励机制提高学生参与度，通过组织竞赛，使学生更加深刻的加深对课程理论和社会发展的认识。

网络实训：充分利用现代技术手段，实现课程资源上网，开发网上课件、教案、试题库、录像、视频资料等，并开发教师 QQ 群和 QQ 空间，教师个人博客，利用网络实现和学生的互动交流，及时为学生答疑解惑，实现网络实训环节。

2. 校外实践

为了使学生从实践中感受中国特色社会主义建设的伟大成就，了解稳定发展对国家的重大意义。根据中宣部、教育部的文件精神，并结合我校实际，我们采取"走出去、请进来""点面结合""校内与校外相结合"等多种渠道，采取多样化实践教学方式，培养学生"动脑、动口、动手"能力与分析、解决问题能力。为了使学生能做到理论联系实际，学院充分利用各种资源，结合长沙得天独厚的资源优势，建立了一系列校外实训基地。具体包括：

红色教育基地：带领学生参观革命根据地或伟人故居，如湖南第一师范学院、韶山、花明楼、井冈山等；带领学生参观社会主义新农村典范，如华西村、南街村，感受祖国大好河山的变化，增加对建设中国特色社会主义的信心，增加学生的爱国热情。

三下乡教育基地：目前，学院已和益阳安化、常德石门、湘西等地建立了长期"三下乡"基地。教师利用暑假组织学生开展"三下乡"活动，通过"三下乡"，学生切实感受到农村的变化，并就农村发展中存在的问题进行社会调查。老师提前布置调查内容，要求学生结合所学理论写出调查报告，由老师进行指导并评选出优秀，以增强学生服务社会，用所学理论分析和解决问题的能力。

职业体验基地：根据我院"立足民政，面向社会"的办学理念，为增强高职学生的竞争力，培养学生良好的职业道德素质，学院要求大三学生进行半年的"顶岗实习"即职业体验，并计入学分。目前，学院通过加强和一些大企业的合作，已经建立了包括海尔实训基地、LG 电子实训基地、通程股份有限公司实训基地等涵盖电子、文秘、外语等顶岗实习基地。通过学生提前顶岗实习，感受企业文化和管理，体验行业职业素质要求，为学生踏入工作岗位奠定良好基础。

现已建设有下列思想政治理论课实践实习基地：长沙通程股份有限公司、长沙三一重工、宁乡花明楼刘少奇故居、湘潭韶山毛泽东纪念馆、长沙烈士公园烈士陵墓、长沙新民学会旧址、岳麓山和岳麓书院、湖南益阳安化和怀化芷江及常德石门等。

3. 考核机制

对思想政治理论课实践教学的考核包括两个方面：一是对学生进行的考核。为确保考核成绩客观、公正，学校应制订思想政治理论课实践教学手册（含自我评价、同学评价、教师评价）、思想政治理论课实践教学要求与成绩评定标准等相关教学文件，对学生进行全方位的考核。考核成绩由思想政治理论课教师根据学生在实践教学中的表现、填写的实践教学手册（含自我评价、同学评价、教师评价）以及学生提交的论文、调查报告、作品、技术成果等进行评定，其考核成绩应与其他课程的考试成绩具有同等效力，纳入综合测评体系，并与评定奖学金、评优评先、推荐就业单位等挂钩。实践教学考核，还应调动学生自我评价的积极性，将教师评价与学生自我评价相结合；将学生个人评价与学生集体评价相结合；将思想政治理论课教师的评价与辅导员、班主任的评价相结合。通过灵活多样的方式，力求做到实践教学考核的科学、客观和公平，使考核成为增强实践教学实效的重要手段。

二是对理论课教师进行的考核。教师开展实践教学的成绩，由思想政治理论课教学部实践教学领导小组组织考评，考核成绩与本年度的评优评先、职务聘任等挂钩。对理论课实践教学总体情况和效果的评价，则由学校思想政治理论课实践教学指导委员会统一进行考核，对一些特色项目和成功经验应给予大力推广及高额奖励。

4. 激励机制

对思想政治理论课实践教学成果进行梳理、评比，能够让更多的学生受益，甚至让教师受到启发。而且，这种正面向度还可以通过教师日后的教学工作，传播、扩散出去，使其影响力与覆盖面不断扩大。因此，要建立和实行一套行之有效的思想政治理论课实践教学激励机制，对理论课实践教学定期进行总结。奖励成效显著的先进集体和个人，奖励优秀论文、调研报告、作品、技术成果等，使实践教学的成果能够延伸与拓展，使实践教学真正成为每个大学生在校期间知识转化为能力并内化为素质的大舞台。

总之，提高思想政治理论课实践教学的实效性，需要领导的高度重视，需要学校各部门的协作与支持，理论课教师更是责无旁贷。面对这一艰巨而又重要的任务，只要不断加强制度建设，不断研究实践教学的理论与方法，建立与大学生全面发展相衔接、与大学生成长成才相适应的实践教学模式，高职思想政治理论课的实践教学问题就会有比较大的改观。

参考文献

1. 《马克思恩格斯文集》第 1 卷，人民出版社 2009 年版。

2. 《马克思恩格斯选集》第 4 卷，人民出版社 1995 年版。

3. 《马克思恩格斯文集》第 9 卷，人民出版社 2009 年版。

4. 《马克思恩格斯文集》第 10 卷，人民出版社 2009 年版。

5. 《列宁全集》第 3 卷，人民出版社 2012 年版。

6. 习近平：《在哲学社会科学工作座谈会上的讲话》，《人民日报》2016 年 5 月 19 日。

7. 习近平：《在庆祝中国共产党成立 95 周年大会上的讲话》，《人民日报》2016 年 7 月 2 日。

8. 《习近平在全国高校思想政治工作会议上强调：把思想政治工作贯穿教育教学全过程　开创我国高等教育事业发展新局面》，《人民日报》2016 年 12 月 9 日。

9. 《习近平总书记系列重要讲话读本（2016 年版）》，人民出版社 2016 年版。

10. 习近平：《决胜全面建成小康社会　夺取新时代中国特色社会主义伟大胜利——在中国共产党第十九次全国代表大会上的报告》，人民出版社 2017 年版。

11. 《普通高校思想政治理论课文献选编（1949—2008）》，中国人民大学出版社 2008 年版。

12. 陈万柏：《思想政治教育学原理》，中国人民大学出版社 2013 年版。

13. 段京肃：《传播学基础理论》，新华出版社 2003 年版。

14. 范晓玲：《教学评价论》，湖南教育出版社 1999 年版。

15. 顾明远：《教育大词典》第一卷，上海教育出版社 1990 年版。

16. 荆惠民：《思想政治工作概论》，中国人民大学出版社 2007 年版。

17. 李辉：《现代思想政治教育环境研究》，广东人民出版社 2005 年版。

18. 刘克兰：《现代教学论》，西南师范大学出版社 1998 年版。

19. 罗国杰：《罗国杰自选》，中国人民大学出版社 2007 年版。

20. 欧阳林：《思想政治教育传播学》，北方交通大学出版社 2005 年版。

21. 潘懋元：《新编高等教育学》，北京师范大学出版社 1996 年版。

22. 钱穆：《国史大纲》，商务印书馆 1996 年版。

23. 邱富仁：《思想政治教育话语论》，上海交通大学出版社 2013 年版。

24. 商桑、靳新：《云教学理论与实践研究》，北京理工大学出版社 2017 年版。

25. 沈壮海：《思想政治教育有效性研究》，武汉大学出版社 2001 年版。

26. 施良方：《课程理论——课程的基础、原理和问题》，教育科学出版社 1996 年版。

27. 宋元林：《网络思想政治教育》，人民出版社 2012 年版。

28. 孙孔懿：《教育时间学》，江苏教育出版社 1998 年版。

29. 王本陆：《中国教育改革 30 年（课程与教学卷）》，北京师范大学出版社 2008
年版。

30. 王玄武、骆郁廷：《思想教育政治教育道德教育比较研究》，武汉大学出版社
2002 年版。

31. 谢树平：《思想政治课的理念与实践范式》，黑龙江人民出版社 2004 年版。

32. ［英］克里斯·格林：《文化、技术与社会中的身体》，李康译，北京大学出版
社 2011 年版。

33. ［英］乔纳森：《学习环境的理论基础》，郑太年等译，华东师范大学出版社
2002 年版。

34. ［美］哈瑞·刘易斯：《失去灵魂的卓越：哈佛是如何忘记教育宗旨的》，侯定
凯译，华东师范大学出版社 2012 年版。

35. ［美］怀特海：《教育的目的》，庄莲平、王立中译，文汇出版社 2012 年版。

36. ［美］莱夫·J.、温格·E.：《情景学习：合法的边缘性参与》，王文静译，华东
师范大学出版社 2004 年版。

37. ［美］恰瑞罗特：《情境中的课程——课程与教学设计》，杨明全译，中国轻工
业出版社 2007 年版。

38. ［美］斯维德勒：《全球对话的时代》，刘利华译，中国社会科学出版社 2006
年版。

39. ［美］托马斯·库恩：《科学革命的结构》，金吾伦、胡新和译，北京大学出版
社 2003 年版。

40. ［美］托马斯·弗里德曼：《世界是平的》，何帆、肖莹莹、郝正非译，湖南科
学技术出版社 2006 年版。

41. ［美］乔纳森：《学习环境的理论基础》，郑太年译，华东师范大学出版社 2002

年版。

42. ［美］约翰·D.布兰斯福特、安·L.布朗等：《人是如何学习的：大脑、心理、经验及学校》，程可拉等译，华东师范大学出版社 2013 年版。

43. ［美］约翰·杜威：《我们怎样思维·经验与教育》，姜文闵译，人民教育出版社 2005 年版。

44. ［法］保罗·利科：《承认的过程》，汪家堂、李之喆译，中国人民大学出版社 2011 年版。

45. ［法］勒庞：《乌合之众：大众心理研究》，冯克利译，广西师范大学出版社 2007 年版。

46. ［法］雅克·勒高夫：《历史与记忆》，方仁杰、倪复生译，中国人民大学出版社 2010 年版。

47. ［加］麦克卢汉：《理解媒介——论人的延伸》，何道宽译，商务印书馆 2000 年版。

48. ［德］哈贝马斯：《后形而上学思想》，曹卫东、付德根译，译林出版社 2012 年版。

49. ［德］米夏埃尔·兰德曼：《哲学人类学》，张乐天译，上海译文出版社 1988 年版。

50. ［德］尼采：《权力意志——重估一切价值的尝试》，张念东、凌素心译，商务印书馆 1991 年版。

51. ［古希腊］亚里士多德：《政治学》，吴寿彭译，商务印书馆 2009 年版。

52. 高旭等：《以"教学情境"提升高校思想政治理论课教学有效性探究》，《广西社会科学》2016 年第 1 期。

53. 《思想政治理论课教学不妨多些"网红"教师》，《中国教育报》2017 年 6 月 23 日。

54. 白显良：《高校思想政治理论课加强马克思主义指导的几个原则》，《思想理论教育导刊》2013 年第 5 期。

55. 白显良：《论高校思想政治理论课教学亲和力的逻辑生成》，《思想理论教育导刊》2017 年第 4 期。

56. 白显良：《论隐性思想政治教育的受教特性》，《学校党建与思想教育》2013 年第 10 期。

57. 白夜昕、王鹤：《从高校思想政治理论课历史沿革看其功能的新变化》，《黑龙江高教研究》2008 年第 2 期。

58. 边婧：《基于蓝墨云班课的思想政治理论课翻转课堂教学实践探索》，《常州信息职业技术学院学报》2017 年第 8 期。

59. 陈锡敏：《思想政治理论课与大学生国家认同》，《教学与研究》2017 年第 2 期。

60. 陈业林：《高校网络圈群舆情的特征、影响因素及引导策略》，《广东开放大学学报》2017 年第 3 期。

61. 崔允漷等：《应该学习如何发生：情境学习理论的诠释》，《教育科学研究》2012 年第 7 期。

62. 戴木才：《培养担当民族复兴大任的时代新人——党的十九大报告关于社会主义核心价值观的重要论述》，《道德与文明》2017 年第 6 期。

63. 丁国浩：《改革开放以来高校思想政治理论课教学方法改革的基本经验与趋势》，《前沿》2013 年第 1 期。

64. 董辅华：《职业情境视域中的职教学习理论范式及新发展》，《黑龙江高教研究》2013 年第 6 期。

65. 董杰：《思想政治教育情境的概念界定与内涵分析》，《学校党建与思想教育》2009 年第 12 期。

66. 董杰：《思想政治教育情境的四重解读》，《学校党建与思想教育》2009 年第 10 期。

67. 段洪涛、赵欣：《高校网络圈群的特征及其舆情治理研究》，《思想理论教育》2015 年第 3 期。

68. 方曦、孙绍勇：《网络圈群视域下高校青年思想引领的路径探析》，《思想政治教育研究》2017 年第 10 期。

69. 房广顺：《推进以立德树人为中心的思想政治教育融合发展》，《思想教育研究》2017 年第 4 期。

70. 冯刚：《提升高校思想政治教育持续发展的内生动力》，《中国高等教育》2017 年第 16 期。

71. 冯凌宇：《汉语中的人体隐喻与反隐喻》，《北方论丛》2007 年第 4 期。

72. 冯培：《坚持"三个统一"：改革开放 40 年高校思想政治教育的基本经验》，《思想理论教育导刊》2018 年第 11 期。

73. 富旭：《网络社区环境下思想政治教育模式的构建》，《思想理论教育》2017 年第 7 期。

74. 高德毅：《从战略高度构建高校思想政治教育课程体系》，《中国高等教育》2017 年第 1 期。

75. 高文：《情境学习与情境认知》，《教育发展研究》2001 年第 8 期。

76. 顾海良：《高校思想政治理论课"要坚持在改进中加强"》，《思想理论教育导刊》2017 年第 6 期。

77. 顾海良：《因事而化　因时而进　因势而新——习近平总书记"7·26"重要讲话体现的理论品格和思想方法》，《北京日报》2017 年 9 月 28 日。

78. 郭建锋：《以五大发展理念引领高校思想政治教育科学发展》，《思想教育研究》2016 年第 11 期。

79. 韩庆祥：《准确理解新时代中国特色社会主义思想》，《党政视野》2017 年第 11 期。

80. 何秀敏、张耀灿：《思想政治教育学科范式研究现状探析》，《学校党建与思想教育》2015 年第 7 期。

81. 侯继虎：《"互联网+"背景下提升高校思想政治教育理论课教学实效性探析》，《学校党建与思想教育》2017 年第 2 期。

82. 侯建军：《基于 CIPP 评价模式的高职课程评价机制建设》，《中国职业技术教育》2015 年第 11 期。

83. 侯衍社：《因时而变　遵循规律　改革创新——高校思想政治理论课教学方法创新的若干思考》，《思想理论教育导刊》2017 年第 9 期。

84. 胡德平、赵静雯：《主流理论在微博场域的生长空间、表达困境与发展策略》，《思想理论教育》2014 年第 2 期。

85. 胡晓晖等：《基于 CIPP 模式的高职专业教学质量评价指标体系构建研究》，《中国职业技术教育》2015 年第 3 期。

86. 黄静宜：《课程评价模式简析》，《职业技术教育（教科版）》2005 年第 10 期。

87. 江南、周侠：《蓝墨云班课在高校思想政治理论课教学中的应用》，《新疆广播电视大学学报》2017 年第 2 期。

88. 靳玉乐：《试论文化传统与课程价值取向》，《西南师范大学学报（哲学社会科学版）》1997 年第 6 期。

89. 李超等：《思想政治理论课教学改革中贯彻"做人教育"的路径探索》，《扬州大学学报（高教研究版）》2015 年第 3 期。

90. 李辉：《把握高校思想政治工作的时代逻辑》，《中国高等教育》2017 年第 10 期。

91. 李梦卿、任寰：《技能型人才"工匠精神"培养：诉求、价值与路径》，《教育发展研究》2016 年第 11 期。

92. 李小红：《思想政治教育话语的内涵与功能》，《理论学习》2017 年第 4 期。

93. 李晓梅等：《基于情境学习理论的高校思想政治理论课实践教学设计》，《思想政治教育研究》2014 年第 4 期。

94. 李忠军：《当代中国铸魂育人问题探析》，《新华文摘》2017 年第 16 期。

95. 连洁：《建构高校思想政治工作全程全方位育人模式》，《思想教育研究》2017 年第 5 期。

96. 梁柱：《梁柱教授访谈录：历史虚无主义"重写历史"有何诉求》，《中国社会科学报》2014 年 4 月 23 日。

97. 刘宏达：《新时代思政教育使命、理论基础与实践要求》，《学校党建与思想教育》2017 年第 23 期。

98. 刘建军：《全面把握思想政治理论课建设的基本规律》，《思想教育研究》2017 年第 4 期。

99. 刘强：《传播学受众理论论略》，《西北师大学报（社会科学版）》1997 年第 11 期。

100. 刘少杰：《网络化时代的社会结构变迁》，《学术月刊》2012 年第 10 期。

101. 刘义等：《情境认知学习理论与情境认知教学模式简析》，《教育探索》2010 年第 6 期。

102. 柳礼泉：《论思想政治教育理论课教学设计的基本环节与着力点》，《思想理论教育导刊》2009 年第 4 期。

103. 罗美玲：《基于 CIPP 的高职院校专业评估指标体系构建》，《顺德职业技术学院学报》2016 年第 3 期。

104. 骆徽：《我国高等教育公平指标体系研究——基于 CIPP 评价模式的视角》，《教育发展研究》2012 年第 21 期。

105. 骆郁廷：《着力提高思想政治理论课的实效性》，《中国教育报》2017 年 3 月 23 日。

106. 庞国斌：《从授受走向互动生成：现代大学教学观反思与重构》，《辽宁师范大学学报（社会科学版）》2008 年第 2 期。

107. 邵献平、詹鹏：《文化自信：大学生思想政治教育的重要向度》，《中共山西省委党校学报》2017 年第 2 期。

108. 沈壮海、史君：《推动思想政治教育与信息技术的高度融合》，《国家教育行政学院学报》2017 年第 1 期。

109. 沈壮海：《论思想政治教育理论研究的新范式与新形态》，《思想理论教育导刊》

2007 年第 2 期。

110. 石欧：《核心素养的课程与教学价值》，《华东师范大学学报（教育科学版）》2016 年第 1 期。

111. 宋雪霞：《高校思想政治教育应把握好"时、度、效"》，《中国高等教育》2013 年第 19 期。

112. 宋元林、唐佳海：《网络思想政治教育的个体价值及其实现途径》，《毛泽东邓小平理论研究》2009 年第 9 期。

113. 苏敬勤等：《情境内涵、分类与情境化研究现状》，《管理学报》2016 年第 4 期。

114. 苏明：《创新网络思想政治教育》，《中国教育报》2015 年 2 月 5 日。

115. 苏娜：《新媒体拟态环境对大学生网络舆情的影响及应对》，《江苏高教》2014 年第 3 期。

116. 孙立军等：《以习近平新时代中国特色社会主义思想为指导　扎实推进大学生思想政治工作改革创新》，《思想理论教育导刊》2017 年第 11 期。

117. 唐昆雄、郭蕊：《受众理论与思想政治教育接受过程的相关性探析》，《贵州师范大学学报（社会科学版）》2010 年第 4 期。

118. 唐世刚：《创新高校思想政治理论课新媒体课堂教学的思考》，《学校党建与思想教育》2015 年第 7 期。

119. 王斌：《身体化的网络流行语：何为与为何》，《中国青年研究》2014 年第 3 期。

120. 王桂芝：《实践的历史性与马克思主义哲学的实践性》，《人民论坛》2017 年第 4 期。

121. 王清杰：《网络流行语的文化生态与社会心理分析》，《河南师范大学学报（哲学社会科学版)》2011 年第 7 期。

122. 王晓荣：《历史虚无主义对青年政治社会化的影响及应对》，《青年探索》2017 年第 2 期。

123. 王学俭、冯东东：《大学生网络思想政治教育：价值·挑战·保障》，《思想教育研究》2017 年第 7 期。

124. 王瑛：《基于蓝墨云班课的翻转课堂教学实践——以高职"信息检索"课程为例》，《中国信息技术教育》2017 年第 1 期。

125. 王玉珠：《微信舆论场：生成、特征及舆情效能》，《情报杂志》2014 年第 7 期。

126. 谢娟：《基于 CIPP 的微课评价体系建构》，《教育导刊》2016 年第 11 期。

127. 徐建军等：《大学生认知特征与思想政治工作创新》，《思想教育研究》2007 年第 12 期。

128. 薛云云、张立强：《网络圈群中的思想政治教育：问题检视与对策思考》，《思想教育研究》2017 年第 2 期。

129. 杨彬：《思想政治教育学科的人文精神内蕴》，《思想政治教育研究》2007 年第 2 期。

130. 杨军：《历史虚无主义是如何"考察"历史的——访武汉大学马克思主义学院教授杨军》，《中国社会科学报》2014 年 10 月 24 日。

131. 杨兰英等：《"情感"调动法是提高思政教育实效性的重要途径》，《重庆邮电大学学报（社会科学版）》2008 年第 4 期。

132. 杨晓慧、张泽强：《"四个服务"：高校思想政治工作新理念》，《中国青年社会科学》2017 年第 6 期。

133. 杨晓慧：《探寻中国马克思主义理论教育的文化语境》，《马克思主义研究》2015 年第 6 期。

134. 杨晓慧：《找准破解思想政治理论课实效性难题的关键着力点》，《思想理论教育导刊》2017 年第 3 期。

135. 姚奇富等：《网络环境下基于情境学习理论的教学实践与创新》，《中国高教研究》2014 年第 2 期。

136. 叶桉、刘琳：《略论红色文化与职业院校当代工匠精神的培育》，《职教论坛》2015 年第 34 期。

137. 张宝强：《发挥哲学社会科学思想政治教育功能应把握的六个关键》，《思想教育研究》2017 年第 7 期。

138. 张国祚：《关于理论创新的几点思考》，《马克思主义研究》2012 年第 2 期。

139. 张立：《互联网思维对思想政治教育创新的启示》，《理论月刊》2016 年第 4 期。

140. 张铜：《课程价值转变研究：从三维目标到核心素养》，《教育科学论坛》2017 年第 2 期。

141. 张耀灿、钱广荣：《思想政治教育研究论纲》，《思想教育研究》2014 年第 7 期。

142. 张耀灿等：《论我国思想政治教育目的的定位——基于马克思主义人学的视角》，《江汉论坛》2008 年第 1 期。

143. 张智：《思想政治工作从根本上说是做人的工作》，《思想教育研究》2017 年第 5 期。

144. 赵洪梅：《CIPP 模式下的高校课程评估》，《中国高等教育评估》2014 年第 4 期。

145. 赵丽梅：《"蓝墨云班课"在高职院校"两课"教学中的应用探讨》，《辽宁农业职业技术学院学报》2017年第1期。

146. 赵璐：《"我"与"我们"：网络交往中的身份认同建构——以豆瓣网为案例的研究》，《东南传播》2014年第2期。

147. 赵士发：《当代中国话语体系的双重构建》，《中国社会科学报》2006年3月31日。

148. 赵雪：《自媒体时代大学生思想政治教育话语创新研究》，《长春师范大学学报》2017年第1期。

149. 郑师渠：《当下历史虚无主义之我见》，《历史研究》2015年第3期。

150. 郑永廷：《论社会意识形态与思想政治教育的内在联系》，《中国高校社会科学》2015年第6期。

151. 钟启泉：《教学活动理论的考察》，《教育研究》2005年第5期。

152. 钟昱等：《情境学习理论视野下的教学设计》，《中国成人教育》2013年第15期。

153. 周建松、唐林伟：《高职教育人才培养目标的历史演变与科学定位——兼论培养高适应性职业化专业人才》，《中国高教研究》2013年第2期。

154. 周倩等：《高校思想政治教育理论课教学有效性调查分析与对策建议》，《思想政治教育研究》2011年第6期。

155. Levine, J. M., Resnick, L. B., & Higgins, "E. T. Social Foundations of Cognition", Annual Review of Psychology, 1993 (44).

156. 金亚飞：《基于CIPP模型的研究型大学本科实践教学评价研究——以广东省研究型大学为例》，硕士学位论文，华南理工大学2012年。

157. 钱广荣：《思想政治教育之"思想"析论：关涉思想政治教育学科核心范畴的一种学理分析》，2013年全国思想政治教育高端论坛。

158. 《提升高校思想政治教育亲和力的几个关键点》，光明网，2017年4月6日，见http：//theorygmwcn/2017-04/06/content_ 24141643htm。

159. 毛同辉：《让"工匠精神"照亮"中国品牌"》，2017年3月8日，见http：//newsxinhuanetcom/comments/2017-03/08/c_ 1120584956htm。

后　记

　　思想政治理论教育教学改革与探索是一个永恒的主题，也是思想政治教育工作者特别是思想政治理论课教师肩上沉甸甸的责任与担当。实践是不断变化发展的，理论必须与之相呼应，否则就会跟不上时代的脚步。新世纪新时代，我国的高等教育呈现出蓬勃发展的喜人局面，高等职业教育已经占据我国高等教育的半壁江山。同时思想政治教育也面临着从未有过的机遇和挑战。要完成党和国家以及时代交给我们的历史使命，要迎接思想政治教育面临的机遇和挑战，就需要广大思想政治教育工作者迎难而上，努力学习，加强研究。

　　高职院校承担着为社会培养生产、建设、管理、服务一线需要的、具有良好职业道德的高技能高素质应用型人才的重任。显然，我们要培养的学生不能只具有工具性的技术，更应该具有良好的思想政治素质和职业精神，只有这样才能成为合格的职业人和社会人。近年来，高校思想政治理论教育教学立足当代社会实践，与时俱进积极探索和革新，形成了一套适应新形势需要和大学生实际的行之有效的做法，高校思想政治理论课教育教学工作呈现和散发出讲求针对性、实效性，富有创新性的新气象和新气息。但这并不意味着对高校思想政治教育教学的探索已趋于完美。目前高校思想政治教育教学仍存在许多问题和障碍。这些问题制约了思想政治教育功能和作用的发挥。只有加强思想政治教育教学的改革与探索才能解决自身问题并实现突破。随着社会的发展变化，素质教育成为教育发展的主流和基本方向。思想政治教育在大学生的素质教育中有着特殊重要的地位和作用，思想政治理论课是提高大学生思想政治素质的关键课程。要全面提高大学生的素质，使学生真听真学真信，高校思想政治教育教学必须贴近学生实际，想学生之所想，急学生之所急，勇于创新。长沙民政职业技术学院思想政治教育实行空间教学改革后取得了可喜的成果。我们的主要做法是课程建在网络空间里、管理融入网络空间中、师生在空间进行互动、教学在空间进行延伸。网络空间教学互动重塑了师生关系、网络空间课程重构了学习模式、网络空间管理重建了学术信誉。通过网络空间教学改革，学生更加自信、阳光和好学。学生学习由过去的"要我学"转变为"我要学"。当前的大学生基本上都是"95后"，他们出生在中国社会剧烈变迁、经济迅速发展、信息高速发展的特殊时代，他们掌握了最现代的信息传播途径和手段，但却缺乏独立思考和判断的能力。因此，高校思想政治教育教学就必须紧跟时代步伐，借助空间教学等手段注重将传媒传播的信息内化为学生对世界和人生的认知。高校思想政治教育教学适应时代的变化，不仅要改变原有封闭单调的教学模式，借助大众传媒的手段来丰富教学内容，更新教学手段，增强课堂教学的趣味性；更需要任课教师深邃和智慧的思想去撞击学生的头脑，激发他们内心更高层次的价值追求，为青年大学生乃至整个社会提供一种正确的价值支撑和价值引导，以满足已解决生存性消费问题的中国人想要探索人生目的和意义的高层次的发展消费型的迫切需要。

本书是在党和国家高度重视高等教育特别是高等职业教育，以及高等职业教育呈现大繁荣大发展的大背景下写就的，也是我们在思想政治教育教学的改革与实践的基础上形成的，是集体智慧的结晶。本书由长沙民政职业技术学院唐召云、茂名职业技术学院胡华、长沙民政职业技术学院胡梅等3人合作完成。

本书的结集出版，首先得益于教育部、湖南省教育厅、长沙民政职业技术学院党委的倾力支持，得益于人民出版社及责编的热心扶助。我们衷心希望本书能为高职思想政治理论课建设发展、进一步提高思想政治教育教学实效尽一些绵薄之力。

在本书编选过程中，为尊重原貌，敬畏学术，我们对选编内容进行了多次修改完善，力争精益求精。但因水平有限，书中难免会有疏漏，敬请学界同仁不吝赐教，敬请广大读者批评指正。

著　者

2019 年 6 月

责任编辑：翟金明

封面设计：林芝玉

版式设计：王欢欢

图书在版编目（CIP）数据

基于互联网云平台的高职思想政治课教学改革与创新/唐召云，胡华，
　胡梅 著. —北京：人民出版社，2020.10
（高校思想政治工作研究文库）
ISBN 978－7－01－022013－0

Ⅰ.①基…　　Ⅱ.①唐…②胡…③胡…　　Ⅲ.①高等职业教育-思想政治教育-
　教学改革-研究-中国　Ⅳ.①G711

中国版本图书馆 CIP 数据核字（2020）第 056664 号

基于互联网云平台的高职思想政治课教学改革与创新
JIYU HULIANWANG YUNPINGTAI DE GAOZHI SIXIANG ZHENGZHIKE
JIAOXUE GAIGE YU CHUANGXIN

唐召云　胡华　胡梅　著

人民出版社 出版发行

（100706　北京市东城区隆福寺街 99 号）

中煤（北京）印务有限公司印刷　新华书店经销

2020 年 10 月第 1 版　2020 年 10 月北京第 1 次印刷
开本：710 毫米×1000 毫米 1/16　印张：16.5
字数：210 千字

ISBN 978－7－01－022013－0　定价：42.00 元

邮购地址 100706　北京市东城区隆福寺街 99 号
人民东方图书销售中心　电话（010）65250042　65289539